叢書アレテイア　*15*

「法」における「主体」の問題

仲正昌樹◆編

仲正昌樹，山田　陽，長谷川みゆき，関　良徳，松尾　陽
福原明雄，今村健一郎，島内明文，鈴木康治，中村隆文
栗田佳泰，野崎亜紀子，丸　祐一，吉良貴之

御茶の水書房

「法」における「主体」の問題

目次

目次

「法」における「主体」の問題

第一章　「公共性」と「主体」

仲正昌樹

一　「正義」と二つの主体性

法哲学的な「正義」論において、「正義」の古典的な意味が論じられる際、ユスティニアヌス一世（四八三－五六五）の命令で編纂された『ローマ法大全 Corpus Jus Civilis』を構成する『学説彙纂 Digesta』と『法学提要 Institutiones』に記されている――ウルピアヌス（一七〇頃－二二八）による――有名な定義がしばしば引用される：〈justitia est constans et perpetua voluntas jus suum cuique tribuendi：正義とは各人に各人の権利を帰属させようとする、不断にして永続する意思である〉。

この定義を起点として「正義 justitia」の本質を論ずる場合、〈jus suum cuique（各人に各人の権利を）〉という部分に焦点が当てられることが多い。「権利 jus」が正当に帰属すべき「主体」を想定したうえで、その「主体」と「権利」の関係を保障することを、「正義」の本質と見るわけである。無論、どのような「権利」を、どのようなルールに従って各人に割り当てるかについては様々な考え方があり、その割り当て方をめぐって、古代ギリシア以来、多くの正義論が提起されてきた。(1) そのようなルールをできるだけ明確に規定し、いったん確定すれば、そのルールに従って偏りなく(=公正に)、「各人の権利」を帰属させるのが、「法」の役割だということになる。

ただ、『ローマ法大全』の定義は、各「権利」が帰属すべき「主体」の他に、もう一つ別の〝主体〟の存在を含意しているように見える。それは、「不断にして永続する意思」の〝主体〟である。この〝もう一つの主体〟の働きによって、「正義」は、単なる利益の分配という次元を超えて、(「全ての人に同じ基準で当てはまる」という意味での)普遍性と(「全ての人が関わるべき事柄である」という意味での)公共性を帯びるようになる。「不断にして永続する意思」の〝主体〟が、「正義」それ自体に関心を持ち、その実現のために能動的に働いてくれているおかげで、各人が「権利の主体」として自己主張することが可能になるわけだが、この二つの主体は相互にどういう関係にあるのだろうか？そもそも、「不断にして永続する意思」の〝主体〟とは誰なのか？この点について、少し掘り下げて考えてみよう。

「権利の主体」としての各人は、ある物や関係性に対する「権利」が、自らに帰属するものであることを主張し、その主張を、同じ(法)共同体に属する他者たちに認めさせようとする。その際に、「正義」は自らの側にあることを強調するだろう。しかし、その主張が法的ルールに従って認められ、自らの「権利」が確認されれば、それ以上「正義」について語り続ける理由はない。

それに対して、「不断にして永続する意思」の〝主体〟は、個別の紛争事例を解決するだけでは満足せず、共同体全体にわたって一つの「正義」の原理が貫徹することを願い、そのため努力し続ける〝主体〟だと考えられる。言い換えれば、自己の利害関係を越えて、公共の利益にコミットする〝強い主体〟である。「不断にして永続する意思」は、その担い手として、〝強い主体〟を要請する。そうした〝強い主体〟によって、共同体の中で普遍的に妥当し、かつ、公共的利益を促進する、「正義」それ自体が探求され、理念的に構築されると考えられる。

「不断にして永続する意思」の〝主体〟として具体的に想定し得るのは、ごく普通に考えれば、裁判官、あるいは、「法」の専門家である法律家や法学者、立法府の議員、「正義」を探求する倫理学者などだろう。特定の宗教が、法や政治と不可分に結び付いている社会であれば、神学者や聖職者がその役割を果たすと考えられる。

分かりやすいモデルとして、裁判官に即して考えてみよう。裁判官も生身の人間であるので、「権利」の「主体」として振る舞う場面では自らの「権利」の実現のみに拘るだろう。しかし、裁判官として紛争処理に当たるに際しては、紛争当事者のいずれにも偏ることなく、共同体全体にとっての「正義」とはいかなるものか考察しながら、「正義」の具体的な現われとしての「法」を公正に適用することを、立ち位置的あるいは役割的に期待される。単なる紛争処理屋ではなく、「正義」の探究者であることが要請される。無論、実際にそういう公明正大な人格者であるということではなく、「法」という「実践」の中で、そういう役割を割り振られており、その役割に対応する、法解釈の「権威」を与えられているということである。

では、「正義」それ自体の探求は、裁判官などの「法」や「正義」の〝専門家〟に委ねて、〝普通の市民〟は、自らの「権利」に基づく私的利益追求に専念すればいいのだろうか？

「不断にして永続する意思」の〝主体〟である専門家たちの思考と、「権利の主体」として自己の利害に拘る個々の市民の思考は根本的に異なる、とあっさり割り切ってしまうのであれば、話は簡単である。「正義」の本質の探究は、そのための特殊な資質を備えているものとして「権威」を与えられている〝専門家たち〟——誰が「専門家」であるかというのはそれなりに難しい問題であるが——に任せるしかないからだ。

しかし、「正義」や「法」は、「市民」たちの根源的合意に根ざしていることを前提に議論する、社会契約論的な「正義」論においては、そのようにあっさり割り切ることはできない。一般市民の抱く「正義」観が、専門家のそれほど鮮明に概念化されていないにしても、前者を基盤として後者が形成されていることを何らかの形で前提できないとなると、社会契約論的な「正義」論は実質的な意味を失ってしまう。

社会契約論を抜きにしても、「正義」の探究をごく少数の〝専門家〟に任せてしまうという発想に対して、直観的に反発する人は少なくないだろう。任せ切りにすれば、〝素人〟は、〝専門家〟たちの呈示する〝正義〟観を受け容れ、それを学ぶしかなくなる。そうなると、〝専門家たちの正義〟に基づいて「法」を作るのがベストということにもなりそうだが、それは、国民（人民）の〝主体的意思〟に基づく立法を核とする、近代民主主義とは相いれないように思われる。

二〇世紀末から二一世紀初頭にかけて行われた日本の司法制度改革において、市民一人一人が従来の「統治客体意識」から「統治主体意識」へと転換すべきことが謳われ、そのための方策として裁判員制度が導入された背景にも、市民たちも「正義」の探究に主体的に携わるべきという考え方があったと見ることができよう。もう少し理念的に遡って考えれば、日本国憲法十二条の「この憲法が国民に保障する自由及び権利は、国民の不断の努力によつて、これを保持しなければならない」という文言は、市民一人一人が、「不断にして永続する意思」の担い手になることを要請している、と読める。

社会契約論的、あるいは民主主義的な視点から「正義」論を本格的に展開しようとすれば、市民たち一人一人に、自分自身の「利害」や「権利」を超えて、共同体全体の「正義」を探究しようとする――ある意味、裁判官的な――意思が備わっている、という前提が必要になってくる。当然、そうした〝意思〟は、純粋に自発的なものでなければならない。〝専門家〟たちによって誘導される形で、市民たちが〝正義〟――だと〝専門家〟たちが考えるもの――の探究に携わるようになるというのでは、あまり意味はない。むしろ、民主主義にとって危険な考え方であろう――裁判員制度には、そういう危険が潜んでいるかもしれない。むしろ、しかし、普通の市民が、「正義」に対して「不断にして永続する意思」を自発的に発揮することを期待できるのだろうか？ そういう期待にリアリティはあるのか？ この問いを更に掘り下げて考えていけば、近代民主主義と、「正義」の間の超えがたい溝を露呈し、パンドラの箱を開けることに繋がるかもしれない。

二　ハーバマスとロールズの解決法

日常的に自らの利益を追求し、その実現のために私的権利を主張する〝普通の市民〟が、自分たちの政治的共同体の在り方を定める公的決定の場面では、「正義」に対する「不断にして永続する意思」を示すというのは、少なからず不自然な考え方である。しかし、そうした不自然な建前を取らないと、民主主義（な統治）と、「正義」の繋がりが失われることになる。

自分の利益や権利のことだけ考えるエゴイスティックな諸個人の意思を、民主主義的な手順によって集計したものが、常に「公共の利益」としての「正義」を指し示しているという保証はない。ルソー（一七一二

－七八）の用語で言えば、（自らの利益を求める）「特殊意思 volonté particulière」の総和としての「全体意思 volonté de tous」と、（公共的利益を志向する）「一般意思 volonté générale」が一致するとは限らない。(2) 諸「個人」の内に、「特殊意思」の制約を超えて、「公共の利益＝正義」を実現しようとする〝高次の意思〟が働いていると考えない限り、そうした諸個人の集合体（人民）による民主主義的な決定が、「正義」を志向する「一般意思」の現れであると見なすことはできない。

民主主義は、「多数の意思」による統治であるので、「多数の意思」でさえあれば、その内容が何であれ、共同体にとっての「正義」になると考えるのであれば、話は簡単だ。しかし、そうだとすると、民主主義によって何を決めても良いことになる。一度正当に割り当てられたはずの個人の「権利」を取り上げるような決定も、民主的決定として正当化されるだろう。それは、「多数派による専制」を防止すべく、憲法によって民主主義的決定の限界を定めるべきだとする近代立憲主義や、（民主的決定による統治が行われる）「公的領域」と（個人が自らの幸福を追求する）「私的領域」の二分法に依拠する現代リベラリズムとは相いれない考え方である。

「個別の権利主体」としての振る舞いと、「不断にして永続する意思の主体」としての振る舞いの間に何らかの連続性があると仮定しないと、「民主主義」的なプロセスを通して「正義」が探求されるという論理を維持することはできない。

ドイツの社会哲学者ハーバマス（一九二九－）は、「公共性」あるいは「コミュニケーション的行為」という側面から、二つの主体性を架橋することを試みている。初期の著作『公共性の構造転換』（一九六二）では、自らの所有権を基盤として経済活動に従事する市民たちが、経済への干渉を強める公権力と交渉・

対決するに際して、「公衆 Publikum」という集合体として次第に結束する過程の中で、「市民的公共性 die bürgerliche Öffentlichkeit」が生成してくる歴史的過程を描き出している。[3]「公衆」を構成する各市民は、自分の私的利益の追求に従事するだけでなく、（社会全体の利益に関わる）公的事柄にも関心を持ち、お互いの間で「公共的論議 öffentliches Räsonnement」を行いながら、それまで公権力に委ねていた政治に積極的に参加し、理性的で、法的形式に適合したものにすることを試みるようになる。新聞や雑誌等のメディアの発達によって、公共的論議をベースにした「公論 public opinion」の形成が促進され、「市民的公共性」は更に強化された。

簡単に言えば、私的利害関係（private interests）の延長線上で、市民たちの公共的関心（public interest）が喚起され、それが「公論」を解して、政治や法の在り方に実体的に影響を与えるようになるということである。「私的領域」と「公的領域」を媒介する「市民的公共圏」の拡大によって、市民たちの視野が、個人の私的権利のレベルから「正義」や「法」の在り方へと拡がると共に、それが民主的プロセスにも反映されるようになる、というのがハーバマスの見立てである。

その後の『コミュニケーション的行為の理論』（一九八一）や『討議倫理学への注解』（一九九一）等のコミュニケーションに関連する理論的著作では、人間の言語行為には、単に自らの目的の実現を目指すものだけでなく、コミュニケーション的理性に導かれて他者との合意を志向するものがあるとしたうえで、理性的主体同士の討議をモデルとする、討議倫理学の構想を打ち出す。[4]言語的コミュニケーションにおいて、私たちは文法規則や語用論上の慣習など、一定の規則に従おうとし、なおかつその規則をより洗練したものにしようとするが、ハーバマスはそこに着目し、言語的コミュニケーション、特に真理や正当性をめぐる「討議」に、社会的規範の原型を形成する働きが備わっていると見る。「討議」に参加する理性的な主体たちは、討議を円滑にすべくお互いの振る舞いを理性的に制御すると共に、「討議」の帰結として合意された規範に自発的に従うようになる。

こうした公共性、コミュニケーション、討議をめぐる議論を、「民主主義」と「法」の関係に応用し、ハーバマス流の民主主義論を展開したのが、『事実性と妥当性』（一九九二）である。この著作でハーバマスは、市民たちが公共的討議を通して「法」についての合意を形成し、それを政治に反映させる営みとして、「民主主義」を捉え直すことを試みている。[5] 利益配分ではなく、公共的討議による法規範の根拠付けに焦点を当てる、こうした民主主義理解は、「熟議的民主主義」と呼ばれる――ハーバマス自身の表現としては、「熟議的政治 die deliberative Politik」。

現代リベラリズムにおける正義論を開拓したロールズ（一九二一－二〇〇二）は、各人の内に、ひたすら自分の利益を追求するだけではなく、お互いの間で「フェア」なゲームを行おうとする「正義感覚 sense of justice」が備わっているという想定によって、「正義」と「民主主義」（＋社会契約論）の繋がりを回復しようとした。ロールズは、初期の論文「正義感覚」（一九六三）で、発達心理学者ピアジェ（一八九六－一九八〇）の議論を援用しながら、人間は発達段階に応じて、周囲の他者に対する公正さの感覚を次第に発達させ、最終的に社会全体で普遍的に通用し得る「正義」への感覚を身に付けることを示唆している。そうした「正義感覚」は、アプリオリな道徳法則のようなものによって与えられるわけではなく、他者と協力して一つの事業に当たる内に身に付けていく、ルールに従って誠実に振る舞おうとするフェアプレーの態度の延長線上で生まれてくるものである。[6]

彼の主著『正義論』（一九七一）でも、各人に「正義感覚」が備わっていることを前提にして議論が構築されている。この著作では、「無知のヴェール」に被われた「原初状態」における「正義の二原理」の選択という仮想のプロセスが有名だが、このプロセスのカギとなる、仮想の装置「無知のヴェール」は、「正義感覚」と不可分の関係にあると見ることができる。

「原初状態」とは、社会的協働のための、正義に適った制度的枠組みをゼロから構築すべく、市民たちの代表が集まっている、スタート地点である。「無知のヴェール」は、各人の能力や教育、環境など、自他の相対的な有利／不利に関する情報を一時的に遮断する装置である。どうして、そういう装置が必要なのかというと、生身の人間には、本当の意味で、公正に判断する――「（正義を探求する）不断にして永続する意思」の主体になる――のが難しく、現在の「私」に有利な判断をする傾向にあるからである。例えば、公正な税制を考えようとする場合、各人が、現在の「私」の収入や資産の状態を基準に考えると、全員が納得できるような制度を考えるのは難しい。

そこで、「無知のヴェール」が意味を持ってくる。「無知のヴェール」によって、自分が社会全体の中でどの辺にいるのか分からなくなり、そのため、自分に有利な偏った選択をすることができなくなる。否応なく、公正＝非党派的（impartial）な視野を取らざるを得なくなるわけである。心情のうえで無理に立派な人格になろうとしなくても、情報の面から、「公正」な視点へと導かれるわけである。

「無知のヴェール」の下に置かれた契約当事者たちが、どのような視点を取るかについては、様々な解釈があり得るが、ロールズ自身は、最悪の事態を避けるべく、最も不利な立場に立たせられた人の視点を取るのではないか、と推測する。つまり、最も不利な立場にいる「私」を想像し、その「私」にとって最も恩恵がある制度を構想しようとするわけである。無論、「無知のヴェール」は実在しないが、保険や年金のように、人生で生じる様々な不確実性に対処するために考案された制度は、現実の社会にも部分的に「無知のヴェール」がかかっているがゆえに可能になっている、と考えることができる。

このようにして「公正な視点」を作り出す「無知のヴェール」は、見方を変えれば、「私」たちが元々身に付けている「正義感覚」がストレートに作用するよう、情報的障害物を取り除く装置と見ることもできる。ロールズ自身、『正義論』は、私たちの正義感覚を律している諸原理を詳説しようとする理論である、と述べている。(7)

ロールズは、「正義感覚」を詳説するという課題は、私たちが母語で文章を書く時の「文法性の感覚 sense of grammaticalness」を明かにするという課題と似ているとも述べている。(8) 母語で文章を書く時、私たちはほぼ無自覚的に自らの「文法性の感覚」に従って、正しい文章であるか否か判断しているが、それが正確にどういうものであるかは把握しておらず、お互いの見方が食い違うこともある。そこで、明白な文法上の知識に関する場当たり的な指針を遙かに超える理論的な構成が必要になる。それと同じ様に、正義感覚を正確に説明しようとすれば、日常生活で引き合いに出される諸々の規範や規範を大きく上回る理論的構成が必要になる。

つまり、日常の正義感覚による判断と、ロールズのような倫理学者が展開する、社会制度全般に関わる抽象的な理論の間に見かけ上のギャップがあっても、不思議はないのである。そう考えると、「権利の主体」の日常的で自己中心の思考と、「不断にして永続する意思の主体」の抽象的で公正な思考の間に、ギャップがあるように見えることにも納得がいきそうに思えてくる。

「文法性の感覚」に言及していることからも分かるように、ロールズもまた、言語的コミュニケーション、語用論をモデルにして、「正義」と「民主主義」を接続させているのではないかと思えるところがある。[9] 後期の主要著作『政治的リベラリズム』（一九九三）では、価値観や立場が異なっていても、同じ政治共同体を構成する市民である以上全員が認めざるを得ない「公共的理由 public reason」に基づく討議・合意形成の重要性を強調するようになっており、ハーバマスの民主主義論にかなり接近している。[10]

ハーバマスとロールズはいずれも、私たちの日常的なコミュニケーションの中でのルールに適った振舞いの中に、より普遍的な「正義」や「法」への志向性を発見し、それを民主主義的な手続きの基盤にしようとしている。そうすることで、「権利の主体」から、「不断にして永続する意思の主体」への移行が無理ではないことを示唆している。「理論家」としての彼らは、一般市民に〝真の正義〟を教えるのではなく、日常的判断の中に働いている市民たちの正義感覚あるいはコミュニケーション的理性が志向しているものを、理論的な言語によって解釈し、伝えるというスタンスを取っている。

三　「共通善」論の台頭が意味するもの

近代自由主義によって確立された、私的領域を基盤とする「個人の自律」を重視するハーバマスやロールズは、市民たちがコミットすべき公共的価値＝共通善を、直接的・実体的に示すことは慎重に回避している。コミットすべき価値を実体的に呈示することは、（個人の生き方や世界観に関わる）基本的価値の選択は個人の自由に任せ、公共的問題に関する決定は、（価値中立的なものと想定される）民主的決定プロセスに委ねるという、自由主義の原則に反するからである。

リベラル派の代表的な論客である両者は、「個人の自律」と「公共的討議」を繋ぐものを手続き論的に明らかにすることを試みてきたわけであるが、そうした迂遠なやり方に対する不満を表明し、「共通善」を実体的に示すべきだとする論者たちもいる。サンデル（一九五三―）に代表される、コミュニタリアニズム（共同体主義）、あるいは、共和主義の陣営がそうである。コミュニタリアニズムというのは、各人の主体性の基盤となるアイデンティティは、共同体的な文脈の中で形成されるので、価値中立的に生き方の選択をすることはできないという視点から、共同体的な関係性を再考すべきだとする立場である。共和主義（republicanism）は、公共的な事柄（res publica）にコミットすること＝集団的自己統治としての政治に能動的に参加することを、「自由」の本質と見る立場である。視点は異なるが、いずれも、私的自由に重きを置く近代自由主義を批判し、公的生活を再活性化すべきことを主張する。

サンデルは、共同体を構成する各人にとっての価値の源泉である「共通善 common good」を重視し、（自由主義者たちが重視する、価値中立的な「正義」ではなく）「共通善」を政治の中心に据えるべきことを提唱する。サンデルの「公共哲学」が最も体系的に展開されているのは、共和主義的な視点からアメリカの憲法史を読み直した『民主政の不満』（一九九六）である。

タイトル自体が示唆しているように、サンデルは、現代アメリカの民主主義の機能不全に対して人々の不満が高まっていると見て、その原因を分析している。彼から見て、現代アメリカの民主主義は、価値中立性を志向する自由主義と結び付いた民主主義である。つまり、価値や生き方の問題は個人の自由選択に任せ、公的な事柄について決定に関しては手続きだけ定めて、目指すべき共通の価値を規定せず、空白のままにしておこうとする民主主義である。

この著作の第一部は、「手続き的共和国の憲法」と題されている。この部分でサンデルは、中立的と想定される「手続き」だけで、「正義」が確保するとされる、現代アメリカの立憲政治を徹底的に批判している。それは同時に、実体的正義よりも、手続き的正義を重視するロールズたちへの批判でもある。第二部「公民性の政治経済」は、かつての立憲政治には共和主義的契機が強く働いていたことを立証し、その精神を現代において再生させるべきことを説いている。

彼は、「共通善」中心の共和主義の政治を以下のように特徴付けている。

共和主義的理論は、善をめぐる様々な考え方について中立的な諸原理に従って権利を定義するのではなく、善き社会についての特定の考え方、すなわち自己統治的共和国という観点に照らして、権利を解釈する。したがって共和主義は、正が善に優先するというリベラルの主張とは対照的に、共通善を目指す政治を是とする。しかし、共和主義が是とする共通善は、個々人の選好の総計という功利主義的観念と一致するものではない。共和主義的理論は、功利主義とは異なり、現実に人々が有している諸選好を、どのようなものであろうとも、そのままそれを満足させようとすることはない。共和主義的理論はむしろ、自己統治という共通善に必須の資質を市民の中に涵養しようとする。自己統治の実現のために或る種の気質、愛着、そして積極的関与が不可欠である限りにおいて、共和主義的政治は、道徳的性格を、単に私的関心事ではなく公共的関心事とみなすのである。この意味で、この理論は、単に市民それぞれの利益ではなく、そのアイデンティティに関心を向けるのである。(11)

ここにはっきり表明されているように、サンデルは、「共通善」に適合する「資質 qualities of character」を培うこと、そうした市民的アイデンティティ形成することを、共和主義的政治の主要課題として掲げている。言い換えれば、各人が「不断にして永続する意思」の担い手になり得ることを理論的に〝証明〟するというより、そういう担い手になるよう各人に促しているわけである。

市民が身に付けるべき「徳 virtue」を率直に論じるサンデルの語り口は、自らの幸福（善）を追求する諸個人の自由、私的自律の重要性を強調しながら、少しずつ公共性の高い正義の問題へとシフトしていくロールズやハーバマスのそれよりあっさりしていて、分かりやすい。二〇一〇年に日本や韓国などで、サンデル・ブームが起こったのは、テレビ放送された「白熱教室」での彼の哲学的交通整理がすぐれていたことに加えて、彼の著作で、市民が共通に追求すべきものについて、理論的な回り道をせずにストレートに語られていることが——政治哲学に関心はあっても、ロールズなどの複雑な正義論にはついていけないと感じていた人たちにとって——魅力的に見えたためではないかと思われる。

コミュニタリアニズムとの結び付きが強い、日本の「公共哲学」でも、家族的価値の復権や地域活性化、災害に際しての市民の連帯、企業の公共性、新しい公共の担い手としてのＮＰＯ……といった、〝身近かでピンときやすい〟トピックに即して、「共通善」、あるいは、「共通善に根ざした正義」が語られる傾向がある。[12] 公共的活動に積極的に関わっている市民たちの生き生きした姿を示しながら、個人主義を超える、「共通善の政治」の魅力が説かれるので、反対しにくい。

しかし、「共通善」へのコミットメントや「市民的徳」の涵養が自明の理として語られるようになると、〝公共性〟の名の下に、「私的自律」や「個人の権利」が圧迫され、人々が〝共通の価値〟と同化するよう誘導される恐れも出てくる。サンデルや日本の公共哲学者たちは、そういうことにならないよう、「対話」によって開かれた「公共性」を目指していることを強調するが、「共通善の政治」が、特定の「資質」の涵養を説く以上、同化圧力を生み出すのではないか、という疑念は払拭しきれない。

日常的には「権利の主体」として振る舞っている各人が、「不断にして永続する意思の主体」になることは可能なのか、可能であるとすれば、どのような形で第二の主体性を発揮するに至るのか、それは〝利己的人間〟から〝公共心あふれる人間〟への人格的変容のようなことを含意しているのか……そうした基本的な問いについてきちんと考えないまま、拙速に「共通善」や「公共性」を唱えることは、「権利」と「正義」をめぐる、近代の政治哲学や法哲学の議論の蓄積を単純に掘り崩すことになりかねない。

「不断にして永続する意思」というのは、西欧人の法学者や倫理学者のフィクションなのか、それとも、一人一人の内にその萌芽があると言えるのか、という根源的なレベルまで遡って、きちんと考えることが必要だろう。

●注

（1）こうした関係についての簡潔な論点整理して、井上達夫『共生の作法』創文社、一九八六年、三四頁、及び、亀本洋『法哲学』成文堂、二〇一一年、四九〇頁以下を参照。

（2）この点については、拙著『今こそルソーを読み直す』ＮＨＫ出版、二〇一〇年、一三一頁以下を参照。

（3）Jürgen Habermas, Strukturwandel der Öffentlichkeit, Suhrkamp, 1990, S.86ff.［細谷貞雄・山田正行訳『公共性の構造転換』未来社、一九九四年、四六頁以下］を参照。

（4）ハーバマスの討議倫理学の発展について詳しくは、遠藤克彦『コミュニケーションの哲学　ハーバーマスの語用論と討議論』世界書院、二〇〇七年を参照。

（5）ハーバマスの民主主義論について詳しくは、日暮雅夫『討議と承認の社会理論』勁草書房、二〇〇八年、七三頁以下を参照。

（6）J. Rawls, The Sense of Justice, in Collected Papers, ed. by Samuel Freeman, 1999, pp.96-116〔岩倉正博訳「正義感覚」：田中成明編訳『公正としての正義』木鐸社、一九七九年、一二一－一五四頁〕を参照。

（7）John Rawls, A Theory of Justice, Revised Edition, Harvard University Press, 1999, p.44（川本隆史・福間聡・神島裕子訳『正義論　改訂版』紀伊国屋書店、二〇一〇年、七〇頁）を参照。

（8）Ibid., pp.41-42〔同右、六六－六七頁〕を参照。

（9）この視点からのロールズ論として、掘巌『ロールズ　誤解された政治哲学』春風社、二〇〇七年、特に、一四九頁以下を参照。

（10）両者の接近については、拙著『いまこそロールズに学べ』春秋社、二〇一三年、一三五頁以下を参照。

（11）Michael Sandel, Democracy's Discontent, Harvard University, 1996, p.25（金原恭子・小林正弥監訳『民主政の不満㊤』勁草書房、二〇一〇年、二九頁）.

（12）代表的な例として、小林正弥『友愛革命は可能か――公共哲学から考える』平凡社、二〇一〇年、菊池理夫『共通善の政治学』勁草書房、二〇一一年、山脇直司『公共哲学からの応答』筑摩書房、二〇一一年等を参照。

第二章　個人化する社会と熟議民主主義

山田　陽

はじめに

民主政治（democracy）の可能性は、主体（subject）と自律（autonomy）をいかに構想するかで変わる。近代国民国家は多くの闘争と制度的工夫を重ねながら、「人民（people）」「われわれ（demos）」を主体とした自己統治を実現しようとしてきた。人民主権は近代の政治社会を構成する上で根底的なひとつの原理である。しかし、現実の民主政治は多くの問題を抱えている。民主政治を支える自律的主体の概念も、様々な理論や思想から批判され、その有効性が疑われている。実際、日常的に自分が本当に「主体的」に行動・思考しているのか、はっきりさせるのは難しい。ましてや自分が「人民」として政治を「主体的」に運営しているとは実感しづらくなっている。社会が高度に複雑化したため、「私」の立場から自己統治の論理（多様な法的・政治的根拠づけ）を理解するのは難しいのだ。

いまやこの自己統治を実現する努力は、新たな段階に入ったかもしれない。近年、統治の合理性をリスク管理（risk management）の有効性・効率性に見出す認識が意義を増している。この認識では、理想の統治形態が最善のリスク管理体制に見出される。政府の正統性は、人々の生活に潜むリスクを回避し、福祉を増進する制度・政策に基礎づけられる。それゆえ行政は、国民の生命・財産を守るため、様々なリスク管理を引き受けることを責務とする。政治の合理性は、社会制度の適切な設計・運営に根拠づけられることになる。

実際、われわれの生活は既に、行政や企業などが展開するリスク管理制度に大きく左右されている。しかし、これは民主政治に重大な問題を突き付けるだろう。もし「私」の生活を安全・快適にするリスク管理体制に政治の合理性を見出すなら、自己統治の構想から民主的性格を削ぎ落すことになりかねないからだ。もちろん、行政や企業が提供するリスク認識・制度を、まったく非民主的だと決めつけることはできない。多くの「私」に共通した利益・関心を反映する部分もあるからだ。しかし反対に、十分に民主的だと見なすのも問題がある。行政や企業は、リスク管理政策・制度を、民主的意思決定の対象から外す傾向にあるからだ[1]。したがって問題は、このリスク管理を根拠にした両方の契機を、民主政治の可能性とどう繋げるかである。

本稿は、この問題に、民主政治の主体と自律の構想という観点から接近する試みである。まずウルリッヒ・ベック（Ulrich Beck）のリスク社会論を、現代社会を認識する基本的視座とし、民主政治の主体と自律がどう変容するか、その一端を解明したい。その上で、リスク管理の契機を民主政治に繋げるために「公共の熟議（public deliberation）」[2]という政治理念が重要な意義をもつことを明らかにしたい。

一　リスク社会とサブ政治

ベック（Ulrich Beck）によれば、われわれは再帰的近代化の時代にいる。再帰的近代化とは、近代社会が不断の近代化を展開する、近代化の自己運動を捉える概念である。近代産業社会が更なる近代化を経験することで脱産業社会へ変容する。再帰的近代化は、既存の社会基盤を自己自身で崩壊させる可能性を生む近代社会の特徴を示しているのである。特にその近代化の自己運動は科学‐技術の分野に見られる。科学‐技術が発展すると、発展によって危険（hazard/danger）が生み出される。例えば原子力発電の技術は、放射能汚染や核廃棄物といった危険を生み出す。現代社会が知の発展に自己の存立を賭ければ賭けるほど、社会は危険を内包することになる。ベックはこれを「リスク社会」と概念化する。リスクとは、科学‐技術など人間の知の発展がもたらす将来の損害の可能性である。この意味でリスクは人為的・選択的であり、自覚された危険性である。

リスク概念は、現代社会が抱える多様な問題領域に適用できる一般性を備えている。だからこそ現代社会をリスク社会と特徴づける視座が有意義になる。リスク概念は、健康維持、医療技術、食品衛生、環境保護といった自然科学分野だけでなく、テロ対策、犯罪予防、組織管理といった社会科学分野にも適用できる。

したがって、リスク社会論は、その射程の広さゆえに、政治理論の諸概念にも再考を迫る。特にリスク概念との関係で問題となるのは、民主政治の主体と自律の概念である。もし民主政治の主体性を、政治社会を理性的に構成する自律に読み込むなら、リスク概念は、その主体性を両義的にする。そもそもリスク認識の根拠は、予測される危険の発生を完全に制御できないことにある。巨大科学技術システムがいつ事故を起こすか、遺伝子組み換え操作が何を引き起こすか、事前に知ることができない。目的合理的に完全に統制できる危険ではないからリスクなのである。この意味で人々は運命を受容する以外にない潜在的被害者であり、社会を制御できる自律的主体ではない。しかしリスク認識は、あらゆる可能性に備えて対策を講じる主体性を前提にしなければ成立しない。リスク概念はリスク管理の主体性を前提にするのである。リスクをどう認識するかで対策も変わる。この意味で人々はリスク認識・管理する意思決定-主体である。

ベックによれば、リスク社会では、政治的-社会的紛争の主題が、階級間の「富の生産と配分」から「リスクの配分」に変化する（Beck1986 = 1998:23）。リスク管理で要求される主体性は、科学者・技術者の意思決定に還元できない。リスク認識を内包したあらゆる領域の意思決定が政治的・社会的性格を帯び、リスクに関わるすべての人々をリスク配分をめぐる主体にする。それゆえ人々はリスクに関わる専門的な科学的・技術的知識をあらゆる意味で検証する必要性を訴える。政治的領域は議会や政府といった制度化された政治システムから社会へと拡大していく。ベックは、この新たに創造される政治を「サブ政治」と呼ぶ。リスク社会では、人々は、サブ政治を通じて、社会の存立に孕まれるリスクを認識・管理する主体性を可能性として引き受けるのである（Beck1994=1997:39）。

このサブ政治の出現は市民の主体性を開拓する契機である。リスク社会では、意思決定を正当化する公共フォーラムの必要性が合理化され、市民が公共的に討議・活動する場が創造される。このプロセスを「公共の熟議（public deliberation）」と呼ぶこともできる。

しかしこの論理は民主政治の主体と自律に矛盾を組み込む。なぜならそれがベックのリスク社会論で「社会の個人化[3]」と捉えられる事態と密接に関係しているからである。社会の個人化とは、政治的・経済的・社会的諸制度が生み出す問題を、個人が自力で引き受けねばならない事態を指す。この個人化過程が進展すると、社会システムが引き起こす矛盾が、個人的経験の問題に還元される。たとえ社会システムに重大な欠陥があっても、個人はその欠陥がもたらす問題を、自分の人生問題として自力で解決しなければならなくなる（Beck1986=1998:269）。つまり個人は、自己自身で社会システムと交渉し自己を調節しなければならない主体となる。しかもこれは文化的次元にも当てはまる。個人は自己アイデンティティを、自己物語〔個人史〕を紡いで獲得していかねばならない。自己の存在を確証してくれるのは究極的には個人史だけになる[4]。

こうして個人は自己自身を統治する主体として認識されることになる。個人は、自発的に自由な選択をおこない、その結果に責任を負う自己責任-主体となる。ギデンズ（Anthony Giddens）は、現代政治の重要な争点を、個人の生活形態（life styles）やライフチャンス（life chances）をめぐる問題に見る。つまり、政治課題を、個人化を支える社会制度に見ている。ギデンズはこの認識に基づいて、左派の戦略が旧来の「解放の政治（politics of emancipation）」から「生活政治（life politics）」「自己実現の政治（politics of self-actualization）」へ変容すると論じる。そこで想定される主体は、福祉政策のたんなる受益者・消費者ではなく、自発性と能動性を備えた福祉政策を支える積極的市民に変わる。個人やコミュニティの自己統治を強調するのである。

確かに、社会が個人化することで、自発的・能動的主体が生み出され、市民的公共性が活性化する可能性が高まる。しかし他方で、社会参加・政治参加の動機を個人の自発性・能動性に依拠させるため、社会的連帯の源泉が不安定化する。ベックによれば、リスク社会では、かつての「貧困による連帯」は「不安による連帯」に変貌する。「連帯」は、もはや所属という意味での社会構造に媒介されなくなる。連帯の源泉は、個人が直接リスクを引き受ける心構えになる。つまり、サブ政治の主体性は、社会構造に支えられた実質的合理性を失くしたあとに現れるのである。[5] ここに矛盾が孕まれている。

したがって、サブ政治の合理性は、社会的基盤に支えられないため、不安定化する。個人化社会では、政治を構成する社会的基盤は原理的には個人にまで切り詰められる。公共の熟議を支えるのは、自己の立場から参加する個人となる。もし意識形態が個人化すれば、コミュニケーションと討議の合理化作用が断片化し、政治的正統性の源泉が、構造的に個人の知性・感覚に置かれることになる。[6] 再帰的近代化は個人に自己反省を促すことで、かえって社会の存立に不確定性・無根拠性をもたらす。個人にとって社会は計り知れない環境と認識されるようになる。結果として個人は社会に対して無反省的にならざるを得ないのである。それゆえ市民は既存の慣習・伝統から距離をとり「自由」に自己を規定し得るが、しかし逆説的に個人化を支える社会制度にますます嵌り込んで、[7] 社会的連帯の動機を失くしていくのである。

二　リスク社会と公共の熟議

リスク社会では、リスクを管理する様々な制度が社会全体に広く要請される。しかもそれら諸制度は、専門性を高め、日常感覚では理解しにくい運営論理を発達させる。そうなると、諸制度はそれぞれシステム合理性を駆動させ、みずから正統性を調達していくようになる。つまり、われわれの生活と、それに伴うリスクを管理できれば、正当な制度と評価されるようになる。こうしてリスク管理制度が民主的プロセスから外部化していく。

しかし、リスク認識・管理の合理性は、道徳や倫理の問題をも含んでいるはずである。遺伝子組み換え食品にその事実を表示するよう義務付けるべきか、原子力発電事業を維持すべきかといった問題は、もっぱら科学的・技術的問題ではない。それゆえ、専門的知識に根拠をもつ問題でも、広く市民から同意を得る必要が生じるはずである。

ベックが考えるサブ政治は、こうした可能性を指摘するものだ。社会の再帰的近代化は、むしろ民主政治の可能性を拡大するのである。なぜなら、社会に拡散した意思決定の政治性を人々が自覚するようになり、それだけ政治プロセスが市民社会にも広がるからである。例えば選挙や投票以外の活動も政治的意義をもつようになる。近年のＮＧＯの発展は代表的である（Warren2002）。

人々が討議や活動を通じて政治的公共圏を形成すれば、市民社会は民主政治の主体性を発揮する場となる。ハーバーマス（Jürgen Habermas）によれば、政治的正統性は、政治システム全体〔議会や行政機構〕が市民社会の政治的公共圏と影響関係を保持することで獲得される。この影響関係が民主政治の自律を担保する。この意味で、再帰的近代化が進行する複雑な現代社会でこそ、公共の熟議を民主政治の鍵概念として理解し得るのである。

しかし、公共の熟議はこの高度な要求に耐えるだけ確固とした認識基盤を構築できるだろうか。政治システム全体が熟議的に機能するには、複雑な相互行為連関〔社会の部分システムの諸連関も含む〕をコミュニケーションの流れに乗せ、社会とコミュニケーション的関係を構築しなければならない。政治決定を正当化できる認識を獲得するには、コミュニケーションと討議を通じて相互了解〔共通認識〕を達成する必要がある。例えば「社会権」を規定し正当化するには、それだけ分厚い認識を公共の熟議から得なければならない。

ハーバーマスによれば、この実質的正当化を担保するのが、生活世界の存在である。そもそも「生活世界の諸構造は、……法的規制、行政による監督、政治的操作によって形成されるものではない」。生活世界を構成する「意味は希少な資源であり、恣意的に再生産し増幅できるものではない」(Habermas1992:434-5=2003下:89)。それゆえにこそ、この生活世界の意味資源を活用する政治的公共圏が、民主的な主体性と自律を実質化するのである。

しかし、公共の熟議がその規範的期待に則って社会的事実との間で弁証法的に展開し得るか楽観できなくなっている。現代社会は高度に複雑化しているため、全体を見通す地点などどこにも存在しない。それに社会が個人化したことで交渉能力をもつ集団的主体が構造的に存在しない。社会的基盤が断片化して、政治社会を組織する合理性を十分に担保できないのである。だとすれば、政治決定を正当化する実質的根拠は、どこまで個人化に耐えられるのか。政治的合理性を支える社会的基盤が崩壊すれば、個人に残される判断基準は何か。政治社会を構成する自発性〔社会契約説の最初の全会一致を成立させる動機〕は何か。

人々は久しく政治不信に陥っている。既存の議会制民主主義に対して信頼は低い。議会の多数決が社会に実質的に正当な根拠を提供するとは思えなくなっている。(8) それゆえ人々は自己利益を最大化する意思決定を支持することを合理的だと考える。人々は功利的計算を働かせ、不利益になる制度には強い不満を抱く〔収奪と感じる〕。この側面から民主主義の統治能力の危機が問題で有り続けているのだ。(9)

リスク社会が社会の個人化と密接に関係するなら、意思決定を正当化する実質的根拠をコミュニケーション的合理化の潜勢力から引き出せるか不確定的になる。むしろリスク配分をめぐっていかに社会と個人を有効に管理するか、その有効性と効率性が大きな比重を占めるようになる。[10] リスクそれ自体を低減する方法が最も重要であり、必要なのは科学や技術の動員だと認識される。例えば原子力発電に伴うリスクを低減するのは、第一に科学や技術だとされる。

これに対応して政府の役割も変化する。政府の責務は、個人を対象にしたリスク管理を基本命題にする。ここでは、個人の人生に付き纏うリスクに対応した制度設計が社会的‐政治的合理性を体現する。統治の合理性は、リスク管理に結び付き、政治決定の正統性を、システムの問題に還元する。統治の側にとって肝要なのは、リスク発生確率を考慮して市民生活を制度化・合理化する統治術になる。統治決定を合理的に正当化する根拠は、リスクに対応できる制度を構築・運用するシステム合理性に比重を移す。

問題は、こうして責任の所在が、もっぱらシステムに適応できない個人に帰せられることだ。[11] 政府はあくまで市民が自分の個人的生（personal life）を自分自身で操縦（pilot）できるようにすることを前提にする。例えば、市場経済メカニズムによって従業員を解雇せざるを得ない、というロジックが正当化される。確かに政府が個人にセーフティネットを提供すれば労働市場へ再参入する選択を可能にする。しかしその合理性は、社会制度の存立それ自体に帰せられていく。社会の個人化は、意思決定の合理性を変容させ、公共の熟議を、非現実的概念に変える圧力を生むのである。

三　リスク管理が熟議民主主義を掘り崩す？

1　セイラー＝サンスティンのリバタリアン・パターナリズム論

これまでリスク社会論が「公共の熟議」を両義的概念にすることを検討してきた。一方で、リスク社会はサブ政治を合理化するため、公共の熟議の意義を高める。しかし他方で、社会の個人化と連関するため、熟議の合理性を掘り崩していく。この両義性をどう理解すればよいか。

近年、公共の熟議をリスク認識-管理に従属させるような議論が存在する。米国の憲法学者キャス・サンスティン（Cass Sunstein）と米国の行動経済学者セイラー（Richard Thaler）が展開するリバタリアン・パターナリズム論である（Thaler and Sunstein2003; Sunstein2005:chap.8）。セイラー＝サンスティンが考えるリバタリアン・パターナリズムとは、選択の自由を保証すると同時に、人々が自己の福祉を自己自身で促進できる諸制度〔民間であれ公的であれ〕を擁護する理論である。

セイラー＝サンスティンは、近年の認知心理学や行動経済学の研究を参照する。人間はリスクを正確に認識する能力に限界がある。人々は重大なリスク（serious risk）に十分意識を向けないこともあれば、反対に現実を見誤って過度に恐怖の念を抱くことがある。それゆえ自分で自分の福祉を増進させる行動を選択できない可能性が多分にある（Thaler and Sunstein2003:1168-9; Sunstein2005:182-3）。例えばフレーミング効果が指摘される。選択主体がもつ情報処理の枠組みが選択を左右するため、たとえ選択主体に十分な情報を提供しても、それを適切に理解できなければ最善の選択ができない。健康上のリスクに直面した人は、医師から重要な情報提供を受けても、適切に処理できず逆効果に終わることもある（Sunstein2005:195）。

こうした人間の能力の限界を根拠にして、リバタリアン・パターナリズムは自由と自律に対する制限を正当化する。自分こそが自分にとって最善の利益を確定できるという想定を否定する。リスクを回避し、福祉を増進するためなら、自由と自律の範囲を正当に制限できると考える。セイラー＝サンスティンは、人間の傾向性を科学的に考慮して、一定の方向へ間接的に個人の選択を誘導する〔ナッジ〕[12] 制度設計を肯定するのである。制度設計を通じて個人の行動選択に介入するパターナリズムを推奨する。そして、この特徴をもつ制度が選択アーキテクチャと呼ばれるのである。[13]

当然であるが、そもそも人間社会は、個人の選択に影響を与える制度なしには成立しない。まったく選択を制約しない制度などあり得ない。だからこそセイラー＝サンスティンは、リバタリアニズムとパターナリズムは矛盾しないと考える。制度設計の目的は、人々に誤った選択を回避させ、福祉（welfare）を適切な意味でみずから促進できる好ましい状況を作り出すことである。あらかじめ危険な選択肢を排除するのではなく、良好な生活（well-being）にとって危険な選択肢に疑いをもつよう仕向けることが、もっとも意義ある矯正策だという（Sunstein2005:203）。例えば、初期条件（starting point/default rule）を規則化して人々の選択を良い方向に導いても不正な介入ではないとされる。

2　不明確化する主体性

良好な生活（well-being）をリスク認識から切り離すのは難しい。それゆえ選択アーキテクチャを否定するのは不合理である。しかし問題は、リバタリアン・パターナリズム論が道徳的・倫理的問題を制度設計者の意思決定に従属させる点である。もしリスク管理を目的に人々の行動を回路付ける制度が正当化されるなら、管理当局は市民生活を操縦できることになる。

ベックがリスク社会でサブ政治を不可避的と考えるのは、あらゆる意思決定の政治性が自覚されるようになるからである。しかもそれは一般市民に政治関与する場を開くため、道徳的・倫理的視座を社会制度の構成要素として重視せざるを得なくさせる。しかし既に確認したように、社会が個人化すれば共通認識の構築がそれだけ困難になる。特に良好な生活を規定できるだけ分厚い認識を構築できるか不確定的である〔コストが高くなる〕。[14] 討議がかえって問題を複雑にする可能性もあるため、かえって「不合意のリスク」を回避できる選択アーキテクチャが要請されるのだ。しかも不安を抱き安心を求める人々の心理が、公共の熟議を有効な政治概念とは思えなくする。リスクに対応した適切な措置を講じる政府が、民主的に正当だと考えられるようになる。リバタリアン・パターナリズム論は、この合意の困難に統治の側から応答する論理になっているのである。

しかしこの論理は市民的自由を消極的自由に限定するため、民主的自律を脅かす。かつてハーバーマスは福祉国家の矛盾を分析し、「生活世界の植民地化」を問題化した。ハーバーマスによれば、戦後の福祉国家は、被雇用者に社会保障・給付を提供することで、正統性を調達している。それがたとえ階級対立を制度的に調停する妥協の産物だとしても、被雇用者に自己実現の余地を平等に創出し、自発性を引き出す制度として正当化されてきた。社会保障・給付は生活世界の保護にとって決定的役割を担うと考えられるのだ。しかし国家の福祉行政は結果として社会問題を身体化・個人化し、市民の政治能力を制限するという矛盾を引き起こした。[15] 市民がもっぱら福祉行政サーヴィスの消費者になってしまい、政治決定を正当化する主体性をみずから放棄しているという訳である。

リバタリアン・パターナリズム論は、この矛盾を不明確化させる。確かに、個人の生活・福祉を向上させる目的である限り、その制度は正当かもしれない。しかし、いかなる権限で選択の自由を制限できるのか。選択アーキテクチャを正当化する論理は、生活世界の意味資源を、行政や市場経済を駆動させる資源にしている〔不安・不満・恐怖・安全・安心…〕。私的領域の問題を、政治的公共圏を媒介させず、社会制度の正当性に直接繋げている。つまり、自己言及的な「閉じた個人」の意識を資源にして意思決定を正当化するのである。こうなると選択アーキテクチャはシステム合理性を駆動させ、個人化した公共的志向〔リスク管理として何を公的に処理すべきかという意識〕を増進させ、民主的プロセスから自立化していく。市民は益々他者とのコミュニケーションを通じて同意を達成する動機を萎えさせる。社会の個人化を加速させ、リスク管理こそが、市民生活を保護する要だと認識させる圧力を生む。制度設計の合理性が、個人の生活史的観点に支えられるようになる。こうして政治決定の正統性は、他者とのコミュニケーションを介さず、制度設計の合理性に還元される。(16)

もちろん完全な自律などあり得ない。人間の能力には限界がある。また、人間が住まう文脈から離れて自律を意味づけることはできない。それゆえ、パターナリズム的な制度設計を正当化すると同時に個人の自律を尊重することはできるだろう。(17) この意味で選択アーキテクチャは「生活世界の技術化」として捉えることも可能である。制度の正当化を、工学的な設計合理性に委譲することで、公共的・政治的コミュニケーションの重荷を低減するからである。しかも背景でそっと補助してくれる工学的制度は、「行動」を選択する「自由」を保障する。この意味での「主体性」は尊重できるのである。

しかし問題は、選択アーキテクチャの合理性が、選択主体には隠されていることである。制度設計者は合理的だが、選択主体は非合理的だと想定している。もっぱら選択の自由を焦点化し、制度の合理性を問う自由を問題化していない。しかも、リスク管理を要求する個人の意識を正当化の資源にするため、コミュニケーション的自由が侵害されているか否か不明瞭になる。リバタリアン・パターナリズム論は「生活世界の植民地化」という視座を無効にするのである。[18]

四　熟議の合理性に向けて

確かに、選択アーキテクチャの要素を制度から排除することはできない。民主政治を可能にすることそれ自体が選択アーキテクチャの要素をもっている。それゆえ選択アーキテクチャが民主政治と必然的に対立するとは限らない。しかし、だからといって熟議の合理性（deliberative rationality）が空虚な概念になる訳でもない。なぜなら、生活の細部に至るまで法制化しても安心・快適な日々を実現できる訳ではないからだ。日常の些細な判断まで制度化されたナッジに頼るべきだとは考えにくい。

もちろん、リスク認識は高度な専門性を必要とする。例えば年金保険料の計算を理解するのは容易でない。それゆえわれわれは専門家が用意した初期設定・選択肢を信用する以外にない。しかし、たとえ専門家の判断を重視すべき場合でも、リスク認識・管理を熟議の合理性から切り離せば、問題が起こっても、その責任を追求できなくなる。[19]

選択アーキテクチャも、生活世界の意味資源を活用してはじめて機能する。[20] 制度設計が合理的であるには、市民による正当化を必要とする。たとえ行政が裁量権限でリスク管理政策を意思決定するにしても、市民社会がストックする倫理・規範を活用・参照しなければ、正当な制度とはみなし得ない（Habermas1992:530=2003下:177）。

問題は、たとえ民主的プロセスが機能しても、法や公共政策を正当化する回路を通じて、リスク管理の論理が生活世界を構造化するかもしれない点である。確かに、リスク認識を民主的プロセスに内在化することで、リスク管理を民主化する契機を内包できる。しかし、それは自己自身をリスク管理の制御対象に据えることを意味する。(21) ハーバーマスが論じるように、法の正統化過程を法システムの構成要素に位置付ければ、それがかえって「不合意のリスク」を高める（Habermas1992:54-7 = 2003上:54-7）。そして不合意のリスクが政府や行政の意思決定を要請し、むしろ民主的プロセスから切り離してしまうのである。

それでは、この循環を断ち切るべきなのだろうか。それには二つの方向が考えられる。第一は、リスク認識・管理を民主的プロセスから切り離す。専門的知見を信頼して意思決定を機密にするのである。第二は、リスク認識・管理を生活世界から切り離す。地域社会を復興させる、自発的結社の役割を見直す、宗教や道徳の価値観を公共的に許容していく、といった考え方で生活世界を制御対象から外すのである。

もちろんこれは極端な二分法である。問題は、この両者の間でいかにバランスをとるかである。生活世界に根をもつ理性・感性と統治の合理性との間でいかにバランスするかが課題となる。もしリスク社会でサブ政治が不可避的であるなら、民主政治の主体をリスクの被害者としてだけ想定することはできない。サブ政治はリスク管理の主体を同時に想定して、はじめて機能する。専門的知見を信頼するには、専門家が説明責任、情報公開の度合いを高め、その意思決定を民主的プロセスに開かねばならない。反対に、個人化した社会で生活世界の意味資源を活用するには、選択アーキテクチャの要素をもつ制度が必要なのである。公共の熟議の意義は、この循環を社会改革の論理として積極的に評価することにある。個人がそれぞれの仕方で公共世界にコミットし、公共性の論理を開拓する可能性は十分にある。われわれが現実に生身の他者と共生せざるを得ない以上、具体的問題に取り組み続けねばならないからだ。[22]だからこそ、民主政治の主体と自律は、逆説的であるが、リスク認識・管理を公共の熟議に従属させる制度を、その構成要素にするのである。

おわりに

本稿では、リスク社会論が公共の熟議を両義的概念にすることを明らかにした。リスク社会論が政治主体として個人を析出するため、公共の熟議が規範的概念として意義をもつ。しかし社会の個人化は、かえって私生活主義を補強し、合意形成を不確定的にする。合意の社会的基盤が市民個人に断片化されれば、あくまで個人の動機が起点になるため、公共の熟議で実質的正当化を果たせるか不確定的になる。しかしそれゆえにこそ熟議を制度化して民主政治の主体と自律を担保する必要がある。たとえ社会の個人化過程が不可逆的であっても、人々が個人の立場から公共性を開いていく可能性を否定すれば、民主的自律を掘り崩していくからである。公共の熟議は、リスク社会でこそ重要な意義をもつのである。

〔注〕本稿は、政治思想学会二〇一二年度研究会、および北海道大学大学院メディア・コミュニケーション研究院「リスク・プロジェクト」第六回講演会において報告した原稿の一部を大幅に加筆・修正したものである。報告の場を提供して下さり、また質疑応答で重要な論点を提起して下さった各先生に、この場を借りて感謝申し上げます。特に川出良枝先生、有賀誠先生、田村哲樹先生、長島美織先生、鈴木純一先生、鍋島孝子先生、金山準先生には感謝申し上げます。

●注

（1）近年、説明責任、情報公開、法令順守といった概念が重要性を増している。こうした倫理規範は、行政や企業が展開するリスク管理制度・政策を公共的に監督・批判する権限に主体と自律の契機を読む論理として意義づけられる。しかしこれが現実に民主的な主体性と自律性を実現するかは検討を要する。

（2）「公共の熟議」は、治者と被治者の同一性を媒介する、民主的正統性の源泉であり、意思決定を正当化する合理性（deliberative ratinality）を産出する過程である。この理解は、熟議民主主義の基本理念〔影響を受けるすべての人が熟議の参加者として同意できる決定だけが正統的である〕を根拠にする。しかしこの理論的認識を現実社会に緩やかに適用すれば、次のように公共の熟議を理解できる。すなわち、様々な政治的・社会的・経済的・文化的問題について、当該問題に関わるあらゆる立場の人々〔市民、政治家、官僚、企業経営者、ジャーナリストなど〕が、討議と熟慮を重ねる公共的実践を、公共の熟議と理解できる。

（3）ベックが議論する「個人化」については、特にBeck（1986=1998）の第二部「社会的不平等の個人化」、およびBeck and Beck-Gernshiem（2001）を参照。

（4）ただし個人化はエゴイズムの蔓延を指す概念ではない。ベックはこれに注意を促している。個人化とは、あくまで社会システムが生み出す諸問題を個人が自力で引き受けねばならない制度的状況の進展を指している。それゆえ個人化とは、自己責任の倫理が社会的に合理化される過程でもある。

（5）Beck（1994=1997:25）では、リスク問題は体制問題であると同時に体制問題ではないと指摘される。

（6）それゆえ現代政治は構造的にポピュリズムの可能性を常に内包している。

（7）山崎望（2012:123, 244note8）は、社会が個人化することで、生活状況を標準化する統制構造を認識しづらくなる事態を、「われわれ」の崩壊に結び付けて論じている。

（8）森（2008）の第4章は、この側面を多角的に分析している。

（9）Huntington, Crozier, and Watanuki（1975=1976）を参照。

（10）行為者の意図と動機を出発点にしたコミュニケーション的行為ではなく、主体の内面とは切り離された確率論的な合理性の認識に依拠する。

（11）社会的-経済的制度の欠陥は、個人が引き受ける「私的問題」に書き換えられる。たとえば斎藤純一（2001:148-151）は、ギデンズ「第三の道」論が孕む問題を論じるなかで、リスクの個人化が「セキュリティの脱-社会化」をもたらし、「アンダークラス」を生み出すと論じている。次のように指摘している。もし個人が、社会保険の受給要件を満たせなければ、社会の「余計者」として差別化される。社会保障は基本的に社会に積極的に参加する個人の自発性・能動性を基本原理にする。それゆえこの「余計者」は、無能力で不道徳的な社会不適合者とレッテルをはられる。実際は共通の文化的・制度的文脈をもたない孤立した個人であるにもかかわらず、一体的に表象される。しかも、社会秩序、公序良俗、道徳的「市民性」に反する「秩序の他者」と位置づけられ、潜在的な犯罪性を帯びた人間として監視対象とされる。

(12)「ナッジ」とは、人々の行動を一定の方向に（predictable way）導く選択アーキテクチャの特徴・性質を指す。選択肢を通じて誘導する際、経済的インセンティブに重大な変更を加えたり、選択自体を禁止したりしない。しかも設計者の利益を意図している訳でもない。この意味でナッジはリバタリアニズムの要素をもつという（Thaler and Sunstein 2008:6=2009:25-6）。

(13)本論では「選択アーキテクチャ」を、人々の「行動」を特定の「よりよい」方向に誘導していく、工学的意図に基づく計画・制度として想定する。選択肢を制限することで、「健康」「安全」といった価値を志向した「行動」を、行為者本人には明確に認識させずに誘導する背景的制度である。田村哲樹（2011:183）は、理論戦略的に「アーキテクチャ」を広い意味で捉え、「デモクラシーのためのアーキテクチャ」の可能性を考察している。確かに民主政治の制度も「選択アーキテクチャ」の要素をもち得る。サンスティンも、熟議民主主義の「失敗」を修正・回避する制度設計を「ナッジ」概念に含める。この意味でアーキテクチャ概念も政治社会に広く適用される可能性がある。それゆえ田村は、サンスティンの議論を「デモクラシーのためのアーキテクチャ」とでも呼べる立場と評している（田村2011:163）。しかし、たとえ民主政治の諸制度が一定方向に背景で誘導する制度だとしても、その制度がもたらす効果・結果を行為者自身が主体的・自覚的に統制できるか否かは、重要な違いである。

(14)再帰的近代化の時代では討議制度への参加コストは高くなる（Warren1996:252; John, Smith, Stoke2009:366）。しかしWarren (2002) は同時に政治関与の場が広がることで政治参加の機会が開かれると指摘する。

(15)しかしハーバーマスが矛盾を指摘したのは生産論の構図においてである。それゆえ消費主体を中心に議論するリバタリアン・パターナリズム論の構図とは違いがある。

(16)これは私的自律と公共的自律の相互依存関係を掘り崩していく。

(17)これは論争的問題である。「許容されるパターナリズム」について詳細に検討した論文として、田村(2011:163-177)を参照。

(18)ただし、リバタリアン・パターナリズム論が成功しているか否かは別問題である。ハウスマン＝ウェルチは、他者の選択に意図的に介入する時点でそれは強制的であるため「リバタリアニズム」とは言えないと批判する（Hausman and

Welch2010:124）。同様にミッチェルも、ナッジが結果として政府による富の再分配を意味するため、「リバタリアニズム」ではないと指摘する（Mitchell2005:1269-75）。

（19）中山竜一は、選択アーキテクチャの論理に責任主体の発想が抜けている点を批判している（中山2010:145）。

（20）それゆえ選択アーキテクチャも、単に機械的に行動選択する主体ではなく、多様な文脈に位置づけられた意思をもつ主体を想定せざるを得ない。この論点は、有賀誠氏の指摘に負っている。

（21）内村博信は、これと同趣旨のことを指摘している（内村2008:304）。

（22）リスクの種類によってバランスのとり方も変わる。例えばテロ対策と同一基準で医療政策を評価すべきではない。問題ごとに適切なバランスも変わる。しかし問題は、愛敬浩二が指摘するように、リスク社会では、セキュリティ〔予測される危険の発生に備えるシステム〕とセーフティ〔具体的・客観的な危険に対処する〕との区別が曖昧化することだ（愛敬2009b:143）。同様に科学的・技術的対応と道徳的・倫理的判断とを区別しにくくなる。それゆえリスクを公共的に評価、意思決定するプロセスは、この不明瞭さについて認識を深める機能を果たさねばならない。

●参考文献

愛敬浩二（二〇〇九a）「リスク社会における法と民主主義」『法哲学年報　リスク社会と法』日本法哲学会、一六－二七頁。

愛敬浩二（二〇〇九b）「『予防原則』と憲法理論」『現代憲法における安全：比較憲法学的研究をふまえて』日本評論社、一三九－一六四頁。

内村博信（二〇〇九）『討議と人権：ハーバーマスの討議理論における正統性の問題』未来社。

宇野重規・田村哲樹・山崎望（二〇一一）『デモクラシーの擁護』ナカニシヤ出版。

宇野重規（二〇一〇）『〈私〉時代のデモクラシー』岩波新書。

斎藤純一（二〇〇一）「『第三の道』と社会の変容：社会民主主義の『思想』的危機をめぐって」『年報政治学』、日本政治学会編、岩波書店、一四三－一五四頁。

田村哲樹（二〇一一）「デモクラシーのためのアーキテクチャ、アーキテクチャをめぐるデモクラシー」宇野重規・田村哲樹・山崎望『デモクラシーの擁護』ナカニシヤ出版、一四七－二〇九頁。

中山竜一（二〇〇七）「リスクと法」橘木俊詔・長谷部恭男・今田高俊・益永茂樹責任編集『リスク学入門1　リスク学とは何か』岩波書店、八七－一一六頁。

中山竜一（二〇一〇）「リスク社会における公共性」『岩波講座哲学10　公共性』岩波書店、一二九－一四九頁。

宮台真司（二〇一二）「解題　今日パターナリズム研究が重要な理由：グローバル化と民主制の両立不可能性」現代位相研究所編『統治・自律・民主主義：パターナリズムの政治社会学』ＮＴＴ出版、二八七－三〇四頁。

森政稔（二〇〇八）『変貌する民主主義』筑摩新書。

山崎望（二〇一二）『来るべきデモクラシー：暴力と排除に抗して』東信堂。

山田陽（二〇一〇）「熟議民主主義と『公共圏』」『相関社会科学』第一九号、五四－七二頁。

山田陽（二〇一一）「熟議民主主義と多元主義：コンセンサスと多元主義の理念的対立をめぐって」政治思想学会編『政治思想研究』第一一号、四六六－四九五頁。

山田陽（二〇一二）「熟議民主主義と政治的平等」宇野重規・井上彰・山崎望編著『実践する政治哲学』ナカニシヤ出版、二六五－二九一頁。

Beck, Ulrich,（1986）*Risikogesellschaft auf dem Weg in eine andere Moderne,* Suhrkamp Verlag.=（1998）『危険社会：新しい近代への道』東廉・伊藤美登里訳、法政大学出版局。

Beck, Ulrich, Anthony Giddens, and Scott Lash,（1994）*Reflexive Modernization : Politics, Tradition and Aesthetics in the Modern Social Order*, Polity Press.=（1997）『再帰的近代化：近現代における政治、伝統、美的原理』松尾精文・小幡正敏・叶堂隆三訳、而立書房。

Beck, Ulrich, and Elisabeth Beck-Gernshiem,（2001）*Individualization: Institutionalized Individualism and its Social and Political Consequences,* SAGE Publications.

Bohman, James,（1996）*Public Deliberation: Pluralism, Complexity, and Democracy,* MIT Press.

Mitchell, Gregory,（2005）〝Review Essay: Libertarian Paternalism is an Oxymoron,〟 *Northwestern University Law Review*, Vol.99, No.3, pp.1245-1277.

Giddens, Anthony,（2000）*The Third Way and its Critics,* Polity Press.=（2003）『第三の道とその批判』今枝法之、干川剛史訳、晃洋書房。

Habermas, Jürgen,（1973）*Legitimationsprobleme im Spätkapitalismus,* Suhrkamp Verlag.=（1979）『晩期資本主義における正統化の諸問題』細谷貞雄訳、岩波書店。

Habermas, Jürgen,（1981）*Theorie des kommunikativen Handelns,*Bde.1-2, Suhrkamp Verlag.=（1985-7）『コミュニケーション的行為の理論』上中下、河上倫逸・M.フーブリヒト・平井俊彦・丸山高司・藤沢賢一郎訳、未來社。

Habermas, Jürgen,（1992）*Faktizität und Geltung : Beiträge zur Diskurstheorie des Rechts und des demokratischen Rechtsstaats,*

Suhrkamp Verlag.=（2003）『事実性と妥当性：法と民主的法治国家の討議理論にかんする研究』上下、河上倫逸・耳野健二訳、未來社。

Huntington, Samuel, Michel Crozier, Watanuki Joji, Commision Trilateral,（1975）The Crisis of Democracy: Report on the Governablity of Democracies to the Trilateral Commision, NewYork University Press. ＝（1976）『民主主義の統治能力：その危機の検討』サイマル出版会。

John, Peter, Graham Smith, and Gerry Stoker,（2009）, Nudge Nudge, Think Think: Two Strategies for Changing Civil Behaviour, *Political Quarterly,* Vol.80, No.3, pp.361-370.

Thaler, Richard H., and Cass R. Sunstein,（2003）〝Libertarian Paternalism is Not an Oxymoron,〟*University of Chicago Law Review,* Vol.70, No.4, pp.1159-1202.

Sunstein, Cass R.（2005）*Laws of Fear: Beyond the Precautionary Principle,* Cambridge University Press.

Thaler, Richard H. and Cass R. Sunstein,（2009）*Nudge: Improving Decisions about Health, Wealth, and Happiness,* revised and expanded edition, Penguin Books.=（2009）『実践行動経済学：健康、富、幸福への聡明な選択』遠藤真美訳、日経BP社。

Warren, Mark E.,（1996）〝What Should We Expect From More Democracy?: Radically Democratic Responses to Politics,〟*Political Theory,* vol.24, no.2, pp.241-270.

Warren, Mark E.（2002）〝What Can Democratic Participation Mean Today,〟*Political Theory,* vol.30, no.5, pp.677-701.

第三章　自我と責任・自己と責任

長谷川みゆき

はじめに

本稿は、自我と責任、あるいは自己と責任との関係を考察し、自我や自己をどのように認識するかによって責任内容が違ってくるということを示す。さらに、理想的・観念的な「近代的自我」を基本とする近代法モデルとその特徴を示し、近代法モデルは無責任社会への道ともなりえること、無責任な社会にならないため責任概念拡大が必要であることを示す。

一　いわゆる西欧の自我と日本の自我――近代法モデルと日本モデル――

1　「西欧」と「日本」――「西欧的自我」と「日本的自我」――

ここでは、「西欧」と「日本」における自我と帰責との関係を考察する。「西欧」あるいは「日本」という括り方をするのは、そのことによって自我認識という思考パラダイムがわかり易くなるためであって、西欧の自我とは何なのか、日本の自我とは何なのか、ということを実証的に解明するためではない。自我と帰責との関係を考察する上で、西欧的自我と日本的自我との対比が、本研究に重要な示唆を与えてくれからである。また、アジアの中でいち早く近代化を成し遂げたとされる日本が、西欧に遅れていると思い、追いつくべきモデルとして想定していたのが西欧であったことを考慮すると、理想としての西欧と日本という対比はなお有効であると考えるからである。(1)

本稿は、西欧ではこのようになっているが、日本ではこのようになっているといった、いわゆる日本人論に多く見られるような日本(人)解明を目指したものではない。責任が帰せられるところとしての自我というものを、西欧と日本の視点から眺めることによって、どのように責任の範囲が違ってくるのかを示したい。

自我と責任との関係を考察する上で、「西欧」「日本」という括り方が有効であるとして、そのような「西欧」「日本」というものがどのような内容を表象しているのか確認しておく必要がある。本稿でいう「西欧」は近代西欧を意味する。デカルトの「われ思う、ゆえにわれあり」に代表される主観と客観の二元化といった思想が近代の自由な意思決定が出来る理性的人間像を創り出し、それを信奉することによって近代化を成功させた、その西欧を意味している。対する「日本」とは、近代西欧以外の思想をもつ地域のひとつとして位置づける。西欧で生まれた近代的自我とそのような近代的自我を未だもちえないのではないかとされる日本的自我との対比は、それらの認識の違いからくる責任範囲の違いを明らかにするという目的のために意義があると考える。次に、「西欧的自我」を西欧の近代的自我の典型モデルとして、非西欧的自我である「日本的自我」と対比し、自我と帰責との関係を比較しながら考察する。その際に、輸入法と日本の国民性とのギャップに着目し、刑法の視点から日本人の自我のあり様と責任意識・罪の意識との関係を西欧との比較において論じた青柳文雄の「日本人の自我は弱い、故に、責任意識も弱い」という主張を検討する。(2) 青柳の主張を取り上げる理由は、青柳の考える自我には、近代法に特有な自由な意思決定ができる理性的な人間像が想定されているため、理想的・観念的な近代法をモデル化するために有益であるからである。以下では、青柳の想定する「西欧」的自我を比較モデルとして日本のそれと対比させることにより、それらの概念的な違いを指摘し、その違いによって責任意識や責任の範囲が違ってくるということを示したい。

2　日本人の自我と責任意識

青柳がどのように自我を理解していたか、管見のかぎりでは、青柳の所論の中には、自我の定義は一度も出てこないが、それに関する説明的記述は多岐にわたる。それらから青柳の理解する自我、および、弱い自我・強い自我を以下のように理解することができる。

自我とは、自己と他者を区別できる自律した主体である。何を為すべきか為さざるべきかを、他人に依存することなく決定できる理性的主体である。そのような自我を基本として、そうなっていない自我は弱い自我ということになる。したがって、弱い自我とは、自己と他者が未分離であり、環境に容易に影響される他者依存的で優柔不断な自我である。(3) 何を為すべきか自身の力で決定することなしに大勢に従う自我である。(4) 弱い自我とは、集団主義的、あるいは未熟な個人主義的自我である。(5) 弱い自我は、自己と他者が未分離な一元論的世界に住んでいる。(6)他方、強い自我とは、自己と他者とを峻別でき、容易に環境に影響を受けない、独立した、決断的自我である。(7)強い自我は、自己と他者を区別する二元論的世界に住んでいる。(8)

このような自我理解のもと、青柳は、日本人の責任意識について、西欧と対比しながら次のように述べる。自我が強ければ各人の意思決定に対して非難がなされるが、自我が弱ければそれは或いは遺伝或いは環境による影響を受けたものとして、むしろ特定の意思決定よりもそのような地位にふさわしい行動をしなかったとか、ふさわしくない行動をしたとかいうことに非難が加えられる。従って罪の意識は本来絶対者（神）に反する意思決定を行ったことに対する内心的の非難であるが、絶対者を欠くわが国の宗教ではその地位にふさわしくなかったことについて世間に対する自責の感情だということになる。(9)

青柳によれば、「西欧」の確立された自我に対し、日本人の自我はその形成が弱く個が確立されていないため、ある行為の責任が行為者の強い意思決定に帰せられる「西欧」とは違い、その場その場においてふさわしい行動を為さなかったことにその行為者の責任が帰せられる。「西欧」社会では、各人は何を為すべきか為さざるべきかについての（他人がどう評価するかとは関係ない）絶対的な基準を持っているのに対し、日本は、他人や社会がどう評価するかが、各人が何を為すべきか為さざるべきかについての基準となる場依存的・他者志向的な社会である。それゆえ、日本人の責任意識はあいまいで拡散したものであると結論する。(10)

3　自我と意思決定と責任

青柳は、また、自我の強弱と責任との関係を、「意思決定」を介して、次のように考える。西欧社会において、ある犯罪行為がある個人によって為された場合、その個人の犯罪時における意思決定が非難の対象となり、その時点での意思決定のみにその個人の責任および罪の意識が帰せられる。したがって、その個人の責任や罪の意識が帰属される場所は、時間的（歴史的）にその個人の犯罪時における意思決定より以前には遡らない。また、ある個人がある犯罪行為を為した場合、その個人は過去の悲惨な生活歴や周りの人間・環境をその行為の言い訳としてはならない。その個人の意思決定――その個人の決断以外の何ものにも統制されない強い意思によってある行為を為そうと決意したこと――に、その行為の責めが帰属される。他方、日本社会においては、ある行為が考察される場合、ある特定の行為のみだけでなく「もっと時間的に長い、空間的に広いもの[11]」が含まれる。たとえば、ある行為がある個人によって為された場合、その行為の責めはその時点での意思決定に留まらず、遺伝・過去の生活歴・環境と、時間的に遡って考察される。言い換えれば、その個人は自分の行為の責任をさまざまな歴史的・社会的・環境的・状況的な要因に帰属させることができることになる。この場合において、その個人の意思決定というものは、その行為の責任や罪の意識が帰属される一部であるに過ぎない。これらの点をまとめると、以下の図1のようになる。

以上みてきたように、西欧では、責任や罪の意識は特定の行為における意思決定に帰属される。個人が自分の行為に責任を感じ罪の意識をもつのは、その行為を為そうと決断し、その決断に従い実際に行為し

図１

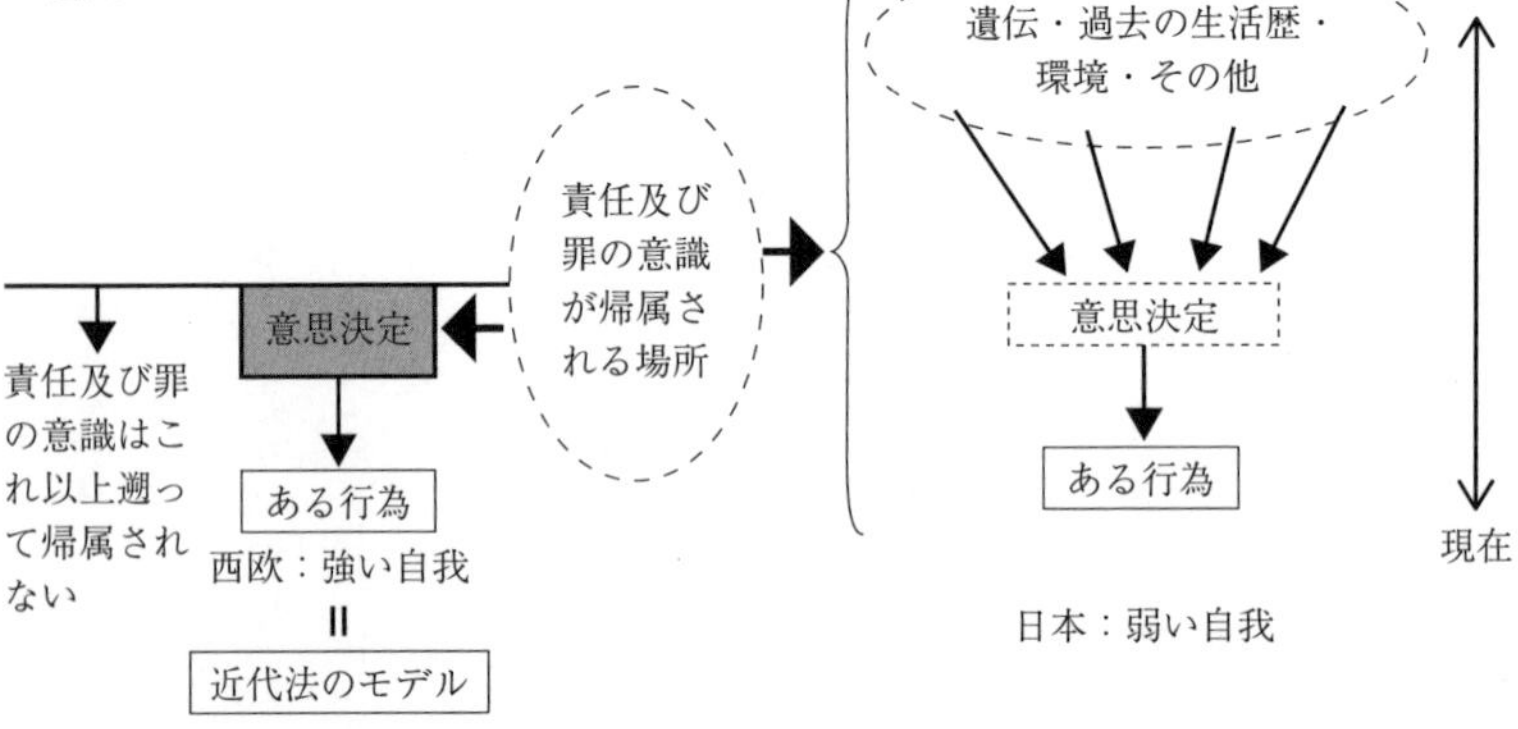

たのは自分であるからである。その個人にその行為を為すよう決断させたものは、まわりの環境や状況ではなく、その個人の意思決定だったのである。しかし、日本では、「人の意思が遺伝と環境によって左右される度合いをより広く認め[12]」、「個々の行為の意思決定をするに至った過去の生活体験全体[13]」が非難の対象とされ、個人もその全体に責任を感じる。この点で、青柳は、日本人の罪の意識や責任意識は希薄で拡散していると言う[14]。過去の生活体験全体について責任を感じるのであるから、それだけ責任範囲が大きいとも解せられよう。しかし、青柳に言わせれば、責任の範囲は広いが所在が散漫なため、誰が責任を取るのか、何に責任が帰属させられるべきなのかがあいまい[15]であるということになる。

また、図１から分かるように、「責任及び罪の意識が帰属される場所」が西欧では「意思決定」のみであるが、日本では過去から現在までより広い範囲に渡っている。日本においては意思決定が西欧ほど重要ではない[16]、そもそも、何が自身の意思決定なのかあいまいであると青柳は言う。「明確な意思決定がなく感情の赴くままに環境によって犯罪を行なう者が少なくない日本人[17]」の場合、「『そうやった』のでなく、『そうなってしまった』という自白が多い[18]」という事実も、いかに日本人の意思決定というものが薄弱であるかをよく示していると言う。

このように、青柳は、責任が帰せられる場所として、意思決定の重要性を主張し、責任が帰せられる場所が意思決定だけに限らない日本の責任のあり方を「責任意識が弱い」と結論する。次節では、自己と他者を区別できる主体として何が根拠になっているのか、自己と他者、自我と自己について考察する。その際に、自我の二つの側面――「哲学的自我」と「社会学的自我」――についても概観する。

二　自我と自己

1　自己と他者

青柳が言うように、弱い自我とは、「個」としての意識より、集団的自己としての意識の方が強いというのは一見妥当であるかのように思える。集団から独立した個人としての意識より集団的自己としての意識が強いということは、常にある集団の中の私というふうに自分を位置づけることを意味し、自己が集団の中に埋没しているため、集団から独立して自己を取り出すことは難しい、と、このように論理的に考えることは可能である。集団・社会から分離・独立可能な西欧的自我と、集団・社会に埋没して分離不可能な日本的自我という図式である。

しかし、個人というものは全くの孤立した存在ではなく、常になんらかの集団や社会に属しているというのも事実である[19]。自己を集団や社会から切り離して独立した主体として考えることは可能なのであろうか。西欧では、「感情や社会的関係をコントロールできる個人として自分たちを理想化する[20]」傾向が強い。

西欧的思想とは、「個人と社会という二元論に深く根ざして[21]」おり、理想的な個人とは、感情や直観や社会的影響から為された決定を避け、抽象的な原理にしたがって行動するという確信をもっている、とローゼンバーガーは述べている[22]。しかしながら、個人と社会とはそのように歴然と区別できるものではないという考えもまた、正しいように思える。個人というものは、他者や社会とのさまざまな関係の中に現れてくるもの、したがって、そのような関係以前に個人は存在しない、という考えである。精神医学者木村敏は、「日本人にあっては、自己は自己自身の存立の根拠を自己自身の内部に持ってはいない[23]」として、自己と他者との関係について以下のように述べる。

自己と相手、私と汝がまず確固たる主体として存在していて、その後に両者の間に「人間関係」や「出会い」や「交通」が開かれるのではない。人と人の間、自と他の間ということがまずあって、具体的には自己と相手との間で話題となる事柄がまず最初にあって、自己および相手の人格性は、ことさらに表面に出ないか、かりに出たとしても、つねにこの間から、この事柄自体から析出してきたものとして、したがってつねに相手との間柄を映したものとして、規定されてくる[24]。

木村は、日本人の自己を他者との関係性の中にある自己であるととらえる。他者や関係がなければそもそも自己はない、ということである。このように理解すると、青柳のいう「日本人の自我」がよりよく説明できる。主体として自己がまず存在し、主体が客体をとらえるという図式ではなく、他者との関係の中にこそ自己が立ち現れると理解するなら、自己とは自分を取り巻くあらゆるものに影響される自己であり、それは見方によっては、優柔不断かつ曖昧でふらふらした自己となるからである。

青柳は、まわりに影響されやすい自己という点に関しては、日本の自己を正しくとらえていたのであろうが、自己の関係性という点を見落としていた。青柳が見落としていた自己の関係性という働きに着目するならば、西欧の確立した理性的自我に対して、未熟で統合性がなくふらふらして分かりにくく映っていた日本の自己が、その多様性・順応性ゆえに、かえって活動的で能動的、かつ流動的で創造的にさえ見えてくる。近来、このような日本的自我や自己に対する評価は特に海外で高く、(25) そのこと自体興味深い現象である。それは、理性絶対主義や人間優越主義といったような西欧近代思想の驕り・行き過ぎに対する歴史的ゆれ戻し現象だとも言えよう。

しかし、多様で関係的な自己とはどういう意味なのか。そもそも自我と自己とは同じものを指し示しているのか。もしそうでないならば、西欧の自我と日本の自己といった、概念的に異質なものを比べている可能性はないか。本稿でも、今まで自我と自己とを同一として考察してきたが、ここで、自我と自己との違いについて吟味する必要があろう。また、社会学的自我（あるいは自己）と哲学的自我（あるいは自己）の混同も見受けられる。そこで、「自我とは何か」、「自己とは何か」という節に入る前に、自我や自己についての二つの側面を若干概観し、それらの違いを指摘しておきたい。

2　自我の二つの側面――社会学的自我と哲学的自我

ここで、自我とはこうである、自己とはこうである、ということを主張するつもりはない。自我や自己の社会学的側面と哲学的側面を概観し、本稿が考察する自我や自己とはどういうものであるか、あるいは、どういうものではないか、ということを確認する。その際に、本稿では、自我・自己の社会学的側面を「社会学的自我」と呼び、自我・自己の哲学的側面を「哲学的自我」と呼ぶことにする。

自我の社会学を研究している浅野智彦のことばを以下に引用する。

常識的には、無数の「私」たちは個々別々に切り離され、互いに閉ざされた形で生きており、その後で互いにコミュニケートし、さまざまな関係を持つようになるというように考えられている。けれども、そもそも「私」が何者であるのかということは、他者という鏡に自分の姿を映すことによってしか知ることができない。つまり、自己と他者との関係がまずあって、ついでその関係——私を見る他者のまなざし——が自分の中に取り込まれたときにはじめて自己は成立する。いつでも関係が先にあり、そこから自己が生み出されてくると社会学では考えるのである。だから、どのような関係がどのような過程をたどって自己の中に織り込まれていくのか、それを問うことが自我の社会学の課題といえるだろう。(26)

社会学的自我といっても、さまざまなアプローチがあり、上記の自我論が社会学的自我を全て言い表しているとは言えないが、その典型的な内容と理解することができる。つまり、社会学的自我とは、人格・アイデンティティ(27)と同じようなものであり、自分は何者か、私はどんな存在か・本当の私はあるのか、といったような、自分についての整合性のある確信や実感のことである。そのことからすると、社会的自我が他者との関係性の中に現われてくるということは、今や自明のことと考えてよい。「自分は何者か・私はどんな存在か」という問いに答えるとき、「教師に対する生徒」、「親に対する子」、「非エリートに対するエリート」、「劣等に対する優秀」、等々、われわれは常に他者に言及することなしに自分が何者であるかを表現できないからである。

他方、哲学的自我が対象としている問いは、「自分とは何者か・私とはどんな存在か」という場合の、「自分」、「私」はどこにいるのか、それがどうやって分かるのかといった、社会学的自我においては前提となっている「私」というあり方への問いであると考えられる。すなわち、社会学的自我で「自分は何者か・私はどんな存在か」と問う場合には、最初からこの身体を自分の身体とみなし、この気分やこの感じ方を最初から私の気分や感じ方であるとみなし、[28] その上で、そのような自分や私はどのような存在であるのかを問題としている訳であるが、哲学的自我では、このような「はじめから獲得している自明な「私」」をただ分解[29]したり、色づけしたり、解釈したりするわけではなく、どのように自分が獲得されるのかを問いとしているのである。自分は、この身体という物質だけでもなく、身体という物質の中に住みついている心のようなものだけでもない。自分はどこにいるのか、心か身体か、その両方か、といったような問い、いわゆる「心身問題」は、哲学的自我にとっては重要な問いである。また、どのような根拠によって昨日までの「私」と今日の「私」を同じ「私」として理解できるのか、「記憶」か「身体」か、という「人格の同一性」をめぐる問題もある。[30] よく出される記憶と身体に関する例には以下のようなものがある。

例[31]：

交通事故で私の身体はめちゃくちゃに破損してしまった。しかし、脳だけは助かった。一方、身体は健全なまま脳だけ死んでしまったXさんがいる。大手術の結果、私の脳とXさんの体が合体した（私の脳をXさんに移植した)。目覚めた「私」はもとの私かXさんか?

ここで、躊躇せず、もとの私と答えるなら、私のありかは脳の中だということになるだろう。確かに、私の脳は昨日までの私の記憶をもっている。子供のとき腸の大手術をして未だに腹に大きな傷があること、留学したこと、失恋したこと、等々の多くの記憶をもっている。しかし、例えば、私のこの手は、昨日まで私が慣れ親しんだ手ではない。私のこの身体には手術の傷もない。手や腹だけではなく、全ての身体が昨日までの私とは違う。もちろん顔も。したがって、哲学的自我は、「自己意識」と言い換えてもいいのではないだろうか。私が私であることはどのように立ち現れてくるのか。私は、昨日までの「私」と今日の「私」が同一であるとどうして分かるのか。上の例では、その同一性が危機に瀕している状態である。私が「私」であるという自覚には、私の記憶だけでなく、身体の連続的な同一性が必要であるという見方もできよう。私の記憶が私の記憶であり、私の身体が連続した私の身体であると私は私だけの力で分かるのか、というような問いが哲学的自我の問いである。

「自己意識」「同一性」「同一性が危機」という言葉だけをみると、社会学的自我論でいうアイデンティティ論やアイデンティティ・クライシスとどう違うのかという疑問があるかもしれない。しかし、哲学的自我での「自己意識」「同一性」「同一性が危機」というのは、社会学的自我でいうところのものとは異質なものである。社会学的自我でいう「自己意識」「同一性」「同一性危機」は、先に述べたように、私をはじめから措定し、その上で「私」に関する考察を行なうものである。たとえば、自分が何者であるか、エリートサラリーマンであるとか、優秀な研究者であるとか、正直者であるとか、誠実であるとか、等々の、「自己定義＋他者による承認[32]」に関する考察であろう。したがって、「他者との社会関係が明確で、自己定義と他者による定義とが相互に矛盾の少ないものであれば安定する[33]」ことになり、「自己意識」や自己の「同一性」が安定する。しかし、ひとたびこの相互関係に齟齬をきたすや、「自己の同一性が危機」に陥り、アイデンティティ・クライシスを体験することになる。よく出される例としては、転落したエリートや優等生などが挙げられよう。

しかし、哲学的自我での「自己意識」「同一性」というのは、上にあげた自己定義や他者による承認以前に立ち現れる自己の意識、自己の同一性ということになろうか。言い方を変えれば、哲学的な意味において、「私は何か」と問う場合には、私は人間である、日本人である、女である、学生である、姉である、あるいは勝気で負けず嫌いである、小心者である、誠実である、というような答では納得できないものが含まれており、それに答えるために自我や自己という言葉が必要となるのである。また、もし仮に、私とは何かという問いに、「「私とはAである」という回答が提示[34]」されたとしても、そしてAが「どんなに長い命題から成っていても、多数の命題から成っていても、複雑な命題から成っていても[35]」、そのすぐ後に、「「でも、なぜ〈私はAである〉と言えるのか」という新たな問いを、いつでも提起できる[36]」、そのような問いが、本稿で問題とする自我や自己である。自分というものを関係性の中にとらえる、「最初に関係ありき」、という考え方は社会学的自我では当たり前のこととなっているのであり、また、本稿はそのような意味で「自分」、「私」、「自己」、「自我」を考察するものではないのである。

3　自我と自己

今まで自我や自己をおおまかによく似た概念としてとらえてきたが、ここでは、自我とは何か、自己とは何か、それらは互いに排他的であるのか重なり合っているのか等を考察する。以下では、西田幾多郎とユングを手がかりとしながら、自我とは何か、自己とは何かを考察する。その際に、自我と自己との対比、西欧における近代的自己（青柳の理解する西欧的自我）と日本の自己との対比という点が明確に示されている中村雄二郎の西田解釈・ユング解釈に沿って考察する。中村の解釈を援用するのは、近代的自我と日本的自己との対比が明確である他、青柳の言う日本の自我を補足する上で有益であるからである。

西田の自我と自己

西欧で生まれた近代文明・近代思想とともに近代的理性的自我が明治期に日本に導入されたおり、未だ西欧でいうところの「個」が確立されていなかった日本では、名実ともに近代化を成し遂げるため、急速に個の確立が要求された。そして、個を確立させるためには、理性的主体としての近代的自我が強く求められることになった。しかしながら、そのような時代背景の中、中村によれば、「西田の哲学的な研鑽によってとらえられ、うち立てられた個人（自己）とは、デカルトのコギトに代表されるような、思考の自律によって根拠づけられた意識的自己、自由で開かれた能動性あふれる自己ではなかった[37]」。

若き日の西田〔は〕アイデンティティの拠り所を真の自己に求めた……、またその自己〔は〕悲哀感を帯びた自己、悩める自己であった……。ところで、この悲哀感を帯びた自己、悩める自己とは、もちろん、理性的、意識的（知的）な自己ではなくて、感情を帯び身体性をそなえた自己である。受苦を帯びた行為的な自己であり、宇宙性を帯びた自己である。そのようなものとしてこの自己は、単なる主観的（主体的）なものでも、単なる客観的（客体的）なものでもありえない。また分析的、間接的にもとらえられない。したがってそれは、主観と客観とが分かれる以前の経験、未分化な直接経験のうちで直観的にしかとらえることができない(38)。

西田がその生涯を通して追求した「挫折感、悲哀感を帯びた悩める自己(39)」とは、生きるということから遊離した思惟によって意識される自我ではなく「内部生命的な自己(40)」、つまり、身体と感情を持った自己であった。西田は、「主客を没したる知情意合一の意識状態が真実在である(41)」とし、この意識状態を「純粋経験」、すなわち自己とした。西田自身の表現では以下のようになる。

> 経験するというのは事実其儘に知るの意である。全く自己の細工を棄てて、事実に従うて知るのである。純粋というのは、普通に経験といっている者《ママ》もその実は何らかの思想を交えているから、毫も思慮分別を加えない、真に経験其儘の状態をいうのである。たとえば、色を見、音を聞く刹那、未だこれが外物の作用であるとか、我がこれを感じているとかいうような考のないのみならず、この色、この音は何であるという判断すら加わらない前をいうのである。それで純粋経験は直接経験と同一である。自己の意識状態を直下に経験した時、未だ主もなく客もない、知識とその対象とが全く合一している(42)。

純粋経験の例として、西田は、音楽に心奪われるさまをあげている。確かに、あることに自身を没入しているとき、自分と没入しているものとの差がないかのように感じられる瞬間がある。たとえば、「海辺を歩いていて、波の音、大洋のうねりの音が自分の雑念をすべて《ママ》を洗い流してしまうとき。残っているのは、砕ける波の音、涼しげな微風、遠くから聞こえる海鳥の鳴き声だけ。自分がそれを聞いているという意識すらない[43]」といったような瞬間である。このような瞬間には、西欧でいうところの意識された自我は存在しない。そのような状態をも含めて自己をとらえるならば、日本の自己は西欧の意識化された自我とは異質であることが理解できる。中村によれば、西田は、無意識という概念を認めていない[44]ようである。しかし、中村が補足しているように、西田の自己（＝純粋経験）は、ユングの無意識をも含んだ自己と重なると理解できる[45]。そこで、自我と区別され自己、自我と自己との関係を示したユングの「自我と自己」についてみることとする。

ユングの自我と自己

C・G・ユングは、中村によれば、「〈自我〉egoによって統合されたわれわれ人間の意識の根抵に、意識も無意識も含めた心の中心として〈自己〉selfを考え、この〈自我〉と〈自己〉とを本来相補的な働きを持っているもの[46]」と考えた。近代的個人のよりどころである、確立され意識された理性的自我は、「主体性を持ち、つよい統合力を持っているが、人間の心の全体を覆うことはできない[47]」と考えたのである。このような考えは、西欧におけるデカルトの二元論や啓蒙思想に代表される理性優越主義といったメンタリティーが、無意識や感情・身体といった要素を、個人の自律を妨げる劣ったものとして排除してきたことに異論を唱えたフロイト心理学の流れを汲むものであろう。他方、日本では、意識化された自我は自己の一部であるに過ぎず、むしろ、意識化されない心の様にこそ、その人間の人間性が潜んでいると考える傾向が強いようである。歴史的にいって、概して西洋の人間が意識的自我の方を強調し重視したとすれば、日本人の場合には、日本人を含めた東洋人の場合には、無意識を含んだ心の統合の中心である自己の方を重視し強調してきたと言えるだろう。ユング自身も、心の内的世界について、とくに自己の問題について、東洋は西洋よりはるか以前から多くのことを知っていたことを繰りかえし述べている。[48]

このような、意識の統合としての西欧的自我と、無意識をも含めた心の中心にある日本（東洋）の自己という見方は、多くの心理学者が認めるところである。たとえば、河合隼雄は、次のように述べる。

西洋人の場合は、意識の中心に自我が存在し、それによって統合性をもつが、それが心の底にある自己とつながりをもつ。これに対して、日本人のほうは、意識と無意識の境界も定かではなく、意識の構造も、むしろ無意識内に存在する自己を中心として形成されるので、それ自身、中心をもつかどうかも疑わしいと考えるのである。[49]

中村は、上述のような、河合による「西洋人と日本人の心の構造[50]」を、「ユングの〈自我ｰ自己〉モデル[51]」を発展させたものとしてとらえている。[52] すなわち、「西洋人の方は、自我を中心として、それ自身一つのまとまりのある意識構造を持ち、日本人（東洋人）の方は、それだけではまとまりがないようでいながら、実はそれは意識の外部にある中心（自己）へと心が収斂していく構造を持っている」[53]と中村は述べている。

意識化された自我と無意識をも含む自己

このように見てくると、日本の「自己」には、「私たち人間の表層的な自我の根底に、パトス的（受容的、受苦的）[54]」な活動があり、日本の「自己」とは、「理性的、意識的（知的）な自己ではなくて、感情を帯び身体性をそなえた自己」であり、意識化された自我に無意識の領域をも含めた広い概念であることが分かる。

無意識といっても、意識されないもの全てを意味しているわけではない。例えば、ある人が最近大変ゴルフに凝っているとしよう。電車に乗り、何気なく電釣り広告を見る。いろいろな広告があるにもかかわらず、その人の目はゴルフ関係の記事に吸い寄せられてしまう。ゴルフ関係の記事が他の記事より特別大きい訳でも色刷りがあざやかな訳でも目立つところに配されている訳でもないのにである。この場合、その人が意識してゴルフ関係の記事を探しているのではないという点が重要である。その人がゴルフの記事に目をやりゴルフの記事を読んでいてふと我に気づいたときに、あるいは、何を見ているのかと聞かれてその人が答えるときに、その人の無意識は既に意識化されている。その人が電車に乗り込み、その人がゴルフの記事を読んでいると自覚する前までの状態が無意識（心理学者によっては「心的態度」という）の状態である。西欧では、この例の場合の、意識化された状態を「自我」というのに対して、日本では、顕在化された意識以前のこのような無意識の状態をも含めた「自分」を「自己」とする。

これらのことから、西欧の「自我」よりも日本の「自己」の方が概念として範囲が広いといえる。このような無意識の理解は、西欧の啓蒙思想に代表される理性優越主義（あるいは理性信仰）が、人間の人間以外のものにたいする専制を正当化し、「自然」の掟に従いながら「自然」に生かされている人間という理解の仕方ではなく、人間は自然をも征服できるという思い上がりを正当化することに対して警鐘を鳴らしたニーチェにも重なるものであろう。意識化された理性というものは人間の自己のほんの氷山の一角に過ぎず、その下に無意識の広大な領野が広がっていると主張したニーチェの思想[55]は、このような無意識をも含めた自己という概念が実は日本(東洋)だけに限られたものではないことを示している。ニーチェは、また、自己を考察する上で「肉体」の重要性を力説している。

目覚めた者、識者は言う。私は徹頭徹尾肉体であり、それ以外の何ものでもない。そして心とは、肉体における何ものかをあらわす単なる言葉にすぎない。肉体とはひとつの大きな理性であり、ひとつの意味を持った多様体である……。感官や精神は道具であり、玩具である。それらの背後には、なお〈自己〉がある。……わが兄弟よ、きみの思念と感情の背後には、強力な命令者、知られざる賢者がひかえている――それがつまり〈自己〉なのだ。きみの肉体のなかにかれは住んでいる。きみの肉体がかれなのだ。[56]

笹澤豊によれば、ニーチェのこのような見方からすると、「我々の意識は、我々の内的世界のほんの表面にすぎず、しかも、すでに(単純化、明瞭化という)加工の操作をうけた表面にすぎない。その下部には広大な無意識の領野がひろがっている。意識にのぼる思念や感情は、そういう隠れた〈自己〉の表層的・末端的な現れにすぎない[57]」ということになる。「ニーチェは、そういう〈自己〉のまるごと現れでた形が「肉体」だと考えるのである[58]」。

〈肉体〉というこの全体現象は、知的な度合からしても、我々の意識よりも、我々の〈精神〉よりも、我々の意識的な思考や感情や意思作用よりも優っている。[59]

たしかに、傷を負うといった場面を思い浮かべると、ニーチェの言っていることがよく理解できる。私が、足などに負った自身の傷に気づき痛いと感じるとき、すなわち、対象としての傷が意識化されるとき、既に私の肉体は傷を追っているわけであり、その点では、私の意識は肉体の傷の現在に遅れているといえる。私の肉体は、私の意識より多くのことを既に知っているのである。[60]このように、ニーチェの無意識をも含めた自己、肉体としての自己は、西田やユングの自己と重なるであろう。

今まで考察してきたことから得られたことは、自我と自己とは概念的に異質なものであるということ、自己というものを考える際、西欧では主に意識化された「自我」を指し、日本や東洋では無意識の領域をも含めた「自己」を指すということである。それは、西欧では意識的自我のみがあって自己という考えがないという意味ではなく、「西洋において、意識の態度（自我）が非常に重視される」[61]ため、そのような意識化された理性的自我を自己と考えるようになったのだと理解できる。同様に、日本や東洋では、意識化された自我がないという意味ではなく、意識も無意識も含んだ心全体を自分の姿としてとらえる態度が強いため、[62]西欧の理性的・意識的自我をも含み、無意識の領域をも包括した、より広いものを自己とする傾向が強いと理解できる。

おわりに

西欧の近代的自我とは意識的で理性的な自我である。それに対して、自己とは意識化された自我のみではなく無意識の領域をも含む広い概念である。西欧では一般に自己について考察する際、意識化された自我を指し、身体や感情から分離された観念的自我を指す傾向が強い。他方、日本における自己とは、そのような観念的な自我ではなく、周りの環境に影響され苦悩する肉体をもった、空間的にも時間的にも広がりのある自己である。そのように、自己というものを広くとらえるならば、責任が帰せられるところも、意識化された理性的主体としての自我にではなく、その個人が個人である範囲を含めたところになるのではないだろうか。

もちろん、このような考え方は、現代われわれが慣れ親しんだ個人責任という概念に馴染むものではない。また、誰かが責任をとることを強く要請されている現代のような社会では、その個人をつつむものにまで責任が帰せられうるという考え方は、その行為を為した個人を免責しようとする責任転嫁論だと批判されるかもしれない。しかし、本稿は、ある行為によってある社会的に悪い結果がもたらされた場合、その行為を為した当人に全く責任がないということを主張しているのではない。その個人も責任をとるべき主体であるが、同時に、その個人と関係する他者にも責任があると認識することが重要であると考えるのである。ある個人によって社会的に有害なある行為が為された。そこに当人を連れて行ったもの（そこにはもちろん、当人の意識的な自己決定も含まれるが）、当人が関係する他者を含んだところにも大きな責任があると考える。そのように責任をとらえ直さなければ、多大な責任を負わせられた理性的主体は、益々まわりと絶縁状態になり、本来の自己をも見失っていくのである。

ある人物が引き起こしたある行為の原因を、その人物が今現在生きていることや、その人物の家庭環境や、性格や、その行為を為したときの感情や、その他もろもろに求めることは、何が決定的にその行為の原因となっているかを明らかにできないというもどかしさをもたらす。しかし、ひとたび、その人物の独立した意思にその原因を求めることによって、意思から行為への因果関係が明白となるような錯覚をもたらし、原因追及はそこで終わってしまう。その人物の行為の「原因を彼の意思に求めた瞬間に、それが行き止まり」であり、「それ以上遡れない」という考え方は、彼の行為の責めを彼の意思に帰するということが正当であるという帰結をもたらす。このように考えると、行為の責任を帰する場所として「意思」あるいは「意思決定」という概念に辿り着くのはしごく当然の論理的帰結であろう。

責任（原因）追求が個人の意思で止まると、責任の所在が簡単である。その個人の歴史や性向、彼に関わった人たちの彼への影響、無意識の状態も含めた彼の自己、等々を考慮しなくとも、その個人の意思決定にのみ責任を帰せられるからである。しかし、ある個人が為したある行為の責任がその個人の意思決定にあるとする考え方は、責任の所在を明らかにするふりをしてその他の人間・社会・状況には責任なし、というための方便である。個人に大きな責任を帰するこのような現代の構図は、結果として「無責任」という社会を生まないだろうか。個人Aの責任だ、ということは、A以外のものの責任を免除してしまう。A以外のものの責任を免除するために、個人責任（意思責任）は生まれたのである。

●注

（1）中村雄二郎『西田幾多郎Ⅰ』（岩波現代文庫、二〇〇一年）五八頁。
（2）青柳は、明治になって輸入された近代的自己を基礎とした近代刑法と未だ「個」というものが確立されていない日本国民性とのギャップ、それに関わる刑事訴訟法上の病理、等々を文化人類学的・社会学的に探求し、多くの優れた研究を残している。本稿では、その中の一部だけを、本論に関係するかぎりの部分で取り上げている。
（3）青柳文雄『刑事裁判と国民性（機能篇）』（成文堂、一九七六年）二〇一頁、二〇七頁。
（4）青柳『刑事裁判と国民性（機能篇）』、前注、四四－四五頁。
（5）青柳『刑事裁判と国民性（機能篇）』、前注、四四－六〇頁。
（6）青柳『刑事裁判と国民性（機能篇）』、前注、四七頁、五六頁。
（7）青柳『刑事裁判と国民性（機能篇）』、前注、五五頁。
（8）青柳『刑事裁判と国民性（機能篇）』、前注、四七頁、五三頁。
（9）青柳『刑事裁判と国民性（機能篇）』、前注、二〇一頁。
（10）青柳文雄『続　犯罪とわが国民性』（一粒社、一九七三年）六四頁。
（11）青柳『刑事裁判と国民性（機能篇）』、前掲、二〇八頁。
（12）青柳『刑事裁判と国民性（機能篇）』、前注、二〇七頁。
（13）青柳『刑事裁判と国民性（機能篇）』、前注、二〇七頁、二〇九頁。
（14）青柳『続　犯罪とわが国民性』、前掲、六四頁。
（15）青柳『続　犯罪とわが国民性』、前注、六二頁。
（16）青柳『刑事裁判と国民性（機能篇）』、前掲、一九八頁。
（17）青柳『刑事裁判と国民性（機能篇）』、前注、二一〇頁。
（18）青柳文雄『日本人の犯罪意識』（中公文庫、一九八六年）一一七頁。
（19）John S. Mill, *On Liberty* (Penguin Books, 1974) p. 146.
（20）Nancy R. Rosenberger, 'Introduction', N. R. Rosenberger (ed.), *Japanese Sense of Self* (Cambridge University Press, 1992), p. 2.
（21）Id.
（22）Id.
（23）木村敏『人と人との間』（弘文堂、一九七二年）七五頁。
（24）佐藤直樹『共同幻想としての刑法』（白順社、一九八九年）二五五頁で、木村敏を引用。

(25) たとえば、Nancy R. Rosenberger, ibid, pp. 3-4。

(26) 浅野智彦「今ある『私』の生きがたさを問うこと」『AERA Mook12 社会学がわかる。』(朝日新聞社、一九九六年)五四頁。

(27) 野村一夫「ほうとう先生の自省式社会学感覚 第八章 自我論」『ソキウス』[http://www.socius.jp/lec/08.html, 二〇〇三年一二月一五日採取」参照。

(28) 中島義道『「私」の秘密』(講談社、二〇〇二年)一二頁。

(29) 中島『「私」の秘密』、前注、一二頁。

(30) 中島義道『哲学の教科書』(講談社、一九九五年)一九六頁。

(31) この例とそれに続く記憶に関わる箇所は、中島義道『哲学の教科書』前注、一九七頁の例を参照した。

(32) 野村一夫「ほうとう先生の自省式社会学感覚 第八章 自我論」『ソキウス』(http://www.socius.jp/lec/08.html, 二〇〇三年一二月一五日採取)。

(33) 野村一夫「ほうとう先生の自省式社会学感覚 第八章 自我論」『ソキウス』(http://www.socius.jp/lec/08.html, 二〇〇三年一二月一五日採取)。

(34) 中島『「私」の秘密』、前掲、八頁。

(35) 中島『「私」の秘密』、前注、八頁。

(36) 中島『「私」の秘密』、前注、八頁。

(37) 中村『西田幾多郎Ⅰ』、前掲、三四頁。

(38) 中村『西田幾多郎Ⅰ』、前注、三九頁。〔 〕内は引用者。以下同じ。

(39) 中村『西田幾多郎Ⅰ』、前注、三四頁。

(40) 中村『西田幾多郎Ⅰ』、前注、三六頁。

(41) 中村『西田幾多郎Ⅰ』、前注、四〇頁。

(42) 西田幾多郎『善の研究』(岩波文庫、一九五〇年)一三頁。

(43) 石井登「自己・成長・悟りの関係」『臨死体験・気功・瞑想』(http://www.geocities.co.jp/NatureLand/1702/case/jikoseityosatori.htm, 二〇〇三年一二月一〇日採取)。

(44) 中村『西田幾多郎Ⅰ』、前掲、六一頁。

(45) 中村『西田幾多郎Ⅰ』、前注、五五頁。「〔西田の〕身体的で行為的な自己とは、まさにユングのいう〈自己《セルフ》〉にあたるといえるだろう」と中村は述べている。

（46）中村『西田幾多郎Ⅰ』、前注、五五頁。
（47）中村『西田幾多郎Ⅰ』、前注、五五頁。
（48）中村『西田幾多郎Ⅰ』、前注、五六頁。
（49）河合隼雄「日本人の自我構造」『母性社会日本の病理』（中央公論新社、一九七六年）一七七頁。
（50）中村『西田幾多郎Ⅰ』、前掲、五七頁。
（51）中村『西田幾多郎Ⅰ』、前注、五七頁。
（52）中村『西田幾多郎Ⅰ』、前注、五七頁。
（53）中村『西田幾多郎Ⅰ』、前注、五八頁。
（54）中村『西田幾多郎Ⅰ』、前注、四六頁。
（55）笹澤豊『自分の頭で考える倫理――カント・ヘーゲル・ニーチェ』（ちくま新書、二〇〇〇年）二〇一－二〇三頁。
（56）ニーチェ「肉体を軽蔑する者たちについて」『ツァラトゥストラはこう語った』より。笹澤『自分の頭で考える倫理――カント・ヘーゲル・ニーチェ』、前掲、二二三頁。
（57）笹澤豊『自分の頭で考える倫理――カント・ヘーゲル・ニーチェ』、前注、二二三頁。
（58）笹澤豊『自分の頭で考える倫理――カント・ヘーゲル・ニーチェ』、前注、二二四頁。
（59）ニーチェの一八八五年の遺稿より。笹澤豊『自分の頭で考える倫理――カント・ヘーゲル・ニーチェ』、前注、二二四頁。
（60）このように、自己を、「肉体」あるいは「身体」としてとらえることは、ブライアン・ターナーの「身体化された自己（the embodied self）」や、メルロ・ポンティの「身体の現象学」においても顕著である。西村高宏「障害と身体の社会学――障害学における〈身体〉の復権をめざして――」（雑誌『医療・生命と倫理・社会』Vol.2 No.2（オンライン版））（http://www.med.osaka-u.ac.jp/pub/eth/OJ2-2/nishimura.htm、二〇〇三年一一月一三日採取）。
（61）河合隼雄『ユング心理学入門』（岩波書店、二〇〇九年）三五頁。
（62）河合隼雄『ユング心理学入門』、前注。

第四章　フーコーの「権利」論と主体の問題

関　良徳

はじめに

ミシェル・フーコーの「主体」や「権利」をめぐる言説について、近年、新たな議論が提起されている。従来の研究では、彼が『言葉と物』で「人間の消滅」を説き、主体の死を宣告したにもかかわらず、八〇年代に出版された『快楽の活用』や『自己への配慮』では「自己」を主題として主体の積極的な定位を試みていることへの矛盾が指摘され、その矛盾をどう捉えるべきかが議論された。同様に「権利」の問題をめぐっても、七〇年代のコレージュ・ド・フランス講義や『監獄の誕生』の中で法的権利が規律権力による支配に深く関与しているとの分析を行ったフーコーが、七〇年代末から八〇年代にかけての政治的発言の中で「新しい権利」を主唱しているという事実をどう捉えるべきかが論じられた。(1)

これら主体や権利をめぐる議論については、近年でもその問題構成自体に大きな変化が見られるわけではない。しかし、コレージュ・ド・フランスの講義録が九〇年代後半から二〇〇〇年代にかけて相次いで出版され、早々に各国語に翻訳されたことで、フーコーの思考過程を詳細に分析することが可能となり、新たな議論の展開が見られた。具体的には、揺れ動き、時に変転する彼の思考を全体として捉えようとする哲学者たちによって一連のフーコー研究が出版され[2]、また本稿との関係では、英語圏を中心とする「フーコーと法」研究の第二世代とも言うべき、ピーター・フィッツパトリック、ポール・パットン、ベン・ゴールダーらの研究が注目を集めている[3]。

本稿では、これら新たな世代の研究を踏まえて、フーコーが提起した「主体」と「権利」をめぐる諸問題を再構成し、その法・政治哲学的意義について検討を試みる。

一　フーコーの振り子？——『フーコー 二・〇』とその批判

フーコーの主体や権利についての考え方を最も辛辣に批判したのは、リュック・フェリとアラン・ルノーによる著書『六八年の思想——現代の反-人間主義への批判』[4]である。彼らは、フーコーをニーチェ主義と位置づけたうえで、その一つひとつの著作に徹底した批判を繰り返す。例えば『狂気の歴史』に関しては、狂気を理性の産物として捉えるならば、合理性の諸規範を否定するだけで狂人に社会的存在としての地位を与えることが可能となるのであり、フーコーには規範を破棄するだけで問題を解消できるとする反規範主義イデオロギーが存在しているとの批判を行う。また主体の問題に関しては、『監獄の誕生』で自由と理性を合わせ持つ近代的な主体という観念を否定した後に、ギリシアへの回帰によって個人性の観念が示されたが、これは結局のところ、個人的差異を掻き立てるものでしかあり得ず、相互主観的なコミュニケーションによる共和国(公共的なるもの)の成立を不可能にするものでしかないと弾ずる。フェリとルノーは、反ヒューマニズムの思想によって「人間」という共通基盤が失われ、対話の可能性を喪失した社会は野蛮へと堕ちる以外にないとして、執拗なまでのフーコー批判を展開するのである。

エリック・パラスはその著書『フーコー二・〇』の中で『六八年の思想』をフーコーの死後に現れたフランス・リベラリズムとして紹介している。パラスはフェリとルノーによる批判の多くが的を射たものであるとしたうえで、彼らがフランスに生き続けるリベラル－共和主義の伝統を六八年の非リベラルで破壊的な思想から擁護し、歴史、主体、権利、人間といった概念を復活させた点をその成果として認める。しかしその一方で、フェリらが後期フーコーの「自己」をめぐる議論を軽視し、一貫して反ヒューマニズムの視点から論じ尽くそうとしたために、フーコーという哲学者の実像を捉え損なったと指摘する。(5)

これに対し、パラスはフーコーの思考の軌跡を「振り子」の比喩によって示そうとする。ハーバーマスのフーコー追悼論文「現代の心臓に矢を打ち込む」が弓矢をモチーフとしている点を引き合いに出しながら、彼は次のように論じる。

……フーコーの知的プロジェクトの歴史――この言葉自体がミスリーディングであるが――は、真っ直ぐな線とは程遠いものである。より適切に描けば、それは振り子の揺れである。(6)

パラスによる「振り子」の比喩は、フーコーの「主体」概念の変遷から着想を得たものである。フーコーの初期の著作『狂気の歴史』について、パラスは「自律的で独立した経験の場としての伝統的な主体のようなものにフーコーはコミットしている」[7]として、この地点を振り子の始点に位置づける。しかし「一九六〇年代後半、このような主体性は彼の著作からその姿を消す。それればかりか、実際には、一連の破壊的な攻撃の標的とされるのである。[8]」意識や目的を有する主体も実は言説や権力の産物に過ぎないという主張が七〇年代後半まで続けられ、この十年間の仕事がフーコーの名声を高めることになる。しかしこの時期以降、政治的な次元では体制を批判し権利の名の下に個人を擁護する立場を鮮明にする。[9]また哲学の次元では、社会的なものから精神性や宗教へとその関心を移行させる。さらにパラスは、全体としてのシステムよりも個々人の行為によって生み出される帰結や経験に注目するという傾向がコレージュ・ド・フランス講義(以下、コレージュ講義と略)『生政治の誕生』における「自由主義的統治」の分析にも見られると言う。こうして「彼はほぼ四半世紀後に、始点と少なからず似通った地点で最期を迎えたのである。その地点とは、……前‐言説的な主体の存在を認める地点に他ならない[10]」との結論が下される。

しかし、イラン革命をめぐる言説に見られるような政治的熱狂の渦の中で、フーコーはその初期に抱いていた主体の観念へと回帰したに過ぎない、というパラスの解釈は説得力を有するであろうか。そもそもフーコー自身、「私が退けていたのは、――例えば現象学や実存主義がしがちなように――主体の理論を予め前提してしまうことなのです[11]」と述べており、伝統的な意味での前‐言説的な主体に与しているとは考えられない。また「……後期フーコーの主体は依然として権力/知の産物であり続けている[12]」というゴールダーによるパラス批判の通り――そしてフーコー自身も幾度となく語っているように――後期フーコーにおける「自己」の主題はそれまでの彼の仕事の延長線上に位置づけられるべきものである。[13]こうした批判に対して、パラスは「一貫性と整合性を備えた仕事であるという印象を与えるために、現在のプロジェクトの観点から過去の業績を常に解釈し直す」[14]のがフーコーの手口であると反論するだろう。しかしパラスが列挙するフーコーの「手口（modus operandi）」とは彼の仕事のスタイルを示しているに過ぎず、その哲学の実相に対する批判を成してはいない。

このように考えると、パラスによる「フーコーの振り子」論は退けられ、主体をめぐる議論は、権力／知との連続性を維持した一貫性のあるプロジェクト――フェリとルノーが描出した一貫性とは勿論異なるが――として理解されるべきものと考えられる。そして、この「主体」についての理解と深く関わるのが次に検討する「新しい権利」の問題である。コレージュ講義に対するパラスの解釈を批判的に吟味することで、次節では後期フーコーの「権利」論を解き明かすための地平を探る。

二　「統治性」研究と新しい権利――コレージュ講義をめぐる二つの解釈

後期フーコーが論ずる「自己」の主題を「主体」への回帰、すなわち、振り子の終点として位置づけようとするパラスは、イラン革命をめぐるフーコーの言説とコレージュ講義『生政治の誕生』とを結び付けることで、自説の傍証を示そうとする。

蜂起する際、イランの人々はこう言っていました――恐らく、それが蜂起の魂なのでしょう――「勿論、私たちは体制を変えなければならない、……しかしとりわけ、**私たち自身が変わらなければならない**。私たちの在り方、他の人々との関係、事物や永遠や神との関係といったものが全く変わるのでなければならず、**私たちの経験においてこの根源的な変化がなされなければ、現実の革命はないだろう。**」私が思うに、そこにおいてこそ、イスラームが役割を果たしたのです。……宗教は根源的に**彼らの主体性を変える**にあたっての約束や保証のようなものだったのです[15]。

パラスはこの文章を引用した後に、フーコーの思考の変化を指摘する。すなわち、彼は権力のメカニズムよりも主体を優先させ、主体の自己変革が権力システムの再構成を促すという立場に転じたというのである。そのうえで、パラスは次のように続ける。

一年以内に、フーコーはこの関係性そのものの研究に取り掛かる。そして『生政治の誕生』では、中央の欲望や全体の組織体系ではなく個々の行為者の複合的行為によって結果が生じるという「自由主義的統治性」について検討するのである[16]。

確かに、パラスの指摘通り、フーコーがコレージュ講義で分析の対象とした自由主義の諸形態は社会主義や全体主義とは正反対の位置にあり、中央からの統御や全体の計画性を排した統治システムである。しかし、この講義全体を覆っているのは決して「主体性」や主体の自己変革といった議論ではなく、「人口として構成された生きる人々の総体に固有の諸現象、すなわち、健康、衛生、出生率、寿命、人種といった諸現象[17]」への統治実践とその合理化のプロセスである。それゆえパラスのように、イラン革命でのフーコーによる主体への言及をコレージュ講義で展開された統治性研究に直接的に結び付けるのはやはり困難であり、拙速であると言わざるを得ない。

これに対し、「主体」ではなく「権利」への言及に着目することで、イラン革命の際のフーコーの発言とコレージュ講義との連関を解明しようと試みるのがジェシカ・ホワイトである。彼女は「権利の言説は支配の覆いである」というフーコーの元々の主張と新しい権利への言及とを直接的に和解させることの困難を前提としながらも、そこで述べられた「権利」の性質を探究すべく統治性研究の深みへと分け入る。ホワイトにとって鍵となるのは、フーコーが一九七八年に述べた「統治されない技術（l'art de n'être pas gouverné）」という言葉である。(18)この一九七八年前後のフーコーの思考をその著作から再構成すると、まず一九七六年の『知への意志』にその予兆が見られる。

……一九世紀にはなお新しいものであったこのような権力に対して抵抗する力は、まさにこの権力が資本として用いたそのものに支えを見出した。つまり、人間が生物である限りの生と人間にである。……権利よりも遥かに生の方がその時、政治的闘争の賭金＝目的となったのであり、それはこの闘争が権利の確立を通じて主張されたとしても変わりはない。生命、身体、健康、幸福、欲求の満足への「権利」、……それは、このような権力の新しいやり方の全てに対する政治的対応であったが、しかしこの権力のやり方自体が、そもそも主権という伝統的権利に基づくものではないのである。(19)

ここでフーコーは、生権力への抵抗について、それが「権利」という言葉によって遂行されたとしても、その権利は公権力の濫用を阻止するための古典的な権利ではなく、人々の「生」を充足させるための政治的対応であったと分析する。さらに、同年のコレージュ講義『社会は防衛しなければならない』では、規律権力への抵抗という文脈の中で「本当のことを言えば、規律実践に対して、というよりむしろ規律権力に抗して、規律的でない権力を求めて闘うために私たちが向かうべき方向は、主権という旧い権利ではないのです。向かうべきは新しい権利、反規律的だが同時に主権の原理から解放された権利の方向なのです[20]」と述べ、新しい権利の形態について仄めかす。その後、一九七七年から七九年にかけてのコレージュ講義『安全・領土・人口』及び『生政治の誕生』では、パラスが参照したように統治性、特に自由主義的統治をめぐる分析が展開されるが、そこでは「……私は自由主義の中に、統治実践についての批判的な省察の形式をむしろ見るべきなのではないかと考えている[21]」との指摘が見られ、統治に対する批判的な視角の構築がフーコーにとって重要なテーマであったことが分かる。

ホワイトは、この時期の「統治性」をめぐるフーコーの議論と重ね合わせることで、彼のイランなどでの政治的発言を解き明かそうとする。例えば「メフディ・バーザルガーンへの公開書簡」の中で、フーコーは次のように論ずる。「公権力は常に、自分が尊重されなければならないと主張します。ところが、そこでこそ公権力は絶対に権利を尊重するものでなければならないのです。民衆自身を擁護するといって、公権力は権利を行使するわけですが、そこで行使される権利は非常に重い義務を公権力に課すものなのです[22]。」ここで彼は『生政治の誕生』と重なり合う主題、すなわち、統治に対する批判的省察と被治者の側の合理性に基づく統治規則の重要性とを説いていると考えられる。またイラン革命後に彼が「権力に対しては常に、乗り越え不可能な法を、無制限の権利を、対立させなければならない[23]」と主張するのは、権力への抵抗、あるいは統治への批判を新しい権利として定位しようとする姿勢の現れとして見ることができる。こうした分析を踏まえ、ホワイトは「被治者の一定程度の独立を認めさせることを目的とする、これら対抗行為の文脈の中にこそ、フーコーの新しい権利の形態は位置づけられるべきである」[24]と結論づける。

「権利」の言説に焦点を当てて進められるホワイトの分析では、「主体」をめぐる議論が後景に退くようにも見えるが、実はそこに、後期フーコーの「自己」を解き明かすための鍵を読み取ることができる。それは、すなわち、主体化＝服従化をもたらす支配の覆いとして権利をめぐる言説が今なお機能しているとしても、「主体は真理のゲームや権力の実践などのいくつかの実践を通して、そうした主体として自らを構成している」[25]のであり、「統治されない技術」という名のテクノロジーを手にすることで、被治者としての主体はその生の様態を自ら変えることが可能となるのである。ホワイトは、「新しい権利の形態に訴えることで、後期フーコーはこの統治されない技術を発展させ、そうやって人々が産み落とされた戦略的領野の内部から強制関係を無効にすることができると考えていた。これが私の考えである」[26]と論じている。

三　ニーチェとフーコーの「権利」論

予め措定された「主体」としての人間、そして人間であれば当然付与される「権利」としての人権という従来の図式に抗して、フーコーは、権力や統治あるいは主体化の諸実践の内側で人々が自らを主体として構成するために、新しい権利はこれら諸実践への「対抗行為」として、「統治されない技術」という文脈において位置づけられなければならない、と考えていた。それでは、ホワイトの論考によってこのような輪郭を与えられたフーコーの「権利」論は、その理論的次元においていかなる性質を有するのであろうか。

彼の哲学的ルーツとも言うべきニーチェの議論に遡ることで、ここではその理論的解明を試みる。ニーチェから大きな影響を受けたことはフーコー自身の認めるところであるが、ポール・パットンは、フーコーがまとまった主題としては論じなかった「権利」の問題をニーチェによって補い再構成することで、その特徴を明らかにしている。パットンの分析によれば、ニーチェの権利論には、①道徳への自然主義的アプローチ、②関係的権利概念、③系譜学的権利分析、④権力関係への依存、という四つの特徴が見られる。そして、これらの特徴がフーコーの「権利」論にも当てはまるとパットンは指摘する。(27)

ニーチェは『曙光』の一一二節「義務と権利の博物学のために」で、権利と義務の起源を当事者の権力状態とその戦略的関係によって説明している。「特定の権利義務の直接的な源泉は、特定の状況における特定の行為者の目的や目標に満ちたあまりに人間的な価値に存する」(28)というパットンの言葉が示す通り、ニーチェは当事者の力の強弱や能力の高低、それらを踏まえた双方の心理的関係性といった「事実」から権利や義務の観念、あるいはそれらが依拠する道徳的価値についての説明を試みている。その意味で、ニーチェは道徳への自然主義的アプローチを採用しており、道徳的価値は偶然的・歴史的事実に依拠し、普遍性や絶対性を有しないとの立場で一貫している。このような自然主義のスタンスは、正義と権力をめぐるノーム・チョムスキーとの対談(29)で示されたフーコーの姿勢とも結び付くものであり、フーコーの「権利」論を理解する際の鍵となる特徴である。

当事者間の力の関係から権利の生成を論ずるニーチェのスタイルは、権利が関係的性質を持つことを示唆するものでもある。今日のリベラルな権利論が権力の制限という観点を重視するのに対し、ニーチェは他者との間で承認され保証された力として権利を捉える。パットンによれば、類似した権利概念が「性的な関係性の権利」をめぐるフーコーの発言にも見られる。[30] 彼は、諸個人を結び付ける関係性が権利によって規定されてしまう現状を批判して、多様な関係性が存在し得ることを前提に、それらの関係性を承認する新しい権利の在り方を提案する。また、ニーチェは『道徳の系譜学』に見られる通り、系譜学的な分析手法によって様々な価値や概念の転倒を試みるが、フーコーの「権利」論でも同様の手法が採られている。権利という観念の起源を君主権力の確立とその正統化過程に辿ることができるとしても、今日では、そうした歴史的事実とは異なる意味や機能が権利には付与されており、今後も別の意味が与えられ得るという発想を、私たちは彼のコレージュ講義の端々に読み取ることができるであろう。そして最後に挙げられるのが、権利は権力関係に依存するという特徴である。ニーチェは『曙光』一一二節で、当事者間の力関係の重要な部分がズレると、従来の権利は消失し、新しい権利が生まれると述べるが、これは彼の自然主義的なアプローチの帰結でもある。パットンは、フーコーによる新しい権利への言及もこのような権力関係の変化や転換という観点から読み解かれるべきであると考え、フーコーがボート・ピープルの救済を目的に一九八一年のジュネーヴでの記者会見で読み上げた以下の文章に着目して検討を加える。

アムネスティ・インターナショナル、人間の地球、世界の医療団などは、新しい権利を生み出した率先的な行動である。この権利とは、私的個人たちが国際政治と国際戦略の秩序に実際に介入する権利である。諸個人の意思は、諸政府が独占しておきたいと望んだひとつの現実の中に刻み込まれるべきである。そして少しずつ、一日一日、その独占をもぎ取らなければならないのである。[31]

この文章についての先駆的な分析を試みたトマス・キーナンは、権利に対する二面的な態度をフーコーのパラドクスと捉えたうえで、ジャック・デリダに依拠した脱構築的解釈を示す。それは、この権利に元々の所有者はなく、源泉も存在せず、ただその主唱者たちのイニシアティヴとその創設的な行為の遂行がプラグマティックにこの新しい権利を創り出してきた、というものである[32]。パットンはこの解釈を評価する一方で、それが新しい権利の出現を可能にする条件について考慮していない点を不十分として、さらなる分析を試みる。なぜこのような新しい権利が生じ得るのであろうか。フーコーの統治性研究をニーチェの手法に重ねて読み解けば、今日、あらゆる政府にとって市民の福祉が統治の重要な目的であり、これが政府と被治者との間の共通理解として存在していることが分かる。それゆえ政府は、市民の福祉を自らの行動の正当化基準として、その作為／不作為についての説明責任を果たさなければならない。これは言い換えれば、政府が市民の苦しみに対して責任を負うと共に、市民の側には政府による権力の濫用や怠慢を批判し、統治に介入する権利と義務が存在するということを意味している。加えて、パットンは国際的な人権NGOの規模拡大や組織化、メディアへのアクセスによる政治的影響力の増大といった点も挙げている[33]。

こうした分析は、統治者である政府と被治者である市民との間の勢力図、すなわち権力関係の変化、あるいは、権力／知の体制の転換を通じて、当事者間の関係に生じたズレが新たな権利を生じさせたというニーチェの自然主義的アプローチに依拠したものである[34]。パットンの議論は、ホワイトによる「権利」論の枠付けを理論的に精緻化したものと位置付けられ、彼女がキーワードとして引く「対抗行為」や「統治されない権利」とも整合的に理解され得る。しかし、この「私的個人」による「介入する権利」はその後の勢力図の中で大きく位置を変え、新たな問題を生じさせることになる。この権利のその後の展開も踏まえ、次節ではニーチェ＝フーコーのアプローチが孕む危険性と可能性について考える。

四　「介入する権利」の展開

フーコーがボート・ピープルのために主張した「新しい権利」のその後の展開については、医療救援NGO「国境なき医師団（MSF）」創設者の一人でフーコーとも親交があったベルナール・クシュネルの行動を参照する必要がある。彼はパリのバリケードを一九六八年に離れ、国際赤十字の医師として、ナイジェリアからの独立を宣言したビアフラ共和国に赴任した。しかしそこでは、任務についてあらゆるコメントを控えるという国際赤十字の誓約を破り、ビアフラの耐え難い現実について証言を行うと共に、主権は国家の行為を正当化する特権ではないとの理念からMSFを設立する。その後、ボート・ピープルへの支援をめぐってMSF内部で対立が生じ、クシュネルは一九八〇年に「世界の医療団」を設立する。前節で引用したフーコーの文章はこの翌年に発表されたものである。しかし、一九八三年には対カダフィ強硬策をフランス政府に求めるクシュネルやアンドレ・グリュックスマンに反対してフーコーは署名を拒否し、クシュネルとの関係を絶つことになる。[35]

フーコーの死後、クシュネルは「新しい権利」をめぐるフーコーの前節引用文を冒頭に配した論考[36]を発表するが、そこでは私的個人の介入する権利を重視する姿勢を示しながらも、他方で、国家が人道的支援を提供する義務を付け加えている。この頃、クシュネルはフランス政府への入閣を果たし、その十年後には国際連合のコソボ暫定行政ミッションで国連事務総長特別代表に就任している。そして彼が実際にコソボに赴任したのは「人道的戦争」[37]として批判されたＮＡＴＯ軍による空爆が終了した直後であった。クシュネルはその後も国家による人道的介入を積極的に支持し、アメリカによるイラク戦争を支持した数少ないフランスの政治家として知られることになる。

しかし「介入する権利」の展開を軸にＮＧＯから国連、そして二〇〇七年にはフランスの外務大臣として、その理念を行動に移したクシュネルの姿には、この「権利」によってもたらされた多くの悲劇が重ね合わされる。この「権利」が、緊急性のレトリックの下で大国の軍事行動を正当化する理論的基盤を提供し、それによって多数の無辜の市民が犠牲となったことは否定できない事実である。これに対し、道徳への自然主義的アプローチを採るフーコーは、その時どきの勢力図や権力／知の体制によって「介入する権利」がいかように解釈され行使されても、自らの意図とは無関係に、それを肯定しなければならないのであろうか。もしそうだとすれば、フーコーには「反ヒューマニズム」という形容詞が付されてもやむを得ないように思われる。

この自然主義的アプローチからの権利の規範的性質をめぐる問題について、パットンは次のように論じている。

> ニーチェとフーコーの自然主義は、権利が生まれた文脈の外部やそれを超えた場所にそれら権利の普遍的正当化が一切存在しないということを含意しているが、それは特定の権利の規範的な力への信頼やその承認と矛盾するものではない。それは、権利の概念に永続的な切望の次元が存在し得る可能性を排除するものでもない。[38]

一九八一年のボート・ピープルを対象とした私的個人の「介入する権利」にはコミットするが、一九八三年のリビアに対するフランス政府の「介入する権利」には反対する、というフーコーの態度は、権利の普遍的正当化ではなく、権利が主張され切望された状況や文脈の中で特定の権利に規範的な力を与えようとするものである、というのがパットンの理解である。フーコーのこうした態度は、権利の言説がその意図とは別に、支配の覆いとして機能してしまうという現実を見据えたものであり、新たに生み出された権利が普遍的な正当化を経て、現在の支配を不可視にする新たな覆いへと転化してしまう危険性を意識したものである。こうした危機意識は、「人権の理論や政治を提示するという口実で、支配的な思想を再導入することがないように注意しなければならない」[39]というフーコーの発言にも表されており、対カダフィ強硬策への拒否という態度も含めて、この危機意識が彼の倫理的感性の中心を成していたと考えられる。

主権国家への不介入を原則とするウェストファリア体制の下で、人道的介入という理念は、紛争地域に先進国が軍事介入するための口実を与えるが、この介入はその帰結として必然的に、被介入国に対して民主主義を始めとする先進国側の価値の受け容れを迫るものでもある。さらに言えば、「人道主義の新しい政治が、この世界秩序とその構造的不平等へのいかなる現実的な抵抗も放棄するということを前提としている[40]」ことは否定しようのない事実である。介入する権利の展開は、フーコーの意図を離れて、被治者である市民をその「生」という次元で保護の対象に置き、新たな統治化を進めると同時にその「覆い」として機能することで、国家の役割を再強化するという結果をもたらしたのである。これに対して私たちは、フーコーが「介入する権利」の主体として「私的個人」を前提としていたことを思い出さなければならない。

国際的市民権というものが存在する。それは固有の権利を有し、義務を有するものであり、また、誰によるものであれ、誰が犠牲者であろうとも、権力のあらゆる濫用に抗議して立ち上がることを課すものである。結局、私たちは皆被治者であり、この資格において連帯しているのである。(41)

権力関係が統治を通じて支配へと向かう現実の中で、自己を構成する主体化のプロセスを実現するのは「統治されない技術」としての新しい権利であるというホワイトの議論を踏まえれば、「介入する権利」において重要なのは市民をその「生」の次元で保護することではない。イラン革命の只中でフーコーが市民から聞き取ったように、市民自身が自らのために行動し得る力を回復すべく、その環境を創出することが介入の目的でなければならないのである。そしてそのためには、被治者としての市民が「権利」の主体となり、市民間の連帯を通じて、この「権利」に規範的な力を付与しなければならないのである。

おわりに

フーコーの一貫した主題を主体性の探究に見出した手塚博は、その一方で、彼には秩序形成原理としての政治哲学が存在しないと指摘する。(42) 確かに、本稿で検討した「新しい権利」もまた個人的な倫理であり、それは潔いほどに普遍性を標榜せず、個別性に満たされている。しかし手塚も指摘するように、フーコーの個人的な言説的実践は政治的な効果を及ぼさずにはいない。そのことを熟知していたが故に、フーコーは個人的な倫理が普遍的な秩序形成へと向かう危険性を警戒していた。普遍化に抗して常に個別性を対峙させる彼の批判的エートスはその表れでもある。その意味で、確かにフーコーには秩序形成原理としての政治哲学は存在しない。しかし、フーコーの「権利」論は、主体化の実践を企て、統治による秩序形成を侵犯する、新たな法・政治哲学のスタイルとして私たちを魅了するのである。

●注

(1) Alan Hunt & Gary Wickham, *Foucault and Law : Towards a Sociology of Law as Governance*, Pluto Press, 1994, 久塚純一監訳／永井順子訳『フーコーと法――統治としての法の社会学に向けて』早稲田大学出版会、二〇〇七年及び、関良徳『フーコーの権力論と自由論――その政治哲学的構成』勁草書房、二〇〇一年、第四章及び第八章を参照。

(2) こうした研究として、Eric Paras, *Foucault 2.0 : Beyond Power and Knowledge*, Other Press, 2006を挙げることができる。また、わが国では、重田園江『ミシェル・フーコー――近代を裏から読む』ちくま新書、二〇一一年や手塚博『ミシェル・フーコー――批判的実証主義と主体性の哲学』東信堂、二〇一一年などがある。

(3) Ben Golder & Peter Fitzpatrick, *Foucault's Law*, Routledge, 2009.

(4) Luc Ferry & Alain Renaut, *La Pensée 68 : Essai sur l' anti-humanisme contemporain*, Gallimard, 1985, 小野潮訳『六八年の思想――現代の反-人間主義への批判』法政大学出版局、一九九八年。

(5) Eric Paras, *Foucault 2.0*, pp.151-152.

(6) Ibid., p.157.

(7) Ibid., p.154.

(8) Ibid..

(9) この時期にフーコーが関与した政治的問題については、Frédéric Gros, *Michel Foucault*, P.U.F., 1996, pp.8-10, 露崎俊和訳『ミシェル・フーコー』白水社、一九九八年、一四-一七頁を参照。

(10) Eric Paras, *Foucault 2.0*, p.158.

(11) Michel Foucault, "L'éthique du souci de soi comme pratique de la liberté" in *Michel Foucault : Dits et écrits II 1976-1988*, Gallimard, 1994 = 2001 (以下、*DEII*と略), p.1537, 廣瀬浩司訳「自由の実践としての自己への配慮」『ミシェル・フーコー思考集成X』筑摩書房、二〇〇二年、二三二頁。なお本稿では引用に際し、適宜訳文を変更している。

(12) Ben Golder, "Foucault, anti-humanism and human rights" in *University of New South Wales Faculty of Law Research Series*, 2009,

p.3.

（13）関　良徳『フーコーの権力論と自由論』六七－七二頁。

（14）Eric Paras, *Foucault 2.0*, p.157.

（15）Michel Foucault, "L'esprit d'un monde sans esprit" in *DEII*, pp.748-749, 高桑和巳訳「精神のない世界の精神」『ミシェル・フーコー思考集成Ⅷ』筑摩書房、二〇〇一年、三一－三二頁。強調はエリック・パラスによる。

（16）Eric Paras, *Foucault 2.0*, p.156.

（17）Michel Foucault, "Naissance de la biopolitique" in *DEII*, p.818, 石田英敬訳「生政治の誕生」『ミシェル・フーコー思考集成Ⅷ』筑摩書房、二〇〇一年、一三四頁。

（18）Michel Foucault, "Qu'est-ce que la critique" in le Bulletin de la société française de philosophie, tome LXXXIV, 1990, p.38.

（19）Michel Foucault, *La volonté de savoir*, Gallimard, 1976=2009, pp.190-191, 渡辺守章訳『知への意志』新潮社、一九八六年、一八二－一八三頁。

（20）Michel Foucault, *Il faut defendre la société ; Cours au Collège de France. 1976*, Gallimard, 1997, p.35, 石田英敬／小野正嗣訳『社会は防衛しなければならない』筑摩書房、二〇〇七年、四二頁。

（21）Michel Foucault, "Naissance de la biopolitique", p.822（一三九頁）。

（22）Michel Foucault, "Lettre ouverte à Mehdi Bazargan" in *DEII*, p.782, 高桑和巳訳「メフディ・バーザルガーンへの公開書簡」『ミシェル・フーコー思考集成Ⅷ』筑摩書房、二〇〇一年、七八頁。

（23）Michel Foucault, "Inutile de se soulever ?" in *DEII*, p.794, 高桑和巳訳「蜂起は無駄なのか?」『ミシェル・フーコー思考集成Ⅷ』筑摩書房、二〇〇一年、九八頁。

（24）Jessica Whyte, "Human rights : confronting governments?" in *New Critical Legal Thinking : Law and the Political*, Routledge, 2012, p.25.

（25）Michel Foucault, "L'éthique du souci de soi comme pratique de la liberté", p.1537,（一三三一－一三三二頁）。

（26）Jessica Whyte, "Human rights : confronting governments?", p.14.

（27）Paul Patton, "Power and Right in Nietzsche and Foucault" in *International Studies in Philosophy*, vol.36, no.3, 2004, pp.51-56.

（28）Ibid., p.52.

（29）Michel Foucault／Noam Chomsky, "De la nature humaine : justice contre pouvoir" in *Michel Foucault : Dits et écrits I 1954-1975*, Gallimard, 1994 = 2001, 石田英敬・小野正嗣訳「人間的本性について――正義対権力」『ミシェル・フーコー思考集

成Ⅴ』筑摩書房、二〇〇〇年。この対談については、関良徳「正義と権力――反転可能性をめぐって」仲正昌樹編『叢書アレテイア3　法の他者』御茶の水書房、二〇〇四年を参照。

（30）Michel Foucault, “Le triomphe social du plaisir sexuel” in *DEII*, p.1130, 林修訳「性的快楽の社会的勝利」『ミシェル・フーコー思考集成Ⅸ』筑摩書房、二〇〇一年、一二二頁。

（31）Michel Foucault, “Face aux gouvernements, les droits de l'homme” in *DEII*, p.1527, 原　宏之訳「政府に対しては、人権を」『ミシェル・フーコー思考集成Ⅹ』筑摩書房、二〇〇二年、二一六頁。

（32）Thomas Keenan, “The Paradox of Knowledge and Power : Reading Foucault on a Bias” in *Political Theory*, vol.15 no.1, 1987, p.23.

（33）Paul Patton, “Power and Right in Nietzsche and Foucault”, pp.54-55.

（34）Ibid., pp.55-56.

（35）Didier Eribon, *Michel Foucault*, (trans. Betsy Wing), Harvard University Press, 1991, p.267. エリボンは、フーコーが署名を拒否したのは彼が戦争を望まなかったためであると論じている。

（36）Bernard Kouchner, “Morals of Urgent Need” in *Assisting the Victims of Armed Conflict and Other Disasters*, Martinus Nijhoff Publishers, 1989, p.55.

（37）最上敏樹『人道的介入――正義の武力行使はあるか』岩波新書、二〇〇一年、一二六頁。

（38）Paul Patton, “Power and Right in Nietzsche and Foucault”, p.58.

（39）Michel Foucault, “L'expérience morale et sociale des Polonais ne peut plus être effacée” in *DEII*, p.1168, 西永良成訳「ポーランドの倫理的・社会的経験が消されることはもうありえない」『ミシェル・フーコー思考集成Ⅸ』筑摩書房、二〇〇一年、一八〇頁。

（40）Jessica Whyte, “Human rights : confronting governments?”, p.30.

（41）Michel Foucault, “Face aux gouvernements, les droits de l'homme”, p.1526（二一六頁）。

（42）手塚博『ミシェル・フーコー――批判的実証主義と主体性の哲学』二五六－二五八頁。

第五章　防犯アーキペラゴ序説
――包摂と排除の交錯とはざま――

松尾　陽

「インテリのアメリカ人はどのようなかたちであれ、人種差別につながるようなことはまず口にしない。しかしそれと同時にどのようなリベラルな人であれ、ジェオグラフィカル（地理的）にはかなり明確に差別的な言及をする。これはとても面白い現象である。『たとえば、一一二丁目から北に行っては駄目だよ。あの辺はラフ・ネイバーフッドだから』というようなことをはっきりと口にする。……でも結果的には一一二丁目から北の『ラフ・ネイバーフッド』の住人の九四パーセントはたとえば黒人であったりする。それは車で通りすぎるとはっきりとわかる。だから要するに『ここから北には（たとえば）黒人の低所得者層が住んでいて、ドラッグ絡みの殺人なんかがよく起きるから、まず近寄らないほうがいいよ』ということなのだけれど、そういう言い方は不適切だから、それをジェオグラフィカルな位相に置き換えて情報を伝えあっているわけだ。」（村上春樹『やがて哀しき外国語』（講談社文庫一九九七、七〇頁）

一　包摂から排除へ?

一九九〇年代初頭にアメリカに滞在した作家村上春樹は東部に滞在中ディナーに招かれて、郊外の裕福で教養のある人びとのコミュニティを訪れた。そこには、非白人はいないようだった。その経験を振返った後日談が冒頭の文章である。ところで、五〇年代以後、アメリカは人種別学校の廃止など人種間の分裂を埋めようとしてきたが、しかし、その結果、統合を回避する人びとが郊外へと逃れていったし、また、統合それ自体を疑問視するマイノリティが登場した。そのようにして誕生したコミュニティの一つに、村上春樹が訪れたのだろう。村上春樹も述べるように、アメリカ社会における分断はますます深まっている。このような分断が深まっている原因が、人種差別に還元されるわけではなく、人びとの安全・安心への欲求の高まりにあることも疑いえない。日本の雑誌でも、「首都圏『犯罪』多い街・少ない街」という記事が掲載され(AERA, Vol. 25 No.34, 27-33)、不動産の広告でも、周囲の環境の安全は一つの売りとなっている。

七〇年代以後の刑事政策の転回もこのような分断への舵取りをしたものとして位置付けられることがある[1]。環境的アプローチの台頭、応報的アプローチの再生、矯正的アプローチの衰退、処罰の早期化・厳罰化、刑事政策の形成また刑事手続きにおける被害者や遺族の役割の増大、コミュニティの再評価、行政警察の役割の再生などの変遷があり、この変遷が分断を示す兆候として解釈されるのである。

急進派の犯罪学者ジョック・ヤングは、アメリカやイギリスの刑事政策の動向を分析の対象としつつ、この転回を包摂型社会から排除型社会への転換、すなわち、「包摂と結合を基調とする社会から、分離と排除を基調とする社会への移行」として描く。[2]

彼が描く、包摂から排除へという転回とはどのようなものか。転回以前では、人びとを大きな社会の中に人びとを統合することが理想とされていた。刑罰制度もそのような理想の中におかれ、罪を犯した者を再び社会の中へと取り込むことが中心的課題となる。すなわち、個人病理のレベルであれ社会病理のレベルであれ、病理現象として犯罪現象を理解し、そのうえで、これらの病因をとりのぞき、再び社会復帰させることが課題となる。彼は、転回以前の犯罪学を総称して、「新古典派犯罪学」と呼んでいる。しかし、転回以後では、その前提が変化してしまった。従来は病理現象として認識された犯罪現象が、誰もが犯しうる、誰にでも訪れうる過ちとして認識されるようになった。[3]つまり、犯罪現象は例外的事態としてではなく、日常の延長上で発生する。犯罪現象はリスクとして認知され、いかに予防するのか、また、リスクが高い因子をいかに排除するのかが課題となる。そこで、排除的な刑事政策が台頭する。彼はこのような刑事政策を総称して「保険統計的犯罪学」と呼ぶ（以上は、ヤング二〇〇七、第一章・第二章を参照）。本論文では、包摂型社会における新古典派犯罪学から排除型社会における保険統計的犯罪学への転回を「包摂／排除テーゼ」と呼ぶ。

本論文が検討の対象とするのは、この包摂／排除テーゼの妥当性である。ここで妥当性というのは、包摂と排除という言葉がこの転回をうまくとらえられているのか否かという次元の話である。まず、包摂と排除の線分が交錯し合っているのではないかという問題を取り扱う。すなわち、一方で、新古典派犯罪学はどこまで包摂的であったのか、排除の側面はなかったのかという「包摂」の妥当性の問題、他方で、保険統計的犯罪学はもっぱら排除的とされるのだろうか、包摂の側面はなかったかという「排除」の妥当性の問題である。次に、包摂と排除のはざまの領域があるのではないか、包摂と排除という枠組みの中におさめられないものがあるのではないかという問題を取り扱う。双方の交錯とはざま、これらを包摂／排除テーゼの妥当性問題として、加えて、ヤングが素材としてとりあげる刑事政策を素材としつつ検討していく[4]。この検討を通じて現在の刑事政策の転回を評価するための一つの道標を作り上げることが本論文の目的である。

二　多様な刑事政策と包摂／排除テーゼ

1　多様なアプローチと重なり合いの問題

包摂／排除テーゼの妥当性を検討するための準備作業として、検討に必要な刑事政策、すなわち、応報的アプローチ、矯正的アプローチ、構造的アプローチ、排除的アプローチ、環境的アプローチを概観しておこう[5]。

応報的アプローチは、犯罪は害悪であって、その害悪に応じた罰が下されるべきとする。古代からの応報思想にもとづくものであるが、しかし、近代以後では、あくまで人間が理性的な判断ができる状態でその意志のもとに罪を犯したことが刑罰発動の必要条件となる。したがって、ここでいう応報アプローチは、単なる同害報復の思想ではなく、理性化・人間化された応報的アプローチといえる。

矯正的アプローチは、犯罪現象は個人の病理であるとして、罪を犯すのは、その者のうちに原因、すなわち、病気・教育の失敗があるとし、これらの因子を治療や再教育によって取り除いていくべきと説く。

具体的な手段としては、刑罰による教育、社会内処遇、治療などがある。

構造的アプローチとは、犯罪は社会構造の病理、すなわち、貧困を生むメカニズム、教育制度の失敗に起因する現象である。それゆえ、そのような構造的因子を取り除くことが重要である。たとえば、社会保障制度や教育制度の充実である。このアプローチは、矯正的アプローチと共に、犯罪の原因を探求することを中心とするために、「犯罪原因論」とも呼ばれる。また、双方とも原因を特定したうえで、その原因に対処しようとするものであるから、原因療法的といえる。

排除的アプローチは犯罪の危険な因子を社会から取り除こうとする。すなわち、将来罪を犯す危険のある者を特定し、その者を社会から隔離するというものである。刑務所への収容が隔離であると考えれば、懲役刑はまさに排除的アプローチと位置づけられる。

環境的アプローチとは、犯罪を誘引する環境を減らし、あるいは、犯罪の障害となる環境を構築することによって、犯罪を予防しようというものである。[6]簡単にいえば、家の鍵を強化して、あるいは、暗い夜道を街灯の設置などにより明るくして、直接的、間接的に犯罪の実行を妨げようというものである。日本でも、二〇〇三年に犯罪対策閣僚会議が打ち出した「犯罪に強い社会の実現のための行動計画」、各自治体が制定している「防犯まちづくり条例」(ほかに「安全・安心まちづくり条例」とも呼ばれる)の中で多く取り入れられている。[7]

これらのアプローチ間の異同について確認しておこう。たとえば、お金が欲しいと思うコンビニエンスストアの店員がいてレジのお金を盗むという事例を考えよう。まず、応報的アプローチはあくまでお金を盗んだあとにその店員を処罰するのであって、予防を直接の目的とするのではない。矯正的アプローチは欲望をコントロールできず盗んでしまう店員の自制心を問題にし、構造的アプローチはその店員の盗む動機を生み出してしまう経済的状況（貧困）や労働環境（ストレス）を問題にし、（少なくとも再犯予防という形では）犯罪の予防がその目的の一つである。環境的アプローチも犯罪予防を目的とするが、レジからお金が盗めてしまう環境を問題にし、盗むことへの欲望やその欲望を形成する要因、つまり犯罪の原因を問題にしない。環境的アプローチのいう環境は犯罪の「機会」、このアプローチそのものは「犯罪機会論」とも呼ばれ、犯罪原因論と対置される。犯罪原因論は原因療法的であるのに対して、犯罪機会論は犯罪が生じやすい環境を変えるだけなので対症療法的ともいえよう。

これらのアプローチは、理屈上は、区別される。しかし、具体的な手段としては重なりあうことが多い。たとえば、死刑は殺人に対する応報ともいえるし、殺人を犯すような存在の排除ともいえる。また、精神病者を隔離施設に収容することは、矯正的アプローチの一環だともいえるし、排除的アプローチだともいえる。さらに、街を壁で囲い込み、よそ者の侵入をコントロールするゲイティド・コミュニティの構築も犯罪実行が困難な環境づくりをしているともいえるし、そのコミュニティから特定の者を排除しているともいえる。この重なり合いが、精神病者の隔離の例からわかるように、ヤングの包摂／排除テーゼの包摂と排除の線分をまたがる形でも生じうることは重要であろう(8)。

2　包摂／排除テーゼにおける多様なアプローチの位置

ヤングは、これらのアプローチを包摂／排除テーゼとの関係でどのように位置づけているのか。

まず、転回前の新古典派犯罪学の中身に入っていこう。新古典派犯罪学としてヤングが念頭に置いているのは、矯正的アプローチと構造的アプローチである。まとめて犯罪原因論と呼ばれる双方のアプローチは福祉国家の制度の枠組みの中で生成し、発展してきた。たとえ裏側に労働力・軍事力の確保の機能があったとしても、福祉国家は、すべての市民において権利の実質的平等の実現をその理想とする。社会保障の給付によって貧富の差を埋めて統合すると同時に、福祉国家の財源確保のためには人びとの連帯が前提とされる。つまり、福祉国家では社会的包摂が理想とされた[9]。新古典派犯罪学も福祉国家と密接に関連する形で捉えられる。矯正的アプローチは、（潜在的）犯罪者の中で犯罪行動へとつながる因子を特定し、その因子を取り除くことによって、そのような因子がない正常人から構成される社会へと包摂する。構造的アプローチは、たとえば、構造的な貧困に犯罪の原因があるとし、社会保障制度を構築することで、犯罪の原因たる貧困問題を解決し、富者と貧者との亀裂を埋め合わせて統合しようとする。このような犯罪原因論と福祉国家とのつながりを総称して「刑罰福祉主義」と呼ぶこともある（Garland 2001）。

これに対して、排除型社会は価値観の多様化が進んだ社会であり、その社会では、正常と異常の区別が自明ではなくなり、すべてがリスクを伴うものとして立ち現れる。ここで刑事政策は日常的な行動に潜むリスクにいかに対処するのかが課題となる。このような政策として、ヤングは「寛容ゼロの政策 zero tolerance policy」と「割れ窓理論」を挙げている（ヤング二〇〇九、第五章）。まず、「寛容ゼロの政策」はアメリカ政府の「三振法」に象徴されるもので、それは、刑事事件で三回起訴された人間は自動的に刑を加重する。この法が、収監数、社会から排除される人間の数を増大させたとされるところから、排除的アプローチに位置づけられる[10]。次に、「割れ窓理論」は、犯罪を統制するうえでコミュニティのインフォーマルな役割を重視し、その役割を維持するために警察の軽犯罪への取り締まりを厳しくすべきだと主張し、基本的には環境的アプローチに位置づけられている。ヤングの議論において、排除型社会の保険統計的犯罪学に位置づけられているのは、排除的アプローチと環境的アプローチである[11]。

三　包摂と排除の交錯

1　包摂における排除

前節の議論により包摂／排除テーゼを検討するための準備を整えた。本節では、包摂と排除の交錯問題を取り上げて、包摂／排除テーゼの妥当性を問う。まず、包摂はどこまで包摂であったのかを検討しよう。包摂の側面に位置づけられるのは、主として矯正的アプローチと構造的アプローチであり、これらのアプローチに対する、環境的アプローチによる批判を取り上げよう。

犯罪原因論に対する批判は大きく分けて二つある。一つの批判は実効性にかかわり、犯罪原因論による処方が犯罪の減少に役に立っていないというものである。もう一つの批判は望ましさにかかわり、犯罪原因論が倫理的に望ましくはないところがあるというものである。結論を半分先取りして言えば、この望ましさの問題こそが、新古典派犯罪学の包摂性を問うものであったといえる。そこで、実効性に対する批判は脇におき[12]、望ましさの問題を取り上げていこう。

その批判の焦点は、犯罪原因論が、犯罪の原因を病理現象として理解することにある。矯正的アプローチは、犯罪現象を病気や教育の失敗といった個人の病理として理解し、構造的アプローチは、貧困や教育制度の機能不全といった社会病理として理解し、そのうえで、双方とも異常を取り除き正常な状態へと回復することを目指す。異常をとりのぞいて、理想的な個人あるいは理想的な社会のもとに人々を包摂していく。これに対して、環境的アプローチの一つである「状況的犯罪予防」を提唱したクラークとフェルソンは、「人間の弱さは広い範囲で存在するのであり、誰もが時折犯罪をする誘惑の餌食になってしまう」のであり、それゆえ、「犯罪者とそれ以外の者との二分法」を採用する犯罪原因論は「間違っているのみならず、倫理的な欠点がある」(Clarke & Felson 1997, 216) として、犯罪原因論の人間学的な前提を倫理的な観点から批判していく。フェルソンは、さらに進んで、このような区分を前提とする人間学は、正常とされる者が「自分は決して犯罪をしないという幻想」を抱く「『私は違う』誤謬〝not me〟fallacy」に陥っていると痛烈に批判する (Felson 2002=2005, 6-7=11-13; 松尾二〇一〇も参照)。また、割れ窓理論の提唱者ウィルソンやケリングが依拠する心理学者ジンバルドーは、悪い人が悪いことをするということではなく、誰でも状況次第で悪いことをしてしまうことを強調し、従来の心理学が人間の気質的要因にばかり目を奪われていると批判する (Wilson 1985, ch. 5; Zimbardo 2008参照)。犯罪現象は日常の延長上にあるということが、彼らの認識論的前提として存在する。彼らは、新古典派犯罪学に位置づけられる犯罪原因論は理想的な個人像・社会像のもとで現実の個人を排除していると批判する。

この批判については、強い解釈と弱い解釈が可能である (cf. Wilson 1991, 1)。まず、強い解釈とは、正常と異常の区分がそもそも間違っており、すべては正常であるというものである。正常か異常かは、規範的・倫理的判断によるものであり、人間の内なる因子や社会的地位につき異常なるものを探求することは、そのような因子を有する者や地位につく者を排除することにつながる。

次に、弱い解釈とは、正常と異常は全く同じではないとしても、連続しているというものである。たとえば、攻撃的な性格は、傷害や暴行などの粗暴犯の犯罪行動につながることもあれば、たとえば、サッカーのストライカーとしての資質として現れることもあるだろう。犯罪行動につながりやすい因子がもっぱら犯罪行動にのみつながるわけではない。暴力的性質をとりのぞくためにロボトミー手術を受けた者（当時スポーツライター）がのちにその手術をおこなった医師の妻と母親を刺殺した一九七九年の日本で起きた事件で、彼の殺害動機がロボトミー手術によって暴力的な衝動のみならず執筆への意欲さえも減退してしまったとして医師を恨んだことにあったということは有名な話である。正常な行動と異常な行動との区別が可能だとしても、それを導く要因が共通であることもある。

強い解釈は、犯罪原因論にそれ自体がありもしない異常を排除する不正なものとなるし、弱い解釈は、正常な側面が異常とともに切除されてしまうかもしれないところを問題視する。

もちろん、犯罪原因論においては異常というレッテルを貼る目的は当該対象者を包摂する目的であるから、ただちに排除とするべきではないとされるかもしれない。しかしそれでも、その実現の過程で、病院に隔離することも考えられるし、社会保障の給付が「自律できない社会的落伍者」というスティグマをはってしまう危険も考えられる。

したがって、包摂型社会に位置づけられる犯罪原因論も理論のレベルでもその実現のレベルでも排除の要素を抱え込む。環境的アプローチは、犯罪原因論の中に包摂のもとに隠された排除の要素を嗅ぎとり、これを強く批判したのである。

2　排除における包摂

次に、排除型社会の刑事政策、すなわち、排除的アプローチと環境的アプローチはどこまで排除的と位置付けられるのだろうか、その問題を考察していこう。

まず、理論的な面についていえば、犯罪原因論と異なって、環境的アプローチは、正常と異常との二つに人間を分けることはしない。誰しもが環境次第で罪を犯しうるというところから出発する。環境的アプローチが採用する人間観は二種類ありうる。第一に、自己の利潤を最大化しようと行動する、合理的選択論における人間のイメージがある。犯罪行動を合理的に考えれば、犯罪から得られる利潤、逮捕されることの損失、犯罪行動の成功の確率などを合理的計算の考慮要素とするが、環境は犯罪から得られる利潤（盗品売買の市場の有無）や成功確率（犯行現場の見通しの悪さ）などを決める要素となる。このような環境に応じて人間は合理的に選択していくと考える。しばしば「状況的犯罪予防論」と合理的選択論を密接に関連付けることもある（Crawford and Evans 2012）が、環境的アプローチを合理的選択論と必然的に結びつける必要はない。周囲の環境に流されやすい人間というイメージもありうる。これが第二の人間観である。前者は意思決定していく強い主体であるのに対して、後者は状況に流される弱い主体が想定されており、これら二つは理論的には全く異なるものである。ただ、ここで重要なのは、環境的アプローチは二つの人間観とも目指すべき理想像としているわけではない。環境的アプローチは一定の人間観を犯罪行動の分析の前提として採用しているが、その人間観を目指すべき理想とするわけではない。アプローチの対象となるのは、あくまで犯罪の環境の方にある。もちろん、犯罪の少ないよりよい環境をめざすという意味で一定の理想像はあるが、しかし、犯罪が完全になくなるとは考えないし、なくすべきとも考えない。というのも、環境的アプローチは正常と異常を峻別することは難しいと考えるからである。

次に、実際の側面の話をしよう。割れ窓理論の一つの具体化として、イリノイ州のシカゴ市は、一九九二年、「ギャングたむろ禁止条例」を制定した。この条例は、公道で「ストリート・ギャング」とおぼしき者が仲間とともに「たむろしている」ことを確認すれば、その場所から立ち去るか、散会するように命令する権限を警官に与え、その命令に従わない者に罰を与えるものである。これは、公道の環境を変えようという点で環境的アプローチに、ギャングを排除しようとしている点で排除的アプローチに位置づけられる。アメリカの連邦最高裁判所はこの条例を違憲と判断した（City of Chicago v. Morales, 527 U.S. 41 (1999)）[13]が、ここで焦点をあてたいのは違憲判断の理由ではなく、トーマス裁判官の反対意見とそこで引用されている、シカゴ市民の声である。

「昔は、みんないい隣人だったよ。もういないけど。…日常、外出するなんて怖いわ。…彼らが立っているから、歩くなんてできない。店に行くのも怖い。怖いから店にも行かない。」(id., 101)。

これは、市議会の委員会での、八八歳のスーザン・メアリー・ジャクソンの、市議会における証言である。このような声を多く、トーマス裁判官は採りあげる (id., 100)。そのうえで、トーマス裁判官は当該条例を擁護して、ギャングの構成員によって善き隣人関係は壊され、街には暴力がはびこる結果となってしまい、スーザンのような、「礼儀正しい decent」人びとが苦しめられていると述べる (id., 115)。

たしかに、この条例によって公道からギャングが締め出されるかもしれない。しかし他方で、この条例がないと、「礼儀正しい」市民は外出することさえままならない。その意味で、この条例は、公道へと「礼儀正しい」市民を包摂しようとする試みだったといえる。[14] 排除的アプローチや環境的アプローチもただいたずらに排除を試みているわけではなく、その裏側には包摂の要素も含んでいる。

3　包摂と排除の交錯

本節では、一方で、包摂型社会における刑事政策が排除的な側面を、他方で、排除型社会における刑事政策が包摂的な側面を有しているということを論じてきた。包摂型社会は理想のもとに差異を排除し、排除型社会は現実主義的に差異を包摂する。本節で確認したことは排除と包摂の交錯である。

この交錯をつぶさに分析して再整理すれば、包摂／排除テーゼの線分が維持されるというものではない。というのも、よほどの理想状態を想定しない限り、多くの刑事政策は包摂と排除の両面をそのうちに抱えているからである。それゆえ、本節は、排除型社会の保険統計的犯罪学こそが実は包摂的であったと結論付けるものでは決してない。本節が示唆するのは、ある政策が排除的であり、別の政策が包摂的だと二者択一的に位置づけるのは困難であるということである。

ヤング自身がこのことを認めているところもある。しかしそれでもなお、彼は排除型社会では排除の要素が濃くなったのだというだろう。しかし、包摂／排除テーゼの妥当性の問題を揺るがすのは、交錯問題だけではない。そこで、次節へと議論を移ろう。

四　包摂と排除のはざまで

1　環境的アプローチの分類

包摂と排除の二分法の中におさめ尽くすことができない領域がある。その領域こそが包摂／排除テーゼの妥当性を揺るがす。その領域を示すために、割れ窓理論と「状況的犯罪予防」という環境的アプローチの詳細に立ち入ろう。第三節の2で保険統計的犯罪学の包摂的側面を指摘したのに対して、ここでは保険統計学的犯罪学の、排除でも包摂でもない側面をみていく。ここでキーワードとなるのは、「棲み分け」である。「棲み分け」の内実に入るまえに、まずは、割れ窓理論と「状況的犯罪予防」を手掛かりとしながら、環境的アプローチを分類しておこう（cf Crawford 1998, 28-31; Crawford and Evans 2012）。

割れ窓理論は、簡単にはすでに述べたとおりであるが、ここでもう少し立ち入って説明しておこう。この理論は、アメリカの政治学者ウィルソンと刑事政策の専門家のケリングによって公表された論文（Wilson 1995, ch. 5）が出発点とされている。彼らの主張をまとめれば、（i）犯罪対策としてはコミュニティが有するインフォーマルな防犯機能が重要であり、（ii）それが機能するためには商店街のシャッターへの落書きのような小さな違反を一つ一つ除去していくような活動が重要なのであって、（iii）そのようなコミュニティのインフォーマルな防犯機能を支援するのが本来の警察の役割なのであると主張する立場である。つまり、犯罪が生じる環境としてコミュニティを捉え、その防犯機能を高めようとするものであるから、基本的には環境的アプローチに位置づけられる。

具体的には、先ほどの例に出た公道でのギャングのたむろを禁止する条例、警官がコミュニティを維持するために人びととコミュニケーションをとりながらパトロールする徒歩警ら の推奨、秩序の破壊が象徴される落書きや建築物の破損などの修復などがある。

これに対して、「状況的犯罪予防」は、イギリスの内務省の官僚であったロナルド・クラークによって唱えられたアプローチである。犯罪の「機会」を「操作」することによって犯罪予防を目指すものである。

まず、犯罪の「機会」とは、(i)犯罪の潜在的な対象(窃盗の対象となる物品)、(ii)潜在的な犠牲者(女性、子供)、(iii)犯罪を促進するモノ(銃火器、盗難車、人目のつきやすさ)のことである(Clarke 1995, 102)。次に、そうした機会を「操作」することには、(i)犯罪実行のコストを増大させる、たとえば、車のハンドル・ロックを強化し、車を盗みにくいようにすること、(ii)逮捕リスクを増大させる、たとえば、街灯を設置して夜間でも人目につきやすくし、不法侵入を防ぐこと、(iii)犯罪成就の見返りを減少させる、たとえば、自動車に識別番号を付けることによって盗まれてもすぐに発見できるようにすることがある(id., 109)。

割れ窓理論も状況的犯罪予防論も人間の内面や社会的地位ではなく、その外的環境を変えることによって犯罪予防を目指す点で共通する。変えるべき対象としての外的環境とは、コミュニティや予防グッズなどのインフォーマルな統制手段のことである。また、たとえば、街灯を設置することはコミュニティのもつインフォーマルな犯罪統制機能を強化するとともに、逮捕リスクを増大させるものといえるから、具体的な措置としても重なり合う部分もある⑮。

しかし、双方には違いもある。割れ窓理論がおおむね公園や大通りなどの公共空間の秩序の維持管理に焦点を当てているのに対して、状況的犯罪予防論はおおむね個別の犯罪状況を困難にならしめるために私的な空間、財物へのアクセスをコントロールしようとする。もっといえば、前者はコミュニティそれ自体に関心があるのに対して、後者はコミュニティではなく、個別の犯罪の特性に着目して当該犯罪の遂行を困難にすることに主眼がある。そこで、割れ窓理論を「共同体再生型環境的アプローチ」、状況的犯罪予防論を「個別犯罪予防型環境的アプローチ」と位置付けることができよう(松尾2010参照)。このように双方を位置付けたうえで、包摂と排除のはざまを確認していこう。

2　個別犯罪予防型環境的アプローチにおける棲み分け

個別犯罪予防型環境的アプローチの目的は、窃盗や不法侵入などの個別の犯罪類型に焦点をあてて、そうした犯罪が生じる直近の環境を分析し、犯罪を予防しようとするものである。そのために、私的な空間、財物へのアクセスをコントロールしよう、いうなれば、私的な領域を他者からの侵入から守ろうとする技術である。問題は、このような技術を排除と呼ぶことはできるのかということである。

確かに、家の周囲に堅牢な壁がはりめぐらされていれば、その壁はその外側から見る者にとっては排除された感覚を与えるのかもしれない。しかし、たとえば、ひったくり防止のために、自転車の前カゴにカバーをつけること、あるいは、自動車窃盗を防止するために鍵を強化することを考えてみよう。これらの手段は、せいぜい私的領域の境界を明確にする所作にすぎず、すぐさま排除に結びつけることはできない。もっとも、これらの技術が象徴的にもたらすメッセージまで考えれば別かもしれない。たとえば、恋人同士が同じ部屋にいて、ひとりが机のうえに置いた携帯電話をわざわざもってトイレにいくとき、その行為は携帯の中がのぞき見られるのではないかという不信感からなされているかもしれない。たとえそのような不信感に基づいた行動ではないとしても、もうひとりは「自分は信頼されていない」という疎外感をもつかもしれない。これと同様に、ひったくり防止のために自転車の前カゴにカバーをつけることは、周囲の者を信頼していないというメッセージを発することはありうる。(16)

ただし、このような疎外感の裏側には、公私の区分があいまいなままの方が、つまり、完全にオープンにした関係の方がお互いの信頼関係を醸成するのによいという一体化への欲望があることに注意する必要がある。恋人同士のような親密圏ならば、そのような一体化への欲望は許される場面があるかもしれない。しかし、その他の関係にまで拡張して理解するということは結局、私の領域をあいまいにするものであろう。また、親密圏においてさえ、完全にオープンにすることは相手に対する負担となることもある。

個別犯罪予防型環境的アプローチは、一体化への欲望を前提にしない限り、排除的と位置づけることは困難で、せいぜい公私の区分を技術的に強化するものにすぎない。だからといって、包摂と位置付けることもできない。いうなれば、公私の「棲み分け」の話である。

3　共同体再生型環境的アプローチにおける棲み分け

共同体再生型環境的アプローチとは、公共空間の維持管理を通じて、コミュニティの再生をはかり、再生されたコミュニティが犯罪の予防につながるというものである。

確かに、ギャングたむろ禁止条例のような手法は、「礼儀正しい」人びとを公共空間に包摂することと引き換えに、公共空間からギャングを排除していることは否定できない。しかし、共同体再生型環境的アプローチはこの条例のような公共空間の閉鎖性を高める手段に尽きるものではない。公共空間の開放性を高めることによってコミュニティを再生しようとする手法も存在しうる。

公共空間の開放性を高める手法としては、イギリス政府が打ち出した「場所の安全化Safer places」政策があげられる。[17]この政策では、アクセスと流動性、監視性、所有性、物理的な保護、活発さ、維持管理、構造という七つの原則をもとにして、安全な公共空間を創出する設計を提案している。たとえば、監視性の原則の観点からは、住宅街の裏路地など視認性の悪い通りを減らすことが推奨されている。これは、閉鎖性を減少させ、開放性を高めようとするものである。

ただ、開放性を高めるといっても、開放性を包摂と同一視するわけにはいかない。たとえば、アクセスと流動性の原則においては、「良い場所というのは、移動の枠組みがきちんとしていることだ」とされ、徒歩にせよ自転車にせよ公共交通機関にせよ、人びとが行きたい場所へと直行するルートが存在していることが肝要だとされる。この原則は、都市が用途や区画が整理されないままに無秩序の拡大していくスプロール化現象への対策であり、スプロール秩序現象こそが犯罪の温床であるという認識が前提にある。つまり、用途に応じて明確に整序することによって、閉鎖性を生み出す無秩序を取り除こうとするものである。用途に応じた整除をただちに包摂と等しいとすることはできない。

4　棲み分けという技法

個別犯罪予防型にせよ共同体再生型にせよ、環境的アプローチには、包摂や排除という二つに還元できない要素がある。それが棲み分けであった。ここで棲み分けについて（刑事政策を少し離れて）若干の哲学的な思弁を重ねてみよう。

公共空間とは、異質な他者が混合しあい、お互いがぶつかりあって最終的に一致を見出していく場所であるというきわめてマッチョな（ロマン主義的な？）思想を採用すれば、公私の間でも公共空間内部でも棲み分けを構想する必要はないかもしれない。しかし、人間はありとあらゆるタイプの異質な他者に常時かつ一挙に向かい合う必要はないし、実現可能でさえない。

人間の生は多様な舞台の上で営まれており、多くの人は多様な側面を一元化することなく生きている。生活の糧を稼ぐためにその多くの時間を割かなければならない多くの人々にとって、政治に割くことのできる時間は希少であり、個人の生の中で政治生活を全面化することはできない。また、個人は個として生きているのみならず、社会の中で他の人々と分業し協働しながら生きている。その分業や協働は、労働、市場、家族というさまざまな場で営まれている。このようなさまざまな舞台のうえで一つの「顔」を貫いて生きる人もいれば、多様な「顔」を使い分けている人もいる。

このような人間の生の多面性を実現していくうえで、棲み分けは必要不可欠な技法である。そのような棲み分けを包摂か排除かの二分法で捉えつくすことはできない。また、このような人間の生の多面性は、共同体の間に引かれる境界によって維持されることもある。

もちろん、棲み分けは、個人の内部でも共同体の間でも、多くの葛藤を生み出す。個人が多様な側面で自らの「顔」を使い分けていくことは、個人のアイデンティティを維持する上での有用な技法となることもあれば、個人のアイデンティティを揺るがす契機ともなる。同様に、共同体同士が棲み分けていくことは、共同体を維持するうえで重要となる境界線を維持すると同時に、共同体の間での衝突を発生させる原因ともなる。

したがって、現在維持されている境界線をそのまま承認しなければならないというわけではない。しかし他方で、境界線を不要とするわけにもいかない。人間の生の多面性を不断に実現していくために、境界線は不断に再設定され続けていく。

刑事政策の転回も、もっぱら包摂／排除テーゼの中に位置づけられるわけではなく、そのような側面から理解することも可能であろう。すなわち、転回以前にも排除が含まれており、転回以後にも包摂が含まれていることからして、刑事政策の転回というのは、境界線の引き直しなのであり、包摂から排除への移行だけでは捉えつくすことはできない、と。

五　防犯アーキペラゴの生成

冒頭の話に戻ろう。村上春樹は、訪れたコミュニティで歓談中、非白人はどれくらいの数が住んでいるのかとその住人に尋ねた。彼らはちょっと困った顔をし、一人がメキシコ人からなるコミュニティが近くにあるという話をした。

もちろん、これは質問への回答にはなっておらず、ヤングの包摂/排除テーゼの枠組みの中では、彼らのコミュニティこそが排除型社会の典型例として位置づけられるかもしれない。積極的に非白人を排除しているわけではないとしても、非白人の参入が事実上難しい条件や環境を作り出しているかもしれない。しかし、村上春樹の記述によれば、団塊の世代に属する彼らは、かつては人種差別撤廃へ向けて運動をしていた人びとであるとも書かれている。彼らは、いつのまにか、差別主義者へと転じたのだろうか。確かに、安全な生活環境を求めて統合の理念を棄てた者もいるかもしれない。しかし他方で、統合が持つ排除の暴力に気付き、統合はあきらめたが、しかし、貧困問題に心を痛め、少しばかりの寄付をしていたりするかもしれない。これを偽善と評するひとは、完全なる包摂という不可能な夢を抱いている人だろう。

また、そのコミュニティにはいない非白人の方も統合を求めているかといえば、必ずしもそうとはいえない。分離主義者マルコムX、また、マルコムXの人生を映画化した映画監督スパイク・リーの例をあげるまでもなく、統合の理念は統合の対象となった人びとからも、全面的にではないにせよ、拒絶されている。

本章の結論を端的にまとめよう。包摂と排除との関係は択一的に考えることはできない。同じ政策の中に包摂と排除の両面が含まれるからだ。また、包摂と排除の二分法の中にすべての刑事政策を位置付けることはできない。刑事政策の中には、包摂と排除のはざま、すなわち、棲み分けの技法が含まれるからだ。ヤングのいう「排除」型社会は、価値観が多元化していく社会である。価値観が多元化するからこそ、人びとは不安になり、他者に怯える、と。そこまでの分析は同意できるとしても、しかし、他者に怯える結果、すべての政策が排除的な方向へと移行していると評価することはできない。棲み分けの技法はお互いに怯えながらも相互に傷つかないような技法であるともいえる。

お互い傷つかないように、人びとは堅牢な壁の中に閉じこもっていく。もしこの事態が広がっているとすれば、現代の状況は、防犯のために相互の交流の少ない「島」が乱立している状況といえよう。防犯のための「群島archipelago」の生成、これは、「防犯アーキペラゴ」の状態である。交通手段や通信手段が発達し、相互依存と緊密化が進んでいるにも関わらず／それゆえにこそ、群島が生成している。[18]

●注

（1）七〇年代（あるいはさかのぼって六〇年代）に、刑事政策に一つの転回点があったと考える見解は多い。少し列挙しても、ヤング二〇〇七（七〇年代）; Garland 2001; Salas 2005, 41-48（七五年を重視）; Wilson（1985）, 15（「一九六三年にすべてがはじまった」とする）; 吉岡二〇〇八、15-19などがある。法定刑の引き上げや加重類型の創設など、刑事立法の動向、『犯罪に強い社会の実現のための行動計画』における環境的アプローチの導入など、日本の法制度・取締政策においても、同様の転回がみられる。

（2）ヤング二〇〇七、第一章参照。このヤングの見解の分析については、酒井二〇〇一（とくに第四章）参照。

（3）ヤングと同じく、七〇年代からの変化に焦点をあてるガーランドは、犯罪が異常ではなく通常の事実であるという認識への変化に着目する。すなわち、犯罪は通常の事実であるから、新しい犯罪学は日常生活の分析に傾注する。彼は、これを「日常生活についての新しい犯罪学」と呼んでいる（Garland 2001, 127-131）。

（4）したがって、ヤング二〇〇九の叙述のすべてを検討対象とするものではない。また、本章が扱う問いは、松尾二〇〇九・松尾二〇一三が論じてきたものの続編であり、姉妹編である。松尾二〇一〇では、イギリスの「状況的犯罪予防」論を、松尾二〇一三では、それと比較する形で、割れ窓理論の紹介を行った。

（5）以下で紹介するアプローチを概観するうえでは、クロフォード（とエヴァンス）の整理が大いに参考になった（Crawford1988; Crawford and Evans 2012）。

（6）環境的アプローチを紹介する文献は多数あるが、犯罪学者による優れた入門書として谷岡二〇〇四、最新の動向の紹介を含めたものとして瀬川二〇一二、建築学者らによる網羅的なサーヴェイとして雨宮・樋野二〇〇七を挙げるにとどめる。

（7）『犯罪に強い社会の実現のための行動計画』は、以下で閲覧できる。http://www.kantei.go.jp/jp/singi/hanzai/kettei/031218keikaku.html（二〇一三年二月二三日アクセス）。また、「防犯まちづくり条例」なども、東京都をはじめとして、都道府県・市町村レベル双方の自治体のサイトで閲覧できる。

（8）また、この重なり合いは、単に具体的な手段の中で生じるのみならず、目的（正当化根拠）と手段との関係で生じることもある。たとえば、排除的アプローチが採用される、すなわち、犯罪者に対して社会から排除する手段の採用が正当化されるのは、罪を犯したことに対する応報があるからだともいえる。

（9）もっとも、包摂概念それ自体は福祉国家（たとえば、選別主義的な政策）を批判する形で登場した。ただ、それは、福祉国家の包摂が不徹底であるという形の批判であり、福祉国家の延長上にも位置づけることができる。本論文では、包摂という理念を福祉国家の理念をも包含するものとして捉える。

（10）ただ、寛容ゼロの政策には、犯行の情状に応じて刑の減軽を認めないという要素もあり、これについては、応報的アプローチがもつ必罰主義的要素が現れたものだとも評価でき、ここでも、各アプローチの重なり合いの問題を指摘できる。

（11）ヤングは応報的アプローチについては詳細に論じていない。ただ、包摂／排除テーゼを検討するうえで、このアプローチも検討する価値はある。とりわけ、七〇年代以後の厳罰化現象を評価するうえで、また、被害者との権利との関係で応報的アプローチの理論的動向を評価することは重要である。しかし、その検討は別の機会に委ねたい。

（12）簡単には松尾二〇一〇、三四参照。

（13）本判決後、文言を一部加筆修正して、同じような条例が作られている。その経緯については、Harcourt 2001, 51-2参照。

（14）結局、「礼儀正しい」市民とは裕福な市民層であり、ギャングは貧しい市民出身であるとして、経済的な階級問題へとこの問題を位置づける論者もいるかもしれない。しかし、必ずしもそうではないことに注意すべきである。というのも、裕福な市民層は、冒頭で紹介した村上春樹が訪れたコミュニティを考えればわかるように、ギャングがいるような都市中心部から引っ越して、郊外へと住んでいるからである。したがって、トマス反対意見に現われる「礼儀正しい」市民とは、ギャングに萎縮して外出することができず、郊外に引っ越しをすることもできない、弱く貧しい市民である可能性が高い。人種問題を研究する法学者ランドール・ケネディーも、犯罪問題でマイノリティが苦しんでいるのは「法執行の過剰によるものではなく、過少によるものである」（Kennedy 1997）と述べる。したがって、経済的な階級問題へとこの問題を縮減することはできない。

（15）とくに状況的犯罪予防論の展開をみれば、割れ窓理論と重なる領域は増えている、松尾二〇一〇参照。その重なる部分については、割れ窓理論の検討で兼ねることにする

（16）それゆえ、個別犯罪予防型環境的アプローチは、共同体再生型環境的アプローチと緊張関係にある場合がある。この点については、松尾二〇一三参照。

（17）https://www.gov.uk/government/uploads/system/uploads/attachment_data/file/7784/147627.pdf参照

（18）この群島状態を規範的にどのように評価するべきだろうか。この規範的問題に立ち入るためには、一九九〇年代から台頭してくる、多文化主義やマイノリティ問題を素材にして普遍性と差異をめぐって争っている政治哲学上の論争が一つの手がかりとなる。その論争については、Young 1990; Taylor 1994; Kymlicka 2002, ch.8; Kukathas 2003 などを参照。

●参考文献（引用は、［著者名 出版年（＝訳書の出版年）、頁（＝訳書の頁数）］による）

Ronald V. G. Clarke（1995）, “Situational Crime Prevention,” in Michael Tonry and David P. Farrington（eds.）, *Building a Safer Society: Strategic Approaches to Crime Prevention*（U. Chi. Press）

Adam Crawford（1998）, *Crime Prevention & Community Safety: Politics, Polices & Practices*（Longman）.

Adam Crawford and Karen Evans（2012）, “Crime Prevention and Community Safety,” Mike Maguire, Rod Morgan, and Robert Reiner（eds.）, *The Oxford Handbook of Criminology Fifth Edistion*（Oxford University Press）.

Marcus Felson (2002), *Crime and Everyday Life, 3rd ed.* (Pine Forge Press) 守山正監訳『日常生活の犯罪学』(日本評論社、二〇〇五)

Marcus Felson and Ronald Clarke (1997), "The Ethics of Crime Prevention," in Graeme Newman, Ronald V. Clarke, and S. Giora Shoham (eds.) (1997), *Rational Choice and Situational Crime Prevention* (Ashgate).

David Garland (2001), *The Culture of Control; Crime and Social Order in Contemporary Society* (Oxford U.P.)

Bernard E. Harcourt (2001), *Illusion of Order: The False Promise of Broken Window Policing* (Harvard University Press)

Randall Kennedy (1997), *Race, Crime, and the Law* (Vintage Books)

Chandran Kukathas (2003), *The Liberal Archipelago: A Theory of Diversity and Freedom* (Oxford University Press)

Denis Salas (2005), *La Volonté de Punir: Essai sur le populisme penal* (Hachete Littératures)

James Q. Wilson (1985), *Thinking about Crime revised ed.* (Vintage Books).

Iris Marion Young (1990), *Justice and the Politics of Difference* (Princeton University Press)

Philip Zimbardo (2008), *The Lucifer Effect: Understanding How Good People Turn Evil* (Random House)

雨宮護・樋野公宏(二〇〇七)「英米における「防犯まちづくり」の理論の系譜と近年の動向」都市計画報告集No.6, 100-107.

酒井隆史(二〇〇一)『自由論：現在性の系譜学』(青土社)

瀬川晃(二〇一二)「環境に着目した犯罪予防の今――CPTEDとSCPの発展と課題――」同志社法学六四巻三号一五七－一九五

谷岡一郎(二〇〇四)『こうすれば犯罪は防げる：環境犯罪学入門』(新潮選書)

松尾陽(二〇一〇)「環境犯罪論の台頭――状況的犯罪予防論の人間観」仲正昌樹編『叢書アレテイア11　近代法とその限界』(御茶の水書房)所収

――(二〇一三)「犯罪に強い社会へ向けて――割れ窓理論と状況的犯罪予防との間に潜む緊張――」(服部高宏研究代表者『国際高等研究所報告書1201：法と倫理のコラボレーション――活気ある社会への規範形成――』国際高等研究所)

ジョック・ヤングJock Young(二〇〇七)(青木秀男ほか訳)『排除型社会：後期近代における犯罪・雇用・差異』(洛北出版)

吉岡一男(二〇〇八)『アメリカ犯罪学と刑事政策』(成文堂)

第六章　「自己所有権」論再訪序説
――その基礎づけと人格観――

福原明雄

はじめに

ロバート・ノージック（Robert Nozick）などの論者に代表される、現代正義論上のリバタリアニズム（Libertarianism）と呼ばれる議論は、その理論的正当化の基礎について、大まかに三つに分けられる。[1] その三つとは、自己所有権論に代表される自然権論的正当化、功利主義や、経済的な効率性に訴えかける、帰結主義的正当化、そして、合理的選択による、リバタリアンな社会への仮想的合意に訴えかける契約論的正当化である。本稿では、これらのうち、自己所有権論的なリバタリアニズムに対象を絞って、扱うことにする。[2] では、自己所有権とは何なのか。この問いに回答を与えること、少なくとも、回答への道筋をつけることが、本稿の目的である。

しかし、管見の限りでも、さらに日本に限っても、自己所有権についての議論は、リバタリアニズムを含めた正義論上の議論は基より、倫理学、社会学等々、様々な分野で議論がなされており、本稿の限られた紙幅と筆者の能力で、その全体に目配りを利かせるには、拡散しすぎている。

また、リバタリアニズムの批判者が、自己所有権を批判する場合、往々にして、財物の所有権の配分状況が不平等・不公正なものになること、つまり、大きな経済的格差が正当化されてしまうことを問題にする。このような批判者は、恐らく、身体所有権としての自己所有権を（少なくとも一義的には）問題にしているのではなく、それとは一応区別される、財物の所有権の不公正な配分状況を問題にしている。そうであれば、身体所有権と理解された、財物の所有権ではなく、財物の所有権も含める、広義の自己所有権を問題にしていると考えて良いだろう。[3] その際に批判されているのは、狭義の自己所有権ではなく、それに基礎付けられた「自己所有権論」・「自己所有権テーゼ」である。本稿では、狭義の自己所有権と自己所有権テーゼを区別し、前者だけを問題にする。ゆえに、本稿は「自己所有権」論再訪であり、「自己所有権論」再訪ではない。

では、再び、自己所有権とは何か。所謂、ロールズ（John Rawls）以降の現代正義論において、自然権論的なリバタリアニズムの嚆矢となったのが、前述のノージックである。ノージックの、リバタリアニズムについての主著である『アナーキー・国家・ユートピア（*Anarchy, State and Utopia*）』は、次のような宣言めいた言葉で始まっている。

「諸個人は権利をもっており、個人に対してどのような人や集団も（個人の権利を侵害することなしには）行いえないことがある。この権利は強力かつ広範なものであって、それは、国家と官吏たちがなしうること——が仮にあるとすればそれ——は何かという問題を提起する。個人の権利は国家にどの程度の活動領域を残すものであるのか。[4]」

このような「宣言」の下に、ノージックが展開するリバタリアニズムの議論の中心が、「自己所有権」にあると指摘し、徹底的な批判を加えたのが、コーエン（Gerald Allan Cohen）である。コーエンは、ノージックが想定している自然権を自己所有権として、次のように描写した。

「各人は自分の身体と能力の道徳的に正当な所有者であって、それがゆえに各人は他者に対してその能力を攻撃的に用いないならば、好きなように行使する自由を（道徳的に言えば）有するとされる。「リバタリアニズム」は自由そのものではなくて、自己所有権によって形態を規定された特定の自由を肯定しているのである。[5]」

リバタリアンたちが頻繁に引用する、現在の代表的なリバタリアンであるナーヴェソン（Jan Narveson）の"liberty is property"[6]という象徴的な表現が示唆するところと、コーエンの自己所有権描写の類似を考えれば、コーエンがリバタリアニズムを、いかに正確に理解していたか分かるだろう。

ここまで、自己所有権と呼ばれるものが、どのようなものであるかについて、標準的な説明を与えてきた。以下では、まず、この権利がどのような基礎を持っているのかについて考察し、続いて、森村進の人格の「程度説」を紹介し、検討を加えることで、自己所有権と人格（person）との関係を扱いたい。これによって、自己所有権の特徴的な側面が明らかになるだろう。

一　自己所有権の正当化論――正当化根拠の正当化根拠？

リバタリアニズムの論者たちが、前述のように自己所有権を理解していることは、恐らく、間違いない。では、リバタリアンたちは、なぜそのような権利が個々人にあると考えているのか。また、そのように考えてよいのか。

このような立論に対しては、そのような問いは無意味だ、という反論を受けるかもしれない。橋本祐子は、自己所有権を自然権として考えることについて「ある権利を自然権と位置づけることのメリットの一つは、それ以上の基礎づけを要請されないという点にあるのではないかと思われる」[7]としている。そうなのだろうか。ここで、少しだけ自己所有権を離れ、これを包含する個人の権利一般について、その議論状況を、雑駁にではあるが、確認しておきたい。これを通して、自己所有権の基礎づけの必要性について、説明したい。

現代を生きる我々にとって、個人の権利（人権）という考え方は、親しみあるものだが、それは決して当然のものではない。たとえば、厚生の集計最大化を旨とする、古典的な功利主義に対して、「リベラル」な論者は、その人格の別個性を重視しない姿勢に、冷ややかな視線を送るだろう。しかし、なぜ人格の別個性が道徳的に重要であるのかは、少なくとも、功利主義者には自明ではない。功利主義者であれば、人は、単に厚生を生む単位として存在する「点」として重要であるに過ぎない、と考えれば十分であるかもしれない。もちろん、ある社会の利益をより良く促進できるのは、義務論的な権利論の立場である、ということは主張可能である。尤も、このような主張は功利主義への根本的な反論にはなっていないし、何より功利主義に分がありそうである[8]。

しかし、おそらく、権利論が功利主義に対して抱いた最大の懐疑は、社会全体の利益の促進を競うような場面ではない。それは、たとえば、各人には、必ず保障されなければならない、集計最大化原理には譲ることのできない利益が存在するのだ、というような主張であろう。しかし、この主張は既に、その権利の内容に、一定の分配的正義の主張を包含させている可能性がある。少なくとも、ハードな自己所有権リバタリアンたちは、人格の別個性を尊重するのであれば、みだりに危害を加えられないというような利益のための消極的(negative)な権利を超えて、他者に何かを要求する積極的(positive)な権利など存在しない、と反論するだろう。

このように、帰結主義的な議論に対する、「人格の別個性」を尊重していないという批判を足掛かりに、何らかの権利論を展開しようとしても、なぜそのような権利が存在すると考えるべきなのかを明らかにしなければ、権利の内容は食い違ってしまう。それゆえ、正当化の議論は、独断的であるとの批判を避け、説得力を増すために有益であるのみならず、その内容を確定する上で欠かせない議論である。

しかし、自然権の正当化は、その「隣人」である人権の実践的重要性の増大とは対照的に、難しい局面に立たされている。そもそも、対象に一定の自然性質が帰属しているがゆえに、一定の道徳的権利が存在するという議論は、「事実から価値は導かれない」という法則に反しており、基礎的な誤謬を犯しているのではないか[9]。また、「人格の別個性」の議論でも現れた通り、もし何らかの自然性質の帰属が道徳的権利を導くとして、一体どのような権利を導くのか明らかでない。

これらの懐疑に対して、十全に応答する能力は、現在の筆者には無い。ノージックも、自らの権利論について、次のような懸念を、率直に表明している。

「前もって、一般的な理論上の悩みを少し述べておくことが可能である。本書〔『アナーキー・国家・ユートピア』〕は、個人の諸権利の道徳的基礎について厳密な理論を打ち出していない。（中略）私の述べていることの多くは、それらの理論が打ち立てられればそれらが有するであろうと考えられる一般的な特徴を土台とし、それらを利用している。[10]」

「はじめに」で引用したノージックの「宣言」めいた文言は、おそらく、彼自身にとって、文字通りの宣言だったのであり、議論の予防線であったに違いない。本稿は、その先へと進むための準備の場である。以下では、リバタリアンたちが用いる自己所有権を導出するための議論を検討することで、不十分ながら、その足掛かりとしたい[11]。

検討に移る前に、予め大まかな道筋を提示しておこう。橋本努によれば、自己所有権とそこから導かれる自由の正当化には、生理的‐直感的な身体感覚を尊重する立場と、理性的‐自律的個人の人格を尊重する立場が存在する[12]。本稿も、基本的には同じ発想で諸議論を分類するが、この分類に奇妙にまとわりつくのは、カントの影である。ご承知の通り、カントは自己所有権の発想を受け入れていない、というのが通説的理解である。しかし、（その賛否は措くとして）ノージックの「基礎づけなきリバタリアニズム」が、かろうじて提出した拠り所は、カントであった。自己所有権とカント的原理が、どのような関係にあるのかも、重要な関心事となる。

1　道徳的直観からの議論

自己所有権論者の多くは、道徳的直観を根拠にする。その日本における代表的論者は、森村進である。森村は、功利主義的な理由で行われる、政府による強制的なサバイバル・ロッタリー（臓器移植くじ）による臓器再分配の例を挙げ、この制度の反直観性を利用して、我々は自己の身体に対する所有権を、最も根本的な道徳的信念として受け入れているのだ、と論じる(13)。

しかし、一方で、我々が持っている道徳的直観には、自己所有権と衝突するものが多くある。高橋文彦は、「自分の身体であっても任意には処分できない」という命題も、「自分の身体は自分のものだ」という命題と同様、強い道徳的直観を持っており、議論の出発点として後者だけが尊重されることはおかしい、と批判している(14)。

森村はこれに対して、「道徳的直観の中には規範的議論において尊重に値しないものがある。（中略）また同一人物が持っている直観が矛盾する場合は、それらを整合的なものに改定すべきである。しかし、これらのテストを通り抜けてきた道徳的な直観は、ちょうど科学において反証の最善の試みを生き残ってきた仮説と同様、とりあえずそれを採用しても不合理でない(15)」と答える。これに従えば、恐らく、身体所有権や労働所有権テーゼ、最低限の生存権という人道的配慮は尊重に値する直観だが、平等主義的分配は（そして、おそらく、「自分の身体であっても任意には処分できない」という直観も）合理的反省に耐えない、尊重に値しない直観だ、ということだろう。それゆえ、森村は「ある道徳的直観を支持し別の道徳的直観を斥けることに矛盾はない[16]」と結論している。

この議論からは、もし、森村の議論通り、尊重に値する直観と、そうでない直観があるとしても、それを判別する基準は何なのか、という疑問が湧いてくる。合理的反省をすれば分かる、ということならば、合理的反省とは一体何なのだろうか。

また、森村は、狭義と広義の自己所有権と最低限の生存権が、いずれも採用できる直観だとしているが、おそらく、リバタリアニズムの賛同者と批判者の多くが、これらの三つ全てを受け入れることはないだろう。ハードなリバタリアニズムの賛同者たちは、最低限の生存権を認めないだろうし、批判者たちは何れかのレベルで自己所有権を拒否するだろう。個別には分からないが、少なくとも、この三つのセットは、それほど受け入れられ易い組み合わせではない。素朴に考えると、浅慮の筆者には、広義の自己所有権と最低限の生存権の保障は整合的に理解できないのだが、森村はどのように理解しているのだろうか。森村は広義の自己所有権よりも人道主義的考慮による生存権が優先すると考えているが、直観の優先性を判断する基準とは何なのだろうか[17]。「相互に還元できない異なった原理や価値の間で優先順位をつけられないことがあるのは我々の道徳感覚の避けられない特色[18]」かもしれないが、ここでの問題は一つに還元できないことではなく、それらが互いに衝突しており、それを調整する原理が示されていないことである。

さらに、自己所有権の直観的な正当化のもう一つの特徴は、直観の広い解釈可能性である。「私の身体と能力は私のものである」という直観された命題が、何を正当化していると考えるかは論者によって異なる。この命題から、広義の自己所有権まで導く論者もいれば、身体所有権しか導けないと考える論者もいるし、身体所有権は導けるが、身体を任意に処分できるわけではないと考える論者もいる。本節冒頭で述べた、自然権の内容の不確定性は自己所有権も例外ではない。

森村の論法に不自然なところがあることは否めないが、自己所有権が、少なからず、我々の直観に訴えかける力を持っていることも否めない。しかし、これに大きな比重をおく正当化は、混乱を招きやすく、内容の争いにも決着を付け難いだろう。

2　自己所有権とカント的原理①――フィザー（Edward Feser）の場合

前述の通り、ノージックは自らの自然権論が、次のようなカント的原理を反映していると論じた。「個々人は、目的なのであって、単なる手段ではない。それゆえ個人を、同意なく、他の目的のために犠牲にしたり利用したりすることは許されない。各々の個人は不可侵である」[19]。反映している（reflect）という語が何を表現しているかは分からないが、ノージックが意識したカント的原理とは、おそらく「汝は汝の人格ならびにあらゆる他人の人格における人間性を常に同時に目的として使用し、決して単に手段としてのみ使用しないように行為せよ」[20]という、定言命法の第二定式であろう。この格率は、自己所有権の正当化とどのような関係にあるのか。以下では、フィザーの議論を紹介する[21]。

フィザーによれば、ノージックの議論は、自然権への信念を守り、また、他の敵対する政治哲学を批判する際、「人格は目的それ自体だ」というカント的観念と、自己所有権の観念[22]の両方に訴えかけている。しかし、ノージックが擁護している個人権が、それらの観念からどのように導かれるのか、ノージックは明確な形で説明していない。ノージックは、それらを、本質的に同じことを二つの言い方で表わしていると考えるのか、または、それらの内の一つが、もう一つよりも基礎的で、その正当化を与えていると考えるのかを明らかにすべきであった。

結論から言えば、フィザーは、自己所有権の方が基礎的な原理だと考える。カント的原理は、リバタリアンならば誰もが共感を覚えるものだが、この原理は既に自己所有権にコミットしている。あなたがあなた自身を所有しているから、あなたは手段として用いられないのであって、逆ではない。

また、あなたを手段として用いなくても、誰かはあなたの自己所有権を侵害することができる。たとえば、あなたの鼻を殴ることは、あなたの自己所有権を侵害しているだろうが、何らかの目的のために手段として用いたわけではない。

さらに、カント自身は自己所有権を拒否していた。というのは、カントの原理は人々を手段として用いないように要求するだけでなく、人々にある特定の尊重の態度を要求するからである。しかし、人々を目的として扱うために、我々は他人に対してどのような尊重の態度を取らねばならないのかは、明らかでない。

以上のことから、自己所有権とカント的原理との間の正確な関係を定義づけることは、恐らく無理な注文だが、ノージックにとって、リバタリアニズムの基礎づけには、自己所有権だけで十分である。カントの原理は、レトリカルには、ノージックの立場の中心をなすが、哲学的には本質的ではない。

そしてフィザーによれば、自己所有権は正当化されるべきものではなく、批判者が反証すべきものであり、「有罪が証明されるまでは無罪」である。

フィザーは、カント的原理は、自己所有権と同じようなことを表現しているが、リバタリアニズムを支える上で、哲学的には不要であるとした。そして、やはりというべきか、自己所有権の強い道徳的直観や人格の別個性にその基礎を求めた。

3 自己所有権とカント的原理②——テイラー（Robert S. Taylor）の場合

テイラーは、果敢にも、自己所有権をカントの議論から引き出そうとしている。[23]

テイラーによれば、カントは、ある人には彼自身の人格における人間性に対する責任があるので、彼は彼自身の主人（master）であることはできるが、彼自身の所有者（owner）であることはできないと考えていた。ゆえに、いかに合意があろうとも、どれほど自己利益になろうとも、彼自身における人間性の尊重と一貫しない行為は許されないと考えた。これが、自己所有権が許容しそうな行為（自殺、臓器売買、婚前交渉など）をカントが拒否していた理由である。尤も、カントは拒否したが、自己の主人であるという考えと、自己所有権という概念は、非常に近い。

そこで、テイラーは、カントの記述には反するが、カントと自己所有権を調和させることを考える。テイラーによれば、カントの主張は、〈彼自身を所有しているとは、「彼の好きなように彼自身を処分する」自由を意味しており、つまり、自愛（self-regarding）の義務の欠如を意味している〉と（ホーフェルド的に）書き直すことができる。しかし、自己所有権とはそのようなものではない、とテイラーは言う。というのも、権利とは付随する自由や、義務の欠如を意味しないからである。それゆえ、私には自殺する権利がある（＝あなたには妨害しない完全義務がある）が、自殺する自由はない（＝私には、完全だが、執行されない（unenforceable）、生き続ける自愛の義務がある）という事態は可能である。つまり、自愛の義務と自己所有権は一貫しないわけではない。

このように理解された「自己所有権」は、他人を物理的に妨害しない完全義務として理解される。完全義務にはこれに対応する権利が存在する。そうであれば、ここでいうカント的な自己所有権とは、（他人を）排除する権利（right of exclusion）であると考えられる。テイラーによれば、この権利は使用（use）の権利、移転（transfer）の権利を導くが、他人の移転の権能（power）と関係する労働収入（labor income）の権利は、自己所有権だけからは導かれない。しかし、少なくとも、これらの権利＝支配権（control rights）は自己所有権が最低限含んでいるべきものである。

たとえば、自己所有権は、妨害排除としての「自己防衛権」と、身体への対物的権能としての「自己支配権」に区別されるべきだという高橋の議論[24]は、発想としては、テイラーの議論に近い。尤も、全ての自殺が「人格における人間性」の否定であるとは限らず、むしろ、それを尊重すればこそ為される自殺も存在し得る、という議論も存在するので、人格における人間性の尊重が何を意味すると考えるかによって、結論は異なってくる[25]。

4　小括[26]

本節では自己所有権の基礎づけについて、いくつかの例を紹介してきた。道徳的直観やカント的原理は広い解釈の余地があるため、諸説紛々とすることは避けられない。しかし、当然ながら、自己の直観や解釈が独断との謗りを受けぬように、可能な限り詳細に説明することは必要である。そして、本節で紹介した議論が示唆する通り、自己所有権の正当化論の違いは、各論者の分配的正義の捉え方にも大きな影響を与えるはずである。たとえば、テイラーの議論は、一切の再分配を否定するような「自己所有権テーゼ」を導きそうにない。それゆえ、どのような内容の自己所有権を擁護するか、それをどのように導き出すか、ということは、自己所有権を正当化根拠としてリバタリアニズムを論じる際には、決定的に重要なのである。もちろん、ここで紹介した議論は、数多存在する正当化論のごく一部に過ぎない。しかし、自己所有権それ自体を十分に検討することの重要性は、示されたのではないか。

二　自己所有権と人格――自己所有権者はいかに存在するか

前節では、自己所有権がどのように基礎付けされ得るのかを検討した。一方で、自己所有権は（文字通り）その権利を自己に結びつけている。そこで、自己所有権の「自己」とは何なのかを検討する必要があるが、筆者の能力では、古今東西の「自己」にまつわる議論に見通しを付けることは不可能である。以下では、検討対象を自己所有権者の存在、自己所有権者と人格の関係に絞って、議論を進めていきたい。もし、自己所有権にマッチするような人格観が存在するのであれば、自己所有権論の展開に資するだろうし、仮に、相性の悪い人格観が存在するとすれば、（少なくとも、行論の戦略上）避けることが賢明だろう。

自己所有権について、それがどのような権利であるかについての議論の蓄積に比して、「自己」にまつわる問題が扱われることは少ないように思われる。(27) しかし、本稿で既に何度も登場している森村進は、自己所有権と人格の問題について、特に反直観性を指摘されやすい、臓器売買の正当化や自己奴隷化契約の拘束力の問題などと絡めて、議論を展開している。本節では、森村の議論を検討することを通して、自己所有権と人格の関係について論じていくことにする。

1　森村進の人格の「程度説」

森村は、パーフィット（Derek Parfit）の著書『理由と人格（*Reasons and Persons*）』の議論に強い影響を受け、人格について、還元主義（reductionism）的な立場を採用している。森村は『権利と人格』において、六〇ページ近い紙幅を割いて、人格について議論している。この著作は、森村が自己所有権を基礎とするリバタリアニズムに共鳴する以前のものだが、その立場は概ね維持されていると考えて良いだろう[28]。

森村は「個人主義は、時間的に継続する不変の統一的人格の存在を前提にしていることが多い[29]」と述べ、これに対する人格観を展開する。彼はパーフィットに沿って、心理的な連結性（connectedness：ある二つの時点の心理的状態が直接に記憶や欲求によって繋がっていること）と、継続性（continuity：複数の連結性がオーバーラップして、それらの強いつながりがあること）を説明し、この心理的連結性と継続性の程度の強弱によって考えられるものが「R関係」であるとする。森村はこのR関係の程度こそが人格の同一性の最も中心的な規準になると考えている[30]。彼自身の言葉によれば「程度説は権利の持ち主を時間を通じて統一された人格としてではなく、特定の時点における人格としてとらえる。そして時間的に異なる自己は、全くの他人ではないが、心理的な関係（R関係）がある程度でしか同一の人格として考えられるべきではないと主張する。このようにして程度説は将来の自己に現在の自己とは別個独立の権利を与えることができるから、今生きている人々の将来の状態があまりひどくならないように保証できる[31]」。

2 程度説と自己所有権の関係がもたらす実践的含意

森村は、程度説によれば、個人主義的・自由主義的な立場が反対するパターナリズムをある程度、正当化することができると考えている。通常、他人への危害を防止するための他者危害原理（harm principle）に比して、本人の判断に反して、本人の利益になるように強制を加えるパターナリズムは、個人主義的な立場には評判が悪い。しかし、森村によれば「人格が時間の経過と共に変化していく可能性を認めるならば、現在の本人の危険な行為によって未来の本人の重大な利益や自由が侵害される恐れが強く、しかもそれが現実になったならば未来の本人はその過去の行為を後悔するであろう場合には、その行動への介入が許される。ある程度現在の本人とは別人になる、未来の本人を守るための介入は加害原理に反しない[32]」。つまり、現在の自己にとって重要な程度において他人である、未来の自己の利益を守るために、現在の自己に何らかのパターナリスティックな介入が正当化されるのである。

また、森村は、このような介入を考慮する際の要素として、①将来の害の重要さ②将来の害の発生蓋然性③害を受けた際の後悔の蓋然性④現在と将来の人格の同一性の乏しさ⑤本人が問題の行為に与える価値⑥本人の行為の合理性を挙げている。基本的に、害の大きさ、人格の同一性の程度が問題にされていると考えて良いだろう。言い換えれば、害が大きいほど、人格の同一性が乏しくなっているほど、パターナリスティックな介入は正当化され易いのである。最近では、森村は、その害の程度について、「現在の行為が、実質的に他人になってしまうであろう将来の「自己」の基本権の侵害になる場合には禁止することが許されるが、単に将来の「自己」の利益を損なうにとどまる場合には禁止できない」として、さらに正当化の

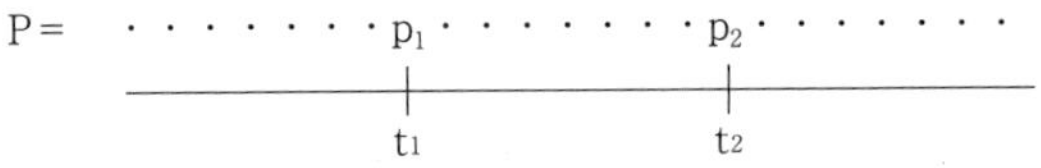

余地を限定的に考えていると思われる。[33]

この様な立場から、森村は、人格の同一性（R関係）を議論する前提である、自己所有権者が存在しなくなった後には、生前の所有物には何らの権限もないと考えることになるので、相続制度に反対する。[34] また、臓器売買については、提供者の生存を脅かすような程度のものを除いて、原則的には自由に売買されてよいと考えている。[35] そして、長期の自己奴隷化契約は、契約時の当事者と将来の当事者は、重要な意味において別人だと言えるから、禁止することができる、と考えている。[36]

3　程度説の検討――「パターナリズム」擁護の可能性から

自己所有権の議論も、R関係の程度による人格の同一性論も、かなりの程度、我々の第一感になじみ易いものである。確かに、ある人Pが、生まれたての赤ん坊のとき、成人したとき、死の間際にあるときは、重要な程度において、心理的に別人であろう。しかし、直観的に納得しやすい各々の議論同士の相性は、自己所有権の擁護者にとって、納得できるものなのだろうか。

もう一度、森村の人格の同一性論を考えてみよう。ある人Pとは、Pの生涯であるt_0からt_nまでの一連の繋がり、つまり、p_0からp_nまでをまとめたものである。人格の変化を考える際には、ある時点t_1における人格p_1が、将来のある時点t_2において人格p_2となる、というように考えることができる（上記図参照）。

このような人格理解において、森村はp_1の自己所有権の範囲での決定が、p_2に重大な害や、基本権の侵害をもたらす場合、そのような自己所有権の行使をやめさせることができる、と言っていることになる。しかし、これはパターナリズムなのだろうか。

森村の考えでは、自己所有権者の何らかの決定が、将来の自己の利益や権利を害する場合に考慮されるのは、害の大きさと、将来の自己がどれだけ重要な意味において他人であると言えるかである。もし、人格の同一性が他人と呼べるほどの変化をしていないのであれば、パターナリズムの正当化は失敗することになるはずである。そうであれば、このパターナリズム正当化論はp_1とp_2が重要な意味で他人であることを必要としているのであり、それは決して「本人p_1の利益」のための介入ではない。つまり、p_2の利益や権利を保護すべきであるという森村の議論は、パターナリズムではなく、他者危害原理によって正当化されていると考えるべきである。そして、そのことを森村も示唆している。[37]

しかし、そうであるとすれば、p_1とp_2を（程度の問題としてさえ）何らかの意味で同一人物だと見做すことは可能なのだろうか。つまり、森村の様な立場に立てば、p_1とp_2の関係は、少なくとも心理的には他人である。そして、森村は人格について、物理的なつながりではなく、心理的なつながりの程度（R関係）を問題にする。心理的に他人であると言えるp_1とp_2が、（少なくとも森村の人格観からは）偶さかに、同じ身体に現われたことで、それらを共にPの還元された要素であると考える必然性はあるのだろうか。このような、いわば「共に自己でありながら、心理的には他人である」ことが森村の心理的規準説から擁護可能なのだろうか。もはや、p_1とp_2は「赤の他人」なのではないか。

また、森村は自覚的に（心理的に）還元主義的な人格観、そして時点主義的な時間観を採用しており、それは恐らく三次元主義的な世界観[38]である。そうであれば、少なくともp_1の世界には、p_2は存在しないはずである。つまり、存在のレベルでも、p_1とp_2は他人である。このように、存在も、心理的な継続性も他人であるp_1とp_2が、それでも、Ｐなる存在の還元された一部として同定することができるのは何故なのか[39]、もはやp_1とp_2が繋がっているとは考えられないのではないか。

もし、この様な懐疑が筋の通ったものであれば、Ｐの一部と観念されるp_1とp_2との関係は、「別人」であるＱのt_1における一部と観念されるq_1とp_1との関係と、どう違うのだろうか。程度説から推測すれば、恐らく、心理的継続性の程度の違いである。しかし、右の議論からすれば、p_1とp_2の関係は継続性（continuity）というよりは、類似性（similarity）として捉える方が適当だろう[40]。そうだとすれば、p_1とp_2・q_1の同一性の程度は、後二者がどの程度p_1と心理的に類似しているのかによる。もし、p_2よりq_1の方がp_1に類似しているのであれば、q_1にも人格の同一性を考える余地がある[41]。

しかし、森村を含む我々の多くは、この結論はおかしい、と考えるだろう。森村は、人格の程度説を採ると「自他の区別は自己の時間的区別と類似してくる」ので、自他の境界が相対化するとは考えていたが、同時に、「自他の区別と同一人物の異なった時点の人格の区別とでは、画然たる相違がある」とも考えていた[42]。しかし、もし、程度説がこのような帰結に至るのであれば、自他の区別は、決定的には、意味を為さなくなり、ただ心理的な類似性の程度だけが、考慮される要素として残ることになるはずである。これは、自己所有権論者にとって受け入れ難い帰結であろう。

右では、森村のパターナリズムの正当化論を素材に、その人格観を検討してきた。本項では、程度説と自己所有権の相性について考えていきたい。

森村は前述の通り、程度説を採ることにより、将来の自己に、現在の自己とは別個独立の権利を与え、「現在の自己による専制」とでも言うべき事態を避けようとしている。しかし、別の自己が絶え間なく押し寄せ、存在の不確実な将来の自己が、現在の自己による自己所有権の行使を拘束するということは、いわば「将来の自己による支配」であって、それは自己所有権の擁護者が、その魅力を削いでまで許容すべきことなのだろうか。

また、自己所有権は、選択説的な色彩が濃い。多くのリバタリアンが麻薬使用の自由など、非道徳的・非合理的で自傷的とされる行為を許容しているのは、自由には利益に還元しつくされない価値があると考えているからである。それを自らの配慮によってではなく、強制的に将来の自己所有権者の利益とトレードオフさせるのは、自己所有権論を採る意義を減じている。

例えば、森村は自己奴隷化契約について「短期的な労働契約と違って、奴隷契約や長期的な労働契約の場合、契約をする当事者とそれによって将来拘束を受ける当人とは、ある意味では他人と言える可能性がある。なぜならその将来の人物は、奴隷契約を結んでしまったことを後悔して、重大な点で価値観が変わってしまっている可能性が強いからである。すると奴隷契約は、現在の契約者とは別人になってしまった将来の当人の基本的な自由を侵害するものだから、その禁止は正当化できる」[43]と考えている。これに対して、橋本努は「人格の根源的可変性と生理的直観に基づく自己所有権を認める立場からすれば、むしろ、自己奴隷化契約を認めるべきではないか。そしてこれを、いつでも低いコストで解約可能にすることが、一貫した論理になるのではないだろうか[44]」と批判している。森村はこの批判を認めるが、一方で自らの議論は修正せず、「この結論が首尾一貫しない妥協であるのか、それとも私が考えたいように自己所有権論と私の人格同一性論という原理のベクトルの和であるかは、読者の判断にお任せする[45]」としている。

しかし、自己奴隷化契約において、仮にそれが可能だとして、このような解約の主体や、後悔する主体を想定することが可能なのだろうか。Pの還元された一部としてp_1とp_2を考えると、t_1の時点で自己奴隷化契約を結んだPは、t_1以降に存在する可能性があったp_xが自己所有権者になることを放棄している。それにもかかわらず、なぜt_2になった途端に、自己所有権者p_2であることを回復できるのだろうか。p_1たるPは、自己奴隷化契約の時点で、自己所有権者であることをやめて、たとえばQの所有権の対象であるOになるのであり、なぜこの(O_2)が、自らの意思によってもう一度自己所有権者になること（＝解約）が可能なのか、また、その心理的状態（後悔）がp_1を拘束する理由になるのか、筆者には分からない。

あるいは、生理的直観型の自己所有権者になるには、種としてのヒトであることで、十分なのだろうか。つまり、ヒトであれば誰しも自己所有権者なのかもしれない。しかし、その場合、自己奴隷化契約では、ヒトであることまではやめられないので、自己所有権者であることもやめられないはずである。そうであれば、パターナリズムの問題どころか、自己奴隷化契約は、そもそも成立しない。自己奴隷化契約が問題になるのは、種としてのヒトであることとそれ自体とは別の、道徳的な地位の有無が問題になるからである。

そうであれば、解約や後悔の主体たるp_2であり得るかは、Oの道徳的地位の問題として考えなければならない。そして、Oは自己所有権者ではないから、O自身の意思如何で、自己所有権者p_2として扱われることはない。それは、Oの意思とは関係なく、Oの所有権を持つQの意思のみに依っていると考えるべきである。Oは快苦の配慮の対象ではあり続けるかもしれないが、自らの意思で自己所有権者に戻ることはできない。ゆえに、程度説を採っても、パターナリズムも、当事者による低コストでの解約も導かれないはずである。[46]

この自己奴隷化契約の不可逆性という事態は、自己所有権論者にとって致命的だと思われるかもしれないが、自己所有権を真摯に擁護するのであれば、自己奴隷化契約は認められるべきだという議論は、筋の通ったものである。それは森村も、賛成はしないが、その著書の中で、スタイナー（Hillel Steiner）の議論の一節を引いて認めている。

「私の自己所有権の付属物のいずれかあるいはすべてを放棄することが私の目的実現のために最善の方法であるかどうかは、私の目的がたまたま何であるかと、その実現のために他にどんな方法があるか――仮にそれがあるとして――とにかかっているに違いない。おそらく自己所有権の付属物の全てを軽々しく放棄する人はほとんどいないだろう。それゆえ自己所有権は、契約の自由の廃棄に対する防波堤であるのと同様に、非自発的奴隷化に対する防波堤、そして自発的自己奴隷化のパターナリスティックな防止に対する防波堤でもある[47]」。

個々人の生の目的や利益追求の別個性を尊重するのであれば、自己所有権は自己奴隷化契約を禁止しないだろうし、それが禁止されるべき事柄だと考えるべきでない。その選択肢は、本人にだけ開かれていると考えるべきである。自己所有権は、最大限の自由と共に、かように重い責任を自己所有権者に課している。

このような発想に立ち、自己所有権を擁護したいと考えるのであれば、直観的には受け入れにくいかもしれないが、非還元主義的な人格観を採用する理由がある。おそらく、自己所有権の擁護者は、過去・現在・未来を持つ人格、という擬制から自己所有権者を「解放」すべきではない[48]。

そしてそのことは、必ずしも、合理性などの理由で、各時点の自己について等しく配慮すべきである、という結論に至るわけではないだろう。時間選好の問題は、人格についての立場と、関係はするかもしれないが、決定まではしないはずである。

尤も、現在の筆者には、自らの人格観を十全に展開するだけの準備はない。それがどのようなものであるかについては、次の課題としたい。

5 小括

ここまで、森村の自己所有権と人格観の不調和とでも言うべきものを明らかにしたつもりだが、おそらく森村はそれを致命的な批判ではない、と考えるだろう。というのも、森村は自己所有権を中心にしつつも、自覚的に多元的アプローチを採用しているからである。しかし、それは自らを自己所有権リバタリアンだとする、「一応の看板」とどのような関係にあるのだろうか。前節で触れた直観の多元性もそうだが、森村の議論は「柱」が何なのか、明らかでない。尤も、戦略上、そのような立場をとることが許されないわけではない。スキャンロン（Thomas Scanlon）がロールズを評して言ったとされる「頸静脈が無い」という評価は、部分的には、森村にも当てはまるに違いない。そして、それゆえに膨大な批判を引き出し、議論が活性化されたのであれば、それは有益なことに違いない。尤も、批判者としては、隔靴掻痒の感を禁じえないのではあるが。

おわりに

本稿で扱った問題は、自己所有権論者にとって、決して些末な問題ではないだろう。どのような権利を、どのような理由付けで正当化するのか、また、どのような存在として人格を捉えるのか、という問題は自己所有権を扱うからには、決して無視できない。そして、その含意は道徳的見解と密接に係わっているはずである。[49]尤も、この問題について、本稿がどの程度のことを為し得たのかは、心許ない。しかし、自己所有権論の側面に、常にこのような問題が付き纏っている、ということを示すことができていれば、本稿は、その役割を十全に果たしたことになる。

●注

（1）アスキュー（一九九四）第一章第二節。
（2）他のアプローチについての筆者の評価は、福原（二〇一二）から大きく変化していないので、そちらを参照されたい。
（3）森村（一九九五）p.19.
（4）Nozick (1974) 邦訳 p.i.
（5）Cohen (1995) 邦訳 p.95.
（6）Narveson (1988) p.66.
（7）橋本祐子（二〇一〇）p.148. 尤も、橋本は、この見解のすぐ後で、ノージックの権利論について、その中心が、意味ある生（meaningful life）にあると結論している。これは（漠然としている上、ノージックの意図した帰結を導くか分からないが）ノージックの想定した自己所有権者の地位を導き出すための人間観の適示であろう。そして、橋本もそれが自己所有権の根拠になっていると述べている（ibid.p.150）。橋本の評価では、ノージックは必要のないことまでフォローした、ということなのだろうか。

（8）もちろん、誰が最も良く、ある人の利益を促進できるのかについての問題は、考慮されるべきである。但し、現在では、情報技術の進歩などにより、本人が最良の判断者であることは当然だ、とは言えなくなってきている。参照、大屋（二〇一〇）。
（9）米村（二〇一〇）pp.96-97.
（10）Nozick（1974）邦訳 p.ix.
（11）ランド（Ayn Rand）、ノージック、ロマスキー（Loren Lomasky）については、橋本祐子（二〇一〇）pp.145-153が検討しているので、扱わない。
（12）橋本努（二〇〇五）p.21. 後者の代表だと思われるJohn Christman の議論は、稿を改めて扱う予定である。
（13）森村（二〇〇一）pp.47-51.
（14）高橋（二〇〇五）p.81.
（15）森村（二〇〇六）pp.426-427.
（16）ibid. p.427.
（17）森村（一九九五）pp.91-92は、最低限の生存権が、労働所有権に優先する根拠を、Lockeの「慈悲（charity）」の擁護や、Nozickが個人の権利は壊滅的な道徳上の惨事を避けるためには侵してもよい、と考えたことに求めているが、何故これに倣うべきなのかについては、示していない。
（18）森村（二〇〇六）p.428.
（19）Nozick（1974）邦訳 p.48.
（20）Kant（1785）邦訳 p.75.
（21）以下、Feser（2004）pp.29-54を参照。
（22）ibid. pp.32-36において、フィザーは自己所有権を、強い直観適合性と、奴隷（我々が、幸福な奴隷ですら許されないと感じるのは、その人自身以外の人が、その人を所有することは許されないと考えているからだ）や眼球くじの反直観性、また、人格の別個性に訴えて正当化している。
（23）以下、Taylor（2004），（2005）を参照。
（24）高橋（二〇〇五）pp.79-81. この議論に対する森村の応答は、「両者は同一の規範的事態を別々の側面から見たものだから表裏一体」というものである。森村（二〇〇六）pp.424-426.
（25）寺田（二〇〇一）参照。

（26）紹介できなかったが、Michael Otsuka (2011) "Are deontological constraints irrational?" in Ralf M. Bader and John Meadowcroft (ed.), *The Cambridge Companion to Nozick's Anarchy, State and Utopia*, Cambridge U.P. はノージックの権利をいかに捉えるかを考える上で示唆的である。
（27）Feser（2005）はこの問題に自覚的に取り組んでいる。
（28）管見の限り、人格について論じた著作の最新作である、森村（二〇一〇）においても、大きな違いを見て取ることはできなかった。
（29）森村（一九八九）p.76.
（30）森村（一九八九）pp.77-89.
（31）ibid.pp.131-132. 強調は福原。
（32）ibid.p.109.
（33）森村（二〇〇六）pp.425-426.
（34）森村（二〇〇七）参照。
（35）森村（二〇〇六）p.426. また、同（二〇〇一）pp.54-55.
（36）森村（二〇〇一）p.55.
（37）森村（一九八九）p.93.
（38）少なくとも、森村（二〇〇九）p.51では「ある時点での人々の状態が関心事であるときは三次元主義がふさわし」い、としている。
（39）森村は、我々は通常、過去の自己と心理的に結びついており、将来の自己を配慮している、と言うかもしれない。しかし、森村の世界観では、現在の自己が、「心理的に結びついている」と考えている過去の自己も、配慮している将来の自己も、現在の自己とは別人であると考えることになるはずである。おそらく、「現在の自己が将来の自己を配慮している」とは、心理的な継続性ではなく、あくまで現在の自己内における自己の将来への関心の持ち方を表現しているのである。
（40）p_1とp_2の類似性が観念可能なのか、誰がp_1とp_2を同時に観察可能なのかは、措いておく。
（41）このような発想のもとに、愛着と配慮の対象の問題として、同一人物内の異時点間の関係と異個人間の関係をアナロジカルに捉える発想として、安藤（二〇〇七）第8章。また、同（二〇一〇）pp.139-142. も参照。
（42）森村（一九八九）pp.126-128. もし、この議論が成功しているとすると、森村の最低限の生存権の保障という直観は、

①将来の自己を保存するようにも義務付けるのだろうか（ex. 貯蓄の義務？．）。また、②この直観と衝突する将来の自己の生存の為にならば、現在の他人を見捨ててもよい、という結論を導かないのだろうか。

（43） 森村（二〇〇一）pp.61-62.

（44） 橋本努（二〇〇五）pp.26-27.

（45） 森村（二〇〇六）p.464.

（46） もちろん、解約の条件や、定期的な契約の見直しなどを内容に含む契約を当事者が結ぶことは妨げられない。

（47） Steiner（1994）pp.232-233, n.5. 訳は、森村の意図を明らかにするために、森村（二〇〇一）pp.58-59に従った。

（48） 大屋（二〇一〇）は人格と自由や幸福の関係を緻密に議論しており、有益である。また、還元主義的な人格観を批判し、非還元主義的な議論を展開するものとして、Searle（2001）ch.3、同（2004）ch.11も有益である。

（49） 森村（二〇〇九）p.50.

●参考文献

アスキュー・デイヴィッド（一九九四）「リバタリアニズム研究序説——最小国家論と無政府資本主義の論争をめぐって（一）」法学論叢、第一三五巻六号

安藤馨（二〇〇七）『統治と功利』勁草書房

——（二〇一〇）「評者への応答」『リスク社会と法　法哲学年報２００９』有斐閣

大屋雄裕（二〇一〇）「自由か幸福か、あるいは自由という幸福か」加藤秀一編『自由への問い８　生：生存・生き方・生命』岩波書店

高橋文彦（二〇〇五）「自己・所有・身体－私の体は私のものか？－」森田成満（編）『法と身体』国際書院

寺田俊郎（二〇〇一）「カントと自己決定の問題」『自我の探究』現代カント研究８、晃洋書房

橋本努（二〇〇五）「自己所有権型リバタリアニズムの批判的検討」『法哲学年報２００４リバタリアニズムと法理論』有斐閣

橋本祐子（二〇一〇）「リバタリアニズムの自由論」仲正昌樹編『近代法とその限界』叢書・アレテイア11、御茶の水書房

福原明雄（二〇一二）「リバタリアニズムの原理的再編成に向けての一試論（一）」法学会雑誌、第五二巻二号

森村進（一九八九）『権利と人格』創文社

――（一九九五）『財産権の理論』弘文堂

――（二〇〇一）『自由はどこまで可能か　リバタリアニズム入門』講談社現代新書

――（二〇〇六）「自己所有権論の擁護－批判者に答える－」一橋法学、第五巻二号

――（二〇〇七）「リバタリアンな相続税」一橋法学、第六巻三号

――（二〇〇九）「個人はいかにして存在するか」井上達夫編『社会／公共性の哲学』（岩波講座哲学10）岩波書店

――（二〇一〇）「ウィリアム・ハズリットの人格同一性論」人文・自然研究 第四巻

米村幸太郎（二〇一〇）「自然権なしに人権は存在し得るか」井上達夫編『人権論の再構築』法律文化社

Cohen, G.A.（1995）*Self-Ownership, Freedom, and Equality*, Cambridge U.P.（松井暁・中村宗之訳（二〇〇五）『自己所有権・自由・平等』青木書店）

Feser, Edward（2004）*On Nozick*, Wadsworth

――（2005）"Personal Identity and Self-ownership", *Social Philosophy and Policy*, vol.22, issue2

Kant, Immanuel（1785）*Grundlegung zug Metaphysik der Sitten*（深作守文訳（一九六五）「人倫の形而上学の基礎づけ」『カント全集7』理想社）

Narveson, Jan（1988）*The Libertarian Idea*, Temple University Press

Nozick, Robert（1974）*Anarchy, State and Utopia*, Basic Books Inc.（嶋津格訳（一九八五）『アナーキー・国家・ユートピア』木鐸社）

Searle, John R.（2001）*Rationality in Action*, The MIT Press（塩野直之訳（二〇〇八）『行為と合理性』勁草書房）

――（2004）*Mind: A Brief Introduction*, Oxford U.P.（山本貴光・吉川浩満訳（二〇〇六）『マインド－心の哲学』朝日出版社）

Steiner, Hillel（1994）*An Essay on Rights*, Blackwell

Taylor, Robert S.（2004）"A Kantian Defense of Self-ownership", *The Journal of Political Philosophy*, vol.12, no.1

――（2005）"Self-ownership and the Limits of Libertarianism", *Social Theory and Practice*, vol.31, no.4

第七章　労働と所有の主体
――身体ある存在の危うさと弱さについて

今村健一郎

一　所有論における身体

哲学において「労働と所有」というフレーズが与えられたときに、真っ先に思い浮かぶのは、まず間違いなくジョン・ロックの名前であり、彼が提唱する労働所有論であろう。「労働と所有」の問題は、無論ロック固有のものではないのだが、労働と所有の主体について考えるにあたり、ロックから出発するというのは、とてもふさわしいことであろう。ロックはその著名な労働所有論を次のように述べている。

「大地と全ての下級の被造物は全ての人びとの共有物であるが、しかし各人は自分自身のパースンに対する所有権をもっている。これに対しては、本人以外のだれも何の権利ももっていない。彼の身体の労働と彼の手の働きは、固有に彼のものであると言ってよい。そこで、自然が準備し、そのままに放置しておいた状態から彼が取り去るものは何であれ、彼はこれに自分の労働を混合し、それに自分自身のものである何かを付け加え、それによってそれを自分の所有物とするのである。……この労働は疑いようもなく労働をした者の所有物であるのだから、ひとたび労働が付け加えられたものに対しては、彼以外のだれも何の権利ももちえない……。」(Locke［1960］: 287-288,『統治論』第二論文第二七節)

各人は自分自身のパースンに対する所有権をもっている。だから、彼の身体の労働はまさしく彼の所有である。彼は無主物に労働を加えることで、それに自分自身のものであるパースンに対する所有権を付加し、そうすることでその無主物を自分の所有物とする。素直に読むかぎり、ここでは「パースンに対する所有権の外的事物への拡張」が、外的事物に対する所有権獲得の正当化の根拠となっている。労働によって、各人が最初にもっているパースンに対する所有権が無主物へと拡張されるのである。

では、パースンとは何か?『人間知性論』でのロックは、パースンを哲学用語として用いおり、それには「人格」という訳語があてられる。そこでの「人格」とは、「法を理解できて、幸・不幸になりうる知性ある行為者にのみ属する」ものである(Locke［1975］: 346)。ロックの労働所有論におけるパースンとは、そのような「人格」であるというのが、ひとつの解釈である(Yolton: 189-190; Waldron: 177-183; 一ノ瀬: 195-222)。所有権とは法的な概念であり、それはまた、人の利害に関わる事柄なのだから、法を理解できたり、幸・不幸を感じられたりすること、すなわち、「人格」をもっていることは、たしかに、所有の主体にとってふさわしいことであり、必要なことでもあろう。これに対して、『知性論』とは違って、『統治論』では、パースンはもっぱら所有の客体として登場するのであり、『統治論』にはパースンを明らかに「身体」の意味で用いている箇所があるのだから（たとえば、第一論文第九節）、労働所有論におけるパースンは「身体」の意であるというのが、もうひとつの解釈である（下川：94; 森村：253）。加えて、ロックは各人のパースン所有権を説いた後で、「彼の身体の労働と彼の手の働きは、固有に彼のものである」と言っているのだから、パースン所有権は「身体」所有権を意味していると解するのが自然であるとも思われる。

この解釈の対立にここで深入りするつもりはない。ただ、自明なのは、労働へと赴く際の人とは身体を備えた存在でなくてはならないということである。よって、労働に所有の根拠を求める議論においては、身体が起点となる。それと共に、身体を行使しつつ営まれる労働が所有の根拠となるのであれば、人は自分の身体に対して、所有権のような排他的権利を有していなくてはならないであろう。このことを知るには、奴隷について考えてみればよい。自分の身体に対する権利を自分ではなく主人という他者に所有されている奴隷にあっては、彼の労働の成果は、彼本人ではなく、彼を所有する主人に帰することになる。このように素朴に考えるならば、所有主体は、労働による外的事物の所有に先立って、自分の身体を所有していなくてはならないように思われる。

「自分の身体の所有」について、ヘーゲルは次のように述べている。曰く、「人格として、私は同時に私の生命と身体を、他の事物と同じように、もっており、ただそれが私の意志であるかぎりにおいて、そうなのである。……私はこの四肢を、生命を、ただ私が意志するかぎりにおいてのみ、もっている。動物は自分で自分を不具にしたり殺したりできない。しかし人間はできる」と（Hegel: 110-111）。ヘーゲルにおける「自分の身体の所有」に関して、加藤尚武は次のような解説を与えている。

「私が私の身体を占有して、私が心身分離を克服する。身体が私に固有の身体となる。その身体を用いて私は土地を囲い込む。土地が私の財産となる。その土地を利用して、羊を飼う。羊毛が私の生産物となる。根源的な占有は自分の身体の占有である。根源的な労働は、自分の身体の精神化である。」（加藤 :70-71）

やはり、身体の所有が外的事物の所有に先立っている。まず「私」がいて、その「私」が「私の身体」を所有する。その根源的な労働の後に、労働による外的事物の所有が続く。だがしかし、「自分自身」という言葉に示されているように、「私の身体」は私の所有物であるというよりも、むしろ端的に「私自身」なのではないか。ヘーゲルは、「自分の身体の所有」を語った先の引用箇所の直前で、「人格として、私は自身が直接的な個別者である。このことを、そのさらなる規定で言うならば、まず、私はこの有機的身体において生きており、その身体は、内容に従うならば普遍的で不可分で外的な私の現存在である……」とも言っている。私は一個の身体において生きており、その身体は私の現存在であると、つまりは、私は私の身体であると言っているのである。

ここでわれわれは、私は私の身体を所有するのか、それとも、私は私の身体であるのか、という問いに行き当たる。輸血や臓器移植の事例のように、私の身体を私の所有物として語りうる場面が確かに存在する。だから、私は私の身体を所有しているように思える。しかし、私の在処は常に私の身体であり、私は私の身体と離れたどこかに存在することはできない。すると今度は、私は私の身体に他ならないと思えてくる。身体は私の所有物なのか、それとも私の存在そのものであるのか？思い出されるのは、「身体性は存在と所有の境界領域である」という有名なマルセルの言葉である（Marcel: 119）。身体は、存在と所有の間にあるという点で謎めいている。それでいて哲学的所有論における起点としての枢要な位置を占めている。身体は、いわば所有論における急所である。

二　身体所有権の拡張に訴えた所有権正当化論

「身体所有権の外的事物への拡張」というアイデアを用いて労働による所有を正当化する議論につきまとう難点の第一は、その「拡張」の起点となる身体の所有はいかにして可能かという問題である。外的事物とは違い、身体はわれわれの労働によって獲得されたわけではない。ヘーゲルは「動物と違って、人間だけが自分の身体をあえてもつということを意志しうる」と言うのだが、この発言も直ちに説得力を生み出すものではない。所有には確かにその対象を欲する意志が必要であろう。しかし、当然のことだが、一般にある対象を欲するだけではその対象の所有は成就しない。

難点の第二は、「拡張」はどこで止まるのかという問題である。自分が労働を加えた対象や労働の成果を、何らかの意味で自分の身体の延長と見なすことが仮に可能であったとしても、その延長はどこまで及び、どこで止まるのか、ということが決められない。これに対しては、宇宙飛行士が火星に行ってその土地の一部を整地することで彼の所有に帰するのは、整地された部分だけなのか、火星全体なのか、それとも住人のいない宇宙全体なのか、というノージックによる有名な指摘が存在する（Nozick: 174）。あるいは反対に、自分の身体の延長と見なしうる所有物の範囲は、実はそれほど広くなく、われわれが実際に所有している事物の一部にすぎないという指摘も可能であろう。たとえば、ある者が投機目的で不動産を購入した場合、その者がその不動産に対して、自分の身体に対するのと同様の愛着を抱いたり、あるいは、それを自分の身体の一部と見なしたりするとは思えない[1]。身体の所有を議論の起点とすることによって、われわれはこうした数々の難点を抱え込むことになってしまう。

これらの難点を回避しうるという点で、コンヴェンションに訴えるヒュームの所有論は優れている。人びとがみな等しく「奪われないことから得られる利益の方が、奪うことから得られる利益よりも勝る」と思うようになるならば、互いに他者の所持物に手出しをしないという行動が人びとの間に次第に普及し、やがてそれが人びとの間での規則的な行動となる。すると、他者の所持物への干渉は不正であるという道徳的観念、すなわち所有の観念が直ちに生じてくることになる。所有論の起点を身体に置かないということで、ヒュームは身体の所有にまつわる難点を回避しえている。

素朴に考えるならば、われわれにとっての所有物とは、第一義的には消費財や生産財などの外的事物である。最初にそれら外的事物に関する所有の語りが生じて、しかる後に、各人の身体に関しても所有が語られるようになったというのが、実際の順序であろう。身体から外的事物へと向かう所有論は、この順序に反しているという点で倒錯している。まず「私」なるものが存在し、その「私」が「私の身体」を所有し、しかる後に、その身体を用いて労働へと赴き外的事物を所有する。「人格としての私」はまず身体を所有し、次に私はその身体を用いた労働によって土地を所有するというヘーゲル＝加藤の議論は、そこだけを読むかぎりでは、倒錯していると言わざるをえない。

輸血や臓器移植など、身体の所有が語りうる場面は確かに存在する。しかし、それは身体の限られた一部分だけのことであり、身体を外的事物のようにまるごとやりもらいすることなど不可能である。身体における所有の語りは限定的であり、それは外的事物の所有の語りに依存ないしは寄生した語りでしかなく、その意味で不健全な語りである。この点、所有の対象の要件として移転可能性を指摘するヒュームは健全であると言える。

だが、身体に関する所有の語りが、すでに述べた意味で不健全であったとしても、それでもやはり、われわれには「自分の身体は自分だけのものである」という極めて強固な信念が存在する。この信念を生み出すのは、自分と自分の身体の間には密接な関係があるという事実——自分の身体は自分の意志に従って動かせる、自分の身体の損傷は自分だけに苦痛として感じられる——である。森村によれば、この事実は、各人の自分の身体に対する所有権を論理的に正当化するものではないが、それに対する信念の原因であることには間違いないのであるから、「あなたもそれを信じているではないか」と気付かせることによってこの信念は正当化可能であるという（森村：40-41, なお同趣旨の議論として、Cohen: 71）。身体所有権の正当化論として、これ以上の説得力を有する議論を見出すことは容易ではない。おそらくこれが最良のものであろう。

だが、この最良の議論とて、反論の余地がないわけでは決してない。人がどのような身体を備えて生れ出るのかは、その人本人にはどうすることもできない偶然事である。そして、そのような身体を用いた労働の成果は人ごとに異ならざるをえない。すると、労働所有論からは、本人の責に帰しえない不平等な所有が帰結することになる。マルクスの言葉を借りるならば、「それは、労働者の不平等で個人的な才能を、それゆえにまた、［そのような不平等な］生産能力を自然な特権として認めることである」（Marx: 21）。ロールズならば、このような特権を認めることを不正と見なすだろう。ロールズは、その正義論の中で、彼が「自然的自由の体系」と呼ぶ社会システム——そこでは職業が才能に対して開かれている——を検討している。自然的自由の体系においては、「収入と富の現在の分配は、それに先立つ自然資産、すなわち生来の才能や能力の累積的な結果」として現れる。このことに対してロールズは、「道徳的観点からはとても恣意的なこれらの要因［生来の才能や能力］によって分配による取り分が不当に影響を受けることを認めてしまう」のは、直観的に言って、「最も明白な不正義」であると述べている（Rawls: 72）。このロールズの直観が果たして万人に共有されうるものであるのか疑問なしとしないが、しかしこれが、「自分の身体（とそれが生み出した成果）は自分だけのものである」という信念に対するひとつの反論になりうるということは認めてもいいだろう。

三　マルセル——所有はわれわれを貪食する

身体を所有物と見なすことの困難の第一は道徳理論上のものであった。身体は外的事物とは違い、労働によって獲得されたものではない。困難の第二は事実上のものであった。身体は外的事物とは違い、容易に移転可能ではない。これらに加わる困難の第三として、心理的な抵抗感を指摘することができるだろう。身体を所有物と見なすことにわれわれは抵抗感を抱く。臓器売買が多くの国々で禁止されている理由のひとつは、この心理的な抵抗感であろう。では、身体の所有化はわれわれの道徳心理にどのように影響を及ぼすのだろうか。これについてはガブリエル・マルセルの思索が多くのことを教えてくれる。本節では、『存在と所有』に綴られた彼の言葉を拾い上げながら、所有化一般および身体の所有化がわれわれの道徳心理に及ぼす影響について考えることにしたい。その考察を経て、単なる「所有」を超えた「所有主体」としての存在をいかにして確保すべきかという問題が浮上してくることになるだろう。

1　所有化による主体性の侵蝕と喪失

そもそも所有化、すなわち、かつては所有の対象と見なされなかったものが所有の対象と見なされるようになることは、あらゆる物事に関して生じてきたし、また、生じつつある。それはなにも身体に関してのみ生じている出来事ではない。所有化された電気や所有化されつつある情報のことを考えるならば、このことは直ちに了解されよう。われわれの生活上有用なものは、総じて所有化される傾向にある。

さらに進んで、われわれは自分たちの思考や感情ですら、ある種の「持ち物」であるかのように考え語る傾向にある。「穏健な思想をもっている」とか「ひそかな悪意を抱いている」といった表現は、こうした観念や言葉のレベルでの所有化を反映している。あらゆる物事を「持ち物」と見なすということは、われわれ自身ですら、われわれは「持ち物」として語る。有形・無形の財だけでなく、思考や感情などの心的状態ですら、われわれ自身をそれらの物事の「持ち主」と見なすということでもある。富裕な人物を特徴付ける「お金持ち」という表現がその好例である。われわれは「自然的な生活の傾向として、自分を自分の持つものと同一視する傾きがある」(Marcel: 122)。

人を彼がもつものと同一視し、人を持ち主として特徴付け語ることは、マルセルの言うように、われわれの自然な傾向であろうから、それはきっと避けられないことなのであろう。だが、容易に予想されることだが、人をその持ち物によって特徴付けることが甚だしくなるにつれて、持ち主であるその人自身の内実は貧困化していく。所有は持ち主の存在を次第に蝕んでいき、かくして「存在論的なカテゴリーは消滅する傾向にある」(*loc. cit.*)。「私たちの所有物が私たちをむさぼり食う」のである(Marcel: 221)。あるいはこうも言えるだろう、所有すること(possess)は取り憑かれること(be possessed)でもあるのだ、と。「お金持ち」は、お金に取り憑かれることで「守銭奴」に転じうる。マルセルは、観念や信念もまた、場合によっては、その持ち主に取り憑くことがあると指摘する。「私が私自身の観念あるいは信念さえも、何か私に属するものとして取り扱う」ことによって、場合によっては、それらが「私の上に専制的な支配力を及ぼすようになる」ことがある。ここにあらゆる形態の熱狂(fanatisme)の原理があるとマルセルは言う(Marcel: 242)。

所有化は一般に持ち主の主体性を脅かしうる。では、身体の所有化については、どうだろうか。

「もつことは、それ自体で本質的に、持ち主に影響を与えるものである。全く抽象的で観念的な仕方による以外に、それは決して、その持ち主が自由に処理できるものになってしまうことはない。常に一種の反動があるのだが、これが最も明確になるのは、私の身体か、私の身体の延長ないしはその能力を倍加するものである道具の場合である。」(Marcel: 238)。

所有化の影響は、身体の場合においてこそ、最も明確になるとマルセルは言う。この箇所でマルセルは、身体と共に、それの延長としての道具について言及している。そこでまず、道具から考えてみよう。道具一般は、われわれが自由に使うことができるものとして、（そしてまた、われわれの自由を拡大してくれるものとして）期待され所有される。このように、何かを所有するということは、それを自由にできるということと結びついている。「もつことは、ある意味で自由に処理すること」なのである（Marcel: 217）。その道具を自由にし、あるいは、自由にすることを可能にするのは、身体を備えたわれわれである。しかしわれわれは、さらに進んで、道具を自由にすることを可能にしている身体をも、自由にできる道具と見なそうとする。というのも、道具を「私の身体の延長」と見なすということは、翻って、私の身体を道具と見なすということでもあるからだ。そこでマルセルは言う、「私が私と私の身体の関係を私と私の道具の関係からのアナロジーで考えることから困難が生じる――しかし実際には、後者［道具］が前者［身体］を前提するのである」と（Marcel: 15）。

では、その困難とは何か。われわれは自分の道具を自由にすることを可能にしている自分の身体をも、自分の道具のひとつと見なして自由にしようとする。しかし、その身体は決して自由にできないものである――マルセルはこれを「不随性」（indisponibilité）と呼ぶ。この点にこそ、マルセルの言う困難は存する。しかし、これに対しては、「だが、われわれは自分の身体を自由に動かすことができるではないか」という反論が直ちに提起されるであろう。この反論に対し、マルセルは次のように答える。

「たとえば、私は私が動き回る範囲で私の身体を自由にする、と反論したくなるだろうか？しかし、別の意味では、そしてその同じ範囲で、私は私の身体に頼っていて、私の身体に依存しているということは明白である。」（Marcel: 120）

私が私の身体を自由に動かすとき、私は私の身体によって私の身体を自由に動かしているのである。言い換えるならば、私が私の身体を自由に動かすとき、私は私の身体に依存しつつ、そうしているのである。この私の身体への依存を抜きにして、私は私の身体を自由にすることはできない。ここには、私と私の身体の、いわば有機的な結合がある。

「あらゆる所有はある仕方で、私の身体、すなわち、それ自体が絶対的な〝所有〟であり、まさにそのことによって、いかなる意味においても〝所有〟であることを止めるものによって定義される。もつことは、［持つ物を］自由にすることができるということ、［持つ物に］対して力をもっているということである。この自由にすること、ないしはこの力は、常に有機体の介在を含んでおり、その有機体とはすなわち、まさにそれによって、私がそれを自由にできるとは言えなくなるようなものであるということは明らかだと思われる。不随性の形而上学的神秘は、私が事物を自由にすることを可能にするものを私が実際に自由にすることができないということに本質的に存するのかもしれない。」(Marcel: 119-120)

自由の可能性の条件自体は自由にならないのであり、われわれはそれに依存しなくてはならない。私と私の身体の間には、こうした有機的で不可分な結合がある。にもかかわらず、今日の医療技術の進展などを見ると、われわれは身体の道具化・所有化の方向へと向かいつつあるように思われてくる。では、その向かう先には何が待ち受けているのだろうか。

「『私は私の身体か?』という問いは、『私は私の生命か?』という問いに置き換える必要があるということが今朝はっきりと分かった。動かなくなった私の身体は私の死体でしかない。私の死体は本質的に私ではないものであり、私ではありえないものである……。しかし、私は身体をもっていると言うとき、私は実際、ある仕方で、その身体を動かないものにし、非生命化(dévitaliser)しようとしているのは明らかである。もつということは、常にある程度、それが奴隷化の発生に対応するのと正確に見合った仕方で、この種の非生命化を含意しているのではないだろうか。」(Marcel: 126-127)

道具は生命をもたない。それゆえ、身体の道具化・所有化は、身体の非生命化を含意する。「私」と「私の身体」との不可分な結合を考えるならば、これは「私」の非生命化ないしは死であり、主体性の喪失である。他者によって身体をまるごと所有されている奴隷はまさにその状態にある。自殺もまた、その一例であろう。というのも、自殺とは、自分の身体を道具ないしは所有物と見なし、それを処分・放棄することに他ならないからである。所有化は一般にわれわれを「むさぼり食う」。だが、所有化の影響は身体の所有化においてこそ、明確な仕方で現れる。身体の所有化は、われわれを食いあらし、その主体性を蝕むことを超えて、主体性の消去にまで至りうるのである。身体の所有化に対する抵抗感は、この主体性の侵蝕・消去に対する心理的な反応であるに違いない。

2　主体性・存在・生命

所有化は、外的事物のみならず、人が抱く観念や感情などの心的状態にも及びうる。よって、所有化の進行は「持ち主」である主体の貧困化の進行となりうる。また、所有化とは、すなわち、何かを生命をもたない「モノ」とみなし、非生命化することでもあるのだから、私の身体の所有化の進行は、私と私の身体の不可分な結合のゆえに、主体としての私の「モノ」化ないしは非生命化の進行を意味する。しかし、私が「モノ」と化すならば、私はもはや「モノ」を所有することができない。というのも、同一平面上にある「モノ」同士は、「もつ・もたれる」の関係に立つことができないからである。だから、所有が成立するためには、主体は「持ち主」として対象を超えていなくてはならない。「もつことについて語りうるのは、ある対象（quid）が、固有性と把握の中心として扱われる、ある程度超越的な、ある主体（qui）に関係付けられる場合だけ」なのである（Marcel: 219）。主体は「持ち主」として、だれかの「所有」であることや、単なる「モノ」であることを超えた、「存在」・「生命」でなくてはならない。ここに、「主体性」と「存在」と「生命」が結びつくことになる。主体性・存在・生命と所有との関係について、マルセルは次のように述べる。

「私はさっき、われわれの所有物はわれわれをむさぼり食うと言った。奇妙なことに、それ自体生気のない対象に向き合うわれわれが、それ以上に生気がない場合にこそ、このことは真なのであって、われわれがより生き生きと能動的にあるものと結び付けられ、そのあるものが、質料そのもの、すなわち、人格的な創造によって絶えず新しくされていく質料のようになる場合には、このことは偽なのである。」

（Marcel: 241）

所有主体たるべきわれわれが生気を失っているとき、所有はわれわれの存在を貪食する。しかし反対に、われわれが生気に満ち、能動的・創造的であるとき、「所有は、もはや無に帰することはなく、むしろ昇華し存在へと転じる」。そのような事例としてマルセルは、栽培家の庭、開発者の農園、音楽家の楽器、科学者の実験室などを挙げる（*loc. cit.*）。

われわれは人を「持ち主」として、すなわち、財産や心的状態を所有する主体として特徴付ける。それと同じように、われわれは、事物を「述語や性質を所有する主体」として特徴付けるようになる（Marcel: 244）。しかし、「特徴付けが諸性質を並べて数え上げることに存するかぎり、それは全く外的でまやかしの操作であり、いずれにせよ、われわれが特徴付けようとしている実在の内部にわれわれが入り込むのを、少しも許すものではない」（Marcel: 245）。事物が所有する性質をいくら数え上げても、その事物の実在ないし存在には決して届かない。マルセルはそこからさらに、神の認識にも言及する。神の属性の教説は「存在そのもの」（l'Etre）ないし「絶対的存在」（l'Etre absolu）としての神には達しえず、「神に関して私が抱く全ての観念は、その現存の抽象的な表現、ないしは知性化でしかない」（Marcel: 247-248）。

しかし、事物や神の認識は本章におけるわれわれの問題ではない。われわれの問題はあくまでも労働と所有の主体の問題であり、目下の関心は所有化による主体性の喪失である。所有化の進行は主体性の喪失という心理的な影響をわれわれに及ぼす。この影響は単に心理的な次元にとどまるのではなく、われわれの実践に対しても及びゆく。労働による疎外はその古い一例であろう。ある者が、労働を切り売りする単なる労働の所有者と見なされ、あるいは自らをそう見なすとき、その者は労働生産物と同じ平面に立つ「モノ」と化し、その主体性は失われる。問題は、いかにして単なる「所有」を超えた「存在」として主体性を確保するかである。

四　レヴィナス――「手」の働き

われわれは身体ある者として労働へと赴き、その労働によって所有を獲得する。この「労働による所有」においては、所有する主体から所有される対象へと向かう方向性が確保されなくてはならない。だが、身体を外的事物と同列のものとして所有化・モノ化するならば、それによってこの方向性の確保は危ういものとなってしまう。というのも、われわれの身体のモノ化は、それと不可分に結合しているわれわれのモノ化、そして主体性の喪失へと至りかねないからである。「労働による所有」を身体所有権の外的事物への拡張として正当化するという方途には、こうした危うさが付きまとっている。しかし他方で、われわれの労働には身体の介在が不可欠であるということ、そして、ある者が労働によって価値を生み出した場合、その価値はその労働を行った当人の所有に帰すべきであるという強固な信念がわれわれにはあるということ、これらのことに間違いはない。そしてまた、身体を所有物と見なすのを全くやめてしまうというのも、実際には難しいことであろう。だとするならば、労働による所有を身体所有権の拡張として正当化するという方途を完全に放棄してしまうのではなく、むしろそれをより受容可能なものへと仕立ててあげるよう努めるべきなのかもしれない。本章第1項で触れたように、この正当化論にはさまざまな難点があるのだが、それでもなお、この議論が相当の説得力を備えているということは認めるべきである。

「身体所有権の拡張」について再度考えてみよう。このアイデアは、労働によって身体から労働対象へと所有権が滲出していくというイメージをわれわれに与える。しかし、このイメージは単なる粗雑なメタファーでしかない。身体を介した労働に対しては、もっと精緻なイメージが求められるべきである。そこで着目されるのが、労働において主要な器官となる「手」である。ロックはその労働所有論において「身体の労働」と並んで「手の働き」に言及していた。アーレントはこれを、奴隷による肉体を用いた「労働」(labor)と職人による手を用いた「仕事」(work)の区別と理解した(Arendt: 80)。アーレントによるこの理解の当否はさておき、手が他の身体器官とは異なる特別な器官であることには違いない。エマニュエル・レヴィナスもまた、特別な身体器官としての「手」に着目する者のひとりである。レヴィナスは労働による所有を「手」の働きとして描写する。その描写の中で、レヴィナスは、単なる「所有」を超えた「存在」としての主体に関する、より精緻なイメージを与えているように思われる。

1　レヴィナスの労働所有論

ロックの労働所有論は、「大地と全ての下級の被造物」が未だだれの所有でもなく、だれかに所有されることを待つ、共有の状態から開始される。これに対し、レヴィナスにおける始まりは、「所有不可能な基底ないし領域」としての「環境」(milieu)である。この「環境」の領域において、「全ての関係ないし所有は所有不可能なものの内部に位置しており、所有不可能なものが、包まれ含まれうることなく、包み含んでいる」。この所有不可能なものを、レヴィナスは「始原的なもの」(l'élémental)と呼ぶ(Levinas: 138)。四大(地水火風)をその典型と理解しておいて差し支えないであろう。始原的なものは「無規定性を保って」いて、未だ思考によって対象として固定されることなく、「純粋な質」にとどまっている(Levinas: 138,

139)。われわれはこのような「環境」において、基体なき質としての始原的なものに包み込まれ、それを直接に「享受」(jouissance)している。これが始まりである。暖かな日差しや渇きを癒す川の水などの、ありのままの自然によって、人びとが養われ生かされている状態がイメージされる。

しかし、環境に浸りきったその自然なあり方において、「その享受は、安全でなく緊張したものであり、気がかりへと逆転する」(Levinas: 167)。渇きを癒す川の水は、氾濫によってわれわれの生存を脅かすかもしれない。ありのままの自然に浸りきり、それよって養われるあり方は決して安全ではない。また、この自然なあり方においては、明日の享受は保証されない。「未来の不確実性」や「生の不確実性」が避けがたく伴っているのである(Levinas: 156)。かくして、始原的なものを安全かつ安定的に享受するためには、始原的なものが生存に及ぼす脅威を排除することと、始原的なものの享受における将来の不確実性を排除することが必要となる。レヴィナスによれば、「家」(la maison)こそがそれを可能にする場であり、そして、「労働」(le travail)こそがそれを可能にする営為である。労働とは「未来の不確実性と危険性を制御し、所有を設立する」営みであり(Levinas: 160)、その営みには「家」の存在が前提されなくてはならない。

まず「家」について、レヴィナスは次のように述べている。

「[「家」においては]始原的なものの不確実な未来は中断する。始原的なものは四方の壁の間で固定され、所有の内に静まり返る。そこで始原的なものはものとして現れる。おそらくそれは、静謐さによって定義できるのであり、「静物」の内にあるかのようなものである。始原的なものに対して行われるこの把握こそが労働なのである。」(Levinas: 169)

川の水は氾濫によってわれわれを脅かすかもしれない。しかし、それが労働によって水差しに汲まれ、家の中に置かれるならば、それはもはや、われわれを脅かすことなく静まり返り、もっぱらわれわれの渇きを癒す飲用水として、すなわち、安全に享受しうるひとつの「モノ」として、われわれの所有に帰することになる。われわれは、始原的なものに養われつつも、始原的なものの荒々しさから逃れることができなくてはならない。「家」においてこそ、それが可能となる。というのも、「家」は「始原的なものを分離しながらも、それなりの仕方で、始原的なものに開かれている」からである。「家」においては、「始原的なものは、手に取るのであれ棄てるのであれ、私の処分に委ねられる」ことになるのである (Levinas: 167-168)。

「手」による労働については、次のように述べられる。

「この存在の独立、ないしは、私のものではない始原的なものであるこの質料を所有によって中断することは、それを思考することにも、あるいは、ある定式の効果によってそれを得ることにも帰するものではない。所有は手の固有な運命である占有取得あるいは労働によって達成される。…手は、分離された存在を浸し、包み込む、始まりも終わりもない始原的なものから引き抜かれたものを、私あるいは私の利己的な諸目的と結び付ける。手は、始原的なものを必要の究極目的に結び付けるのだが、手は、その取得したものを直接的な享受から分離し、それを住居の中に置き、財産という地位を付与することによってのみ、ものを構成する。…労働はその最初の意図において、こうした獲得であり、自分へと

向かうこの運動なのである。」(Levinas : 170-171)

所有は手の労働によって達成される。手は、無定形で「純粋な質」として直接的に享受されていた始原的なものを、その直接の享受から引き離し、それを財産として住居に置く。これによって、享受における未来の不確定性が取り除かれる。労働とは、「始原的なものの不確定な未来を無期限に制御ないしは中断」し、「予見不能な未来を自由に処理する」試みなのである(Levinas: 172)。手によるこの取得はまた、無定形で純粋な質であった始原的なものに、「モノ」としての形を与え、それを自由に処分できる所有物へともたらすことであり、そしてまた、所有不可能な領域である環境の中に、「モノ」から成る所有可能な「世界」(un monde)を描き出すことでもある。

「ものの輪郭は、それを引き離し、他のものを動かすことなく動かし運び去ることの可能性を印付けている。ものは動産なのである。ものは人間の身体に関してある釣り合いを保っている。それはものを手に従属させる釣り合いである。ものは単に享受にのみ従属しているのではない。手は一度に、始原的なものの質を享受へと導き、そして未来の享受のためにその質を捉え保存する。手は、それが取得したものを始原的なものから引き離し、形をもつ限定された存在、言い換えるならば、固体を素描し、そうすることで世界を素描する。形のないものに形を与えることは、固体化であり、把持可能なもの、質を担うものの不意の出現である。」(Levinas: 172-173)

元来形をもたず所有不可能であった始原的なものは、手によって引き剥がされることで、所有可能な「モノ」としての形を与えられる。かくして、所有可能な「モノ」から成る世界が開かれることになる。ロックの所有論の出発点には、所有可能であり、所有されることを待っている共有地としての世界がすでにあった。しかるに、レヴィナスにおいては、所有可能な世界は、引き剥がし掴み取る手の働きによって、はじめて開かれることになる。手による獲得が、所有だけでなく、所有可能性をも成就させる。「所有は、夜の中で、第一質料というアペイロンの中で、ものを掴み取るという奇跡のような出来事によって成し遂げられ、それによって、所有は世界を発見する」(Levinas: 175)。レヴィナスは、手が成し遂げるこの偉業に、ひとつの奇跡を見出している。

2　身体の「弱さ」

単なる「所有」を超えた「存在」として主体性をいかにして確保すべきか、というのがわれわれの問題なのであった。だが、市民社会がヘーゲルの言うように「欲求の体系」であるならば、所有化による主体性の侵蝕は、そこでは避けがたいことであろう。というのも、「欲するとは、もつことなくしてもつこと」だからである(Marcel: 196)。「欲求の体系」の中にあって主体性を確保しようとするならば、その場合の最良の助言は、おそらく、「自分や他人を単なる手段としてではなく、同時に目的としても扱わなくてはならない」というカントの言葉であろう。さもなければ、「欲求の体系」が属する次元――そこでの各人は、人びとの欲求を充足すべきさまざまなモノを所有する「持ち主」として互いに対峙している――とは異なる「愛」や「慈愛」の次元を指し示す他ない(Marcel: 243)。

だが、レヴィナスにおいては、事情はやや異なっている。レヴィナスにおいて、手の働きは、所有だけでなく所有可能性をも実現する「奇跡」として描かれる。であるならば、単なる「所有」を超えた、われわれの優位性ないし主体性は、この奇跡の内に、すでに確保されていると言えよう。とはいえ、その手の働きが、「始原的なもの」を引き抜いて、「私あるいは私の利己的な諸目的と結び付ける」作用、すなわち、欲求の充足であるかぎり、われわれはやはり、「欲求の体系」内に留まらざるをえない。だとすれば、所有化による主体性の侵蝕は、やはり避けがたいように思われる。[2]

ところで、レヴィナスは、われわれの労働は「家」の存在を前提にすると言っていた。このことは「家」と身体の関係に関わるので、最後に触れておく必要がある。レヴィナスによると、「われわれは、われわれを浸す始原的なものの存在をすでに中断していること、すなわち居住することで、われわれの身体を自由にする」のであり、「私の家の脱領域性が、私の身体の所有そのものを条件付けている」(Levinas: 174)。このことに対して、熊野純彦は、私が〈裸形の身体〉のみをたずさえて、始原的なものの内に存在しているならば、私は私の身体と外界との境界を意識できないであろうと指摘し、レヴィナスの「家」は、その境界の確保を可能にするものとして考えられているという解説を与えている(熊野 : 36-38)。身体と身体の所有は、「家」によってようやく成立する。ここに見出されるのは、身体の「弱さ」であり、その弱き身体を「迎え入れる」ホスピタルとしての「家」である(cf. Levinas: 169)。

われわれは身体ある存在として「労働による所有」へと赴く。しかし、「労働による所有」の主体としてのわれわれは、所有によって貪食される危険性に絶えずさらされている。それに加え、本来われわれの身体は、「家」の中へと逃れることでようやく成立しうるような弱々しいものでしかない。「労働による所有」

は、実はこのような危うさや弱さに抗して、辛うじて成し遂げられているにすぎない。だとするならば、「労働による所有」の主体としてのわれわれに求められるのは、この危うさと弱さに対する自覚であろう。主体性の確保を保証してくれる決定的な処方箋などもはや求めるべきではない。われわれは、この危うさと弱さを自覚することによって、その危うさと弱さに抗い、自らを「労働による所有」の主体としてつなぎ止めていかなくてはならない。

●注

（1）正確には、この難点は「拡張」という正当化根拠を用いること由来するものであり、「身体の拡張」に固有のものではない。身体ではなく、たとえば「人格の拡張」を外的事物の正当化根拠に用いた場合にも同様の困難が生じる。

（2）もっとも、レヴィナスにおいて、欲求は、それをもつことが幸福であるようなものとして、あるいは、「何かあるものの欠如ではなく、幸福という余剰を知る存在における欠如、満たされた存在における欠如」として積極的に意義付けられている（Levinas: 118, 119）。幸福の何たるかが先ず積極的に確保された上で、その欠如としての欲求が語られるという体裁になっているのである。だが、幸福と欲求に関するレヴィナスの思索をここで追うことはできない。

●参考文献

Arendt, H.［1958］, *The Human Condition*, The University of Chicago Press.
Cohen, G. A.［1995］, *Self-ownership, freedom, and Equality*, Oxford U. P.
Hegel, G. W. F.［1970］, *Grundlinien der Philosohie des Rechts*, Suhrkamp.
一ノ瀬正樹［一九九七］『人格知識論の生成――ジョン・ロックの瞬間』、東京大学出版会
加藤尚武［一九九九］『ヘーゲルの「法」哲学』、青土社
熊野純彦［一九九九］『レヴィナス移ろいゆくものへの視線』、岩波書店
Levinas, I.［1961］, *Totalité et Infini*, Kluwer Academic.（岩波文庫の熊野純彦訳を適宜参照した。）
Locke, J.［1960］, *John Locke : Two Treatises of Government*, Laslett, P.（ed.）, Cambridge U. P.
――［1975］, *John Locke: An Essay concerning Human Understanding*, Nidditch, P. H.（ed.）, Oxford U. P.

Marcel, G. [1935], *Être et Avoir*, Aubier.（春秋社の渡辺秀・広瀬京一郎訳を適宜参照した。）

Marx, K. [1987], Karl Marx/Friedrich Engels - Werke, Dietz Verlag, Band 19, 9.Auflage.

森村進 [1997]『ロック所有論の再生』、有斐閣

Nozick, R. [1974], *Anarchy, State, and Utopia*, Basic Books.

Rawls, J. [1971], *A Theory of Justice*, Belknap.

下川潔 [二〇〇〇]『ジョン・ロックの自由主義政治哲学』、名古屋大学出版会

Waldron, J. [1988], *The Right to Private Property*, Oxford.

Yolton, J. W. [1970], *Locke and the Compass of Human Understanding*, Cambridge.

※本章はＪＳＰＳ科研費基盤研究（C）課題番号二五三七〇〇〇六の成果の一部である。

第八章　道徳的行為者と間主観性：一八世紀イギリス道徳哲学に即して

島内明文

一　問題設定

自己の性格と行為を反省し自律的に振る舞う「道徳的行為者」は、いかにして形成されるのか。これが近代イギリス道徳哲学の課題であり、とりわけ一八世紀は「道徳認識論」が主要な争点になった。すなわち、徳の実在性／構成性をめぐる「道徳の本性」論、徳を判別する心の作用を分析する「道徳的能力」論、徳の認識と実践を結び付ける「道徳的動機づけ」論である。これらの争点をめぐる「理性説」と「感情説」の論争を通じて、神学または自然法ベースの道徳の「世俗化」が進展する。このように道徳的行為者の形成と道徳の世俗化という観点から近代イギリス道徳哲学史を捉えることは、英語圏ではS.ダーウォル[1]やJ.シュナイウィンド[2]、国内では柘植尚則[3]によってそれぞれ代表される標準的解釈である。この解釈では、「自律」ベースの道徳の完成形としてカントの義務論が前提され、それと比較して「厳格主義」的でない点で世俗化と特徴づけられる。しかし、カント的な図式のもとでは、イギリス道徳哲学の基礎となる包括的人間観——「モラルサイエンス」、「社会哲学」——を十分に捉えられないおそれがある。

本稿では、シャフツベリとハチスンが示唆し、ヒュームとスミスが明確にした感情説の核となる発想、すなわち「道徳の社交モデル」を祖述する。感情と道徳判断を関連づける感情説は、シャフツベリとハチスンの「モラルセンス理論」からヒュームとスミスの「道徳感情説」に発展する。前者が道徳感情の由来となる感官を想定するのに対し、後者は「共感」の作用として道徳感情を説明する「共感倫理学」である。道徳の社交モデルによれば、道徳感情は称賛や非難という形での「他者」との関わり＝「社交」を通じて発生するため、道徳性は「称賛願望」と密接に関連する。道徳的行為者の形成に際して社交という「間主観性」の次元に着目する道徳の社交モデルを素描することが、本稿の目的である。

二　感情説の発展：ロック、シャフツベリ、ハチスン

ジョン・ロック

感情説の先駆ジョン・ロック『人間知性論』(4) によれば、有意的行為は三種の法との一致・不一致によって判断される。すなわち、「神法」という究極的な賞罰基準、「市民法」という合法性基準、「意見あるいは世評の法 (law of opinion or reputation)」という徳悪徳の基準である。徳悪徳の評価は人々の称賛と非難であり、世評の法は「暗黙の同意」によって確立される。人々が行動を規制する際に神法や市民法を直接顧慮することはほとんどなく、世評の法に依拠する。世評の法が大きな影響力を持つのは、快苦を行為の動

機とする人間は「仲間」の非難に伴う苦痛に耐えられないからである（ECHU, 2.28.4-17）。このようにロック道徳哲学は、政治体（civitas）ベースの社会契約説に加え、社交体（societas）ベースの世評の法を通じた道徳的行為者の形成論も含む。ただし後者は基本的に、『教育論』における上流階級の子弟対象の「礼節（civility）」論の文脈に限られる（STE, 143-5）[5]。

シャフツベリ

シャフツベリ『人間、生活様式、意見、時代の諸特徴』[6]におけるモラルセンス概念は多義的であり、「秩序と均衡の感覚」、「正不正の感覚」、「反省の感覚」、「共通感覚」、「良心」、「内なる目」などと置き換えられる。シャフツベリは、外的事物に由来する「外的感覚」と、想像力による反省を介した「内的感覚」を区別する。外的感覚は五感に対応し、内的感覚とはモラルセンス、美の感覚、テイスト、ユーモア（機知、諧謔）に対する感受性などである。道徳判断と美的判断はいずれも、対象の調和・不調和の知覚であり、「秩序と均衡の感覚」の作用である（IVM, 1.2.3）。シャフツベリは行為の動機を道徳判断の対象とするため、モラルセンスとは、動機となる感情の調和を知覚する内的感覚である。

人間本性を構成し行為の動機となる感情は三つに大別される。すなわち、私益の追求に関わる「私的感情」、他者の利益や公益の追求に関わる「自然的または公共的感情」、私益と公益の双方に反する「非自然的感情」である（IVM, 2.1.3）。モラルセンスが是認するのは、私的感情と公共的感情の調和である。有徳さは幸福の要件であり、現世における徳と幸福の一致が個人に有徳な行為を促す。それゆえ、私的感情が全くなければ、個人が公益を促進することもありえない（IVM, 1.2.2-3）。

シャフツベリにおける「礼節」概念の重要性を指摘したL.クラインの研究が示唆するように[7]、社交と会話を通じて礼節を習得することで道徳的行為者が形成されるという、道徳の社交モデルの原型がシャフツベリの議論に見出される。「全ての上品さ（politeness）は自由に依存する」という一節が示すように、円滑な社交と会話には、ユーモアや冗談を交えた発言を認める寛容な態度が不可欠であり、このような社交と会話を通じて、他者を尊重しつつ適切な距離を保つ態度すなわち礼節が習得されていく。シャフツベリの挙げる内的感覚はいずれも、社交と会話に必要とされ、それらを通じて陶冶される資質であり、いわば社交的判断力と位置づけられる（SC, 1.1-4）。モラルセンスは、自他の間で私益の対立を回避し調和させる一種の社交的判断力として、テイストやユーモアに対する感受性などとともに形成される。

フランシス・ハチスン

ハチスン『美と徳の観念の起源に関する研究』[8]によれば、モラルセンスとは、「行為を観察するときに、その行為が我々にもたらす利益または損失に関するいかなる意見にも先行して、愛すべきまたは憎むべき行為という観念を受容する我々の心の決定」である（IBV, 2.1.8）。すなわち、帰結の考慮なしに道徳的善悪を知覚し、是認・否認の道徳感情を生成する直観的機能である。モラルセンスの是認する動機は、私益と無関係に他者の善を促進する「仁愛（benevolence）」だが（IBV, 2.1.1）、仁愛だけでは有徳な行為は生まれない。有徳な行為は「意志の穏やかな決定」に基づき、本性的仁愛が反省によって穏和化することで有徳な行為が動機づけられる（IBV, 2.3.15）。そして全ての徳の基礎は仁愛である。たとえば節制は、健康などの私益を促進するが、人類への貢献につながらなければ道徳的善ではない。四元徳に含まれる他の徳すなわち慎慮、勇気、正義も、他者の善の促進、不正義の是正などの利他的意図を伴わなければ、徳とみなされない（IBV, 2.2.1）。このように全ての徳を仁愛に基礎づける点で、ハチスンの理論は「仁愛道徳論」と特徴づけられる。

『情念論』[9]でハチスンは、諸感覚とそれに由来する情念を分類するが、そのうち次の点が重要である。第一に、道徳感覚は行為者の徳悪徳と行為の正不正を知覚し道徳感情を生成する。また、他者への愛と憎しみ、自己への後悔と怒りなどの道徳判断に関連する情念もこの感覚から生じる。第二に、「名誉感覚（sense of honor）」は、自己の性格と行為に対する他者の評価に応じて快苦を生成する。また、自己是認、悔恨、嫌悪、野心、名誉への愛などの称賛願望に関連する情念は、この感覚から生じる。ハチスンによれば、称賛願望を満たすには、道徳的に是認される行為を遂行しなければならないため、道徳感覚は名誉感覚に先行する。道徳感覚が是認と否認の対象を規定する以上、称賛願望は既存の道徳の派生物であって、当の道徳の起源ではない。とはいえ称賛願望は、適切な行為を選択する可能性を高めるので、有徳な行為を促す「追加的動機」である（EPA, 1-3）。ハチスンは、徳の本来の動機を仁愛としつつも、社交空間で生じる称賛願望に有徳な行為の動機づけの可能性を認める。

仁愛道徳論の背景には、「自然的社交性（natural sociability）」論がある（SNM, 18-20）[10]。ハチスンによれば、人間は他者との交際それ自体を目的とし、それに喜びを見出す点で、自然的社交性を有する。仁愛、愛情、友情などの利他的感情も自然的社交性の一種である。自然的社交性は人間社会の紐帯であり、これをもとに親子や家族などの小集団が形成され、政治社会は小集団の拡張版である。ハチスンの独自性は、自然的社交性を社会形成原理と位置づけた点にある。ハチスンを含むスコットランド啓蒙思想、とりわけその正義＝所有権論に思考の枠組を提供したグロティウスやプーフェンドルフなどの近代自然法学も、自然的社交性に言及する。しかし、それは利己心を社会形成原理としたうえで、単独では生存欲求を満たせない人間には社会的共同が不可欠という意味での社交性論にとどまる。

ハチスンの仁愛道徳論と自然的社交性論は、道徳の世俗化と関連して次のような意義を持つ。いわゆるシヴィック・ヒューマニズムの伝統は、公民的徳を備えた市民の自己統治と、政治参加を通じた共通善の実現を重視する。また、公民的徳や自己統治との関連で、国防への従事を称揚する傾向にある。その結果として、当時の民兵論争に見られるように、死への恐怖を克服する軍事的徳、すなわち勇気、気概、尚武の精神が高く評価される。当時の社会・経済的背景からすると、軍事的徳は貴族や土地保有者などの少数の市民のみ行使できる「卓越性」である。もちろんハチスンも同時代の思想家と問題関心を共有し、商業社会の「腐敗」を牽制する文脈で、公共心や軍事的徳に言及する。しかし理論的には、万人が多かれ少なかれ有する仁愛を全ての徳の基礎とすることで、誰もが有徳な行為者たりうる可能性を開き、卓越性としての徳から世俗道徳への転換を推進したのである。

三　ヒュームの道徳感情説

共感倫理学

ヒューム『人間本性論』[11]における「共感（sympathy）」は、哀れみや同情などの感情ではなく、「他者の意見と感情を受け取る傾向性」（T, 2.1.11.1）、「感情伝達の原理」（T, 2.3.6.8）である。そして、現代の心理学の用語で言えば、推論が介在する認知的共感と、介在しない情動感染（非認知的共感）の二つを含む。個人の感情が他者に直接伝播する情動感染が生じるのは、心の作用に大きな「類似性」があり（T, 2.1.11.5）、お互いの感情を反射し共鳴するからである（T, 2.2.5.21）。また、認知的共感のメカニズムは、「観念の印象への転換」と定義される（T, 2.1.11.3）。ヒュームの知覚論では、全ての知覚が印象と観念のいずれかに分類され、観念は印象の写しであり、勢いと活気が劣る（T, 1.1.1.1）。我々は他者の情念を直接経験できないため、情念の原因（他者の状況）と情念の結果（他者の振る舞い）から情念についての観念を獲得する（T, 3.3.1.7）。この観念は、自己の印象に付随する勢いと活気を添付されることで勢いと活気を増して印象すなわち、もとの情念に転換される（T, 2.1.11.3）。

ヒュームによれば、道徳判断とは、動機や性格について私益と関わりなく一般的に考察することであり、その際に是認と否認の道徳感情が生じる（T, 3.1.2.4）。共感を介した道徳感情の発生プロセスは次のとおりである。（1）行為が関係者に引き起こす快苦に応じて、行為者に「誇り／卑下」、関係者に「愛／憎しみ」という「間接情念」がそれぞれ生じる。たとえば、善行は行為者に誇り、受益者には行為者への愛を生じさせる。（2）観察者がこれらの間接情念に共感するか否かに応じて、是認と否認の感情が生じる。是認と否認は共感を介して穏和化された愛と憎しみであり、穏やかな間接情念である（T, 3.1.2.4）。このように共感によって道徳感情を説明する「共感倫理学」に対しては、主観主義や相対主義という批判が考えられる。これらの批判を想定し応答する中で導き出されるのが、「道徳の社交モデル」である。

道徳の社交モデル

道徳判断の要件としては、特殊利害の観点を含まず、同一状況に同一判断がなされるという点で、不偏性と普遍化可能性が挙げられる。しかし共感作用はヒュームも認めるように対象との類似や近接などにより変化する。身近な人に共感しやすく、疎遠な人に共感しづらいという日常経験からも、共感に基づく道徳判断は不偏性や普遍化可能性を満たせないと思われる。この疑問に対し、ヒュームは次のように応答する。

「もし我々がいずれも、自分に固有の観点に現れる限りの性格と人柄を考察したとすれば、いかなる理に適った言葉によっても会話することは決してない。それゆえ、これらの絶えざる矛盾を回避し、物事についてのより安定的な判断にたどりつくために、我々はある安定的かつ一般的な観点（general point of view）を定める。そして思考する際はつねに、我々の目下の状況がどのようなものであれ、我々をその観点に置く」（T, 3.3.1.15）。

我々の置かれている状況は絶えず変化しており、この特殊観点から判断すれば、意見の不一致が常態化し、会話にも不都合である。これを防ぐために我々は「共通の観点（common point of view）」を採用し、「全ての観察者に対して同一に現れる利益や快」（T, 3.3.1.29）、すなわち行為者が「身近な関係者（narrow circle）」に及ぼす影響を考慮して共感する（T, 3.3.3.2）。ここでいう「身近な関係者」は、「直接の関わりや交流がある人」（T, 3.3.3.1）、「ともに暮らし、会話する人」（T, 3.3.3.9）などと言い換えられ、おおむね「親密圏」に対応する。それゆえ道徳感情とは、より正確に言えば、一般的観点から行為者とその親密圏の関係者の間接情念に共感するか否かに応じて生じる是認と否認の感情である。道徳判断は一般的観点で得られる道徳感情に基づくから、不偏性と普遍化可能性を満たす。では、一般的観点それ自体はどのように定まるのか。先の引用箇所の「いかなる理に適った言葉によっても会話することは決してない」という表現が示唆するように、一般的観点は「社交と会話」を通じて形成される。

「それゆえ、社交と会話における感情の相互交流は、我々にある一般的かつ不変の基準を形成させ、それによって我々は性格や作法を是認または否認する。心はつねにこれらの一般的思念に同調したり、それらによって愛と憎しみを規制したりするわけではないが、しかしながらそれらの思念は談話にとって十分であり、我々の交際における全目的に役立つ」(T, 3.3.3.2)。

一般的観点には二つの機能がある。第一に、特殊観点で生じた感情を一般的観点で生じた感情に置き換えること、つまり感情の訂正である。第二に、感情の置き換えが難しければ道徳判断を置き換えること、つまり道徳の言語の訂正である (T, 3.3.1.16)。一般的観点の形成基盤は、人間が社交を強く欲求する事実である (T, 2.2.5.15)。人間が自然的社交性を持つがゆえに、特殊観点に由来する感情や意見の不一致という社交と会話における不都合を回避するために一般的観点が形成されるというのが、ヒュームにおける道徳の社交モデルの核心である。

正義論への適用

ヒュームは道徳の社交モデルを正義(所有権)論に適用する。ヒューム正義論は、限られた利他性を持つ利己的人間が、適度に稀少な財が移転可能な状況に置かれるという現実的想定から出発する。そこでは、他者の所持物を侵害する行為が非難され、それを尊重する行為が称賛されることを通じて、所有権を定める規則の必要性が共通の了解事項となる。そして他者が同様に行為するという期待のもとに、自らの行為を所有権規則で規制する。所有権規則に関わる相互の期待形成プロセスが「コンヴェンション」に他ならない（T, 3.2.2.5-17）。正義はそれ自体としては正義を志向しない相互行為の反復から生じるというヒュームのコンヴェンション論は、社交体ベースの正義論であり、社会契約説のように人為を介する政治体ベースの正義論と一線を画する。

ただしヒューム正義論には、『道徳原理の探究』[12]で主題化された「賢明なる悪漢」という動機づけにまつわる難問がある。ヒュームの徳論では、本性的動機のある慈善などが「自然的徳」であるのに対し、所有権規則の順守には本性的動機がなく、正義は「人為的徳」とされる（T, 3.2.1.7-17）[13]。では、不正行為が私益を促進しつつ、甚大な社会的不利益を生じさせないとき、なぜ正義を順守するべきか、これが賢明なる悪漢の問いである。この問いに対してヒュームは、長い目で見れば正義の順守が私益と一致するという長期的「利益」の観点ではなく、「名誉」の観点から応答する。ヒュームによれば、自己の行為を反省して満足感を得ること、すなわち自己是認は幸福の構成要素である。真っ当な人は自己是認の意義を理解しており、正義を支持する道徳感情を育み、実際に正義を順守するよう動機づけられる（EPM, 9.22-3）。

正義を支持する道徳感情の涵養には、「教育」という人為が必要である。正義を順守するのが立派なことであり、不正義をなすのが恥ずべきことであると、人は為政者や両親による教育を通じて学ぶ。正義を順守するよう「習慣」づけられることで、人は不正義への誘因に惑わされず、「信義と名誉」を重んじるようになる（T, 3.2.2.26-7）。このような教育が可能なのは、人が他者からの評判を気にするという意味で称賛願望を有するからである。ヒュームによれば、称賛願望は否定されるべきものではなく、むしろ優れた資質や徳性と不可分である（EPM, 8.11）。称賛願望は、人が他者との社交を通じて、正義を尊重する遵法精神を育成し、人格的な陶冶に向かうために不可欠の契機であるというのが、ヒュームの基本的な立場である。

道徳論における誇りの位置づけ

先に見たようにヒュームは、幸福の構成要素として道徳的自己是認を挙げる。この自己是認を情念論のタームで表現し直すと、自己肯定の感情すなわち「誇り（pride）」を感じることである。称賛願望に関連する情念の中でヒュームが特に重視するのは、誇りである。ヒューム情念論によれば、誇りは自己を対象とする間接情念であり、次の特徴を持つ。自己に帰属する優れた性質が他者に快をもたらし、この快に我々が共感することで、誇りが生じる。誇りの原因となる性質としては、能力、財産、権力など様々なものがあるが、その中でもっとも強力な原因となるのは道徳的卓越性、つまり徳である（T, 2.1.7.2）。ここで重要なのは、誇りが生じるためには、自己に帰属する優れた性質を他者が称賛することに加え、自己是認も必要なことである（T, 2.1.11.13）。このようにヒュームは、追従や無根拠な称賛に由来する自惚れと、他者からの称賛と自己是認の双方を伴う誇りを区別する。

ただし誇りは、伝統的なキリスト教道徳における主要徳の一つである「謙虚（humility）」に対応する悪徳「傲慢（pride）」につながる。これに関連してヒュームは、誇りが自惚れや虚栄心や傲慢に堕するのを牽制するために、誇りの抑制を説く。この誇りの抑制を説明するために導入されるのが、「比較（comparison）」原理である。ヒュームによる徳の定義に従えば、徳とは、自己または他者にとって、直接快適または有用な心の性質である（T 3.3.4.5-8）。すると、誇りはそれを感じる当人にとって快いから、誇り高いことは自己にとって直接快適な性質、つまり徳である。しかし一般に、誇りが高すぎる人は敬遠され、そのような人との接触は不快でさえある。このような事態を説明するのが、共感原理と正反対に作用する比較原理である。

ヒュームによれば、我々が事物を評価する際は、そのものの実際の価値に基づくより、他のものとの比較を通じて評価する傾向にある（T, 2.2.8.2）。この傾向性ゆえに我々は自他の状況を比較し、満足や不満を感じる。たとえば、不幸な他者に接するとき、自身が幸福であれば、他者の不幸と比較することで幸福感が際立ち、我々は満足する（T, 2.2.8.7-10）。我々が他者の快をそれ自体として端的に捉え、同種の快を分かち合うときに作用するのが共感原理である。これに対して、他者の快から自己の苦痛（あるいは他者の苦痛から自己の快）を引き出すときに作用するのが比較原理である（T, 3.3.2.4-5）。他人の不幸は蜜の味ということや、ねたみや悪意などの情念の発生は、比較原理による。

誇りに関して、共感原理と比較原理は次のように作用する。たとえば、優れた資質を持つ人がいるとして、その人が自己の資質について誇りを感じる。共感原理が作用すると、我々はその誇らしい感情を共有し、その人に敬意を抱いて尊重する。しかし、ある人が自己の資質に見合わない過剰な誇りを感じているとすれば、比較原理が作用して我々は不愉快になる。そこで、円滑な社交を妨げる過剰な誇りに対処するために、「礼儀の規則（rules of good-breeding）」が確立される。すなわち、誇りという情念は隠すことが絶対に必要であり、それを感じても態度に現してはならず、自分よりも他者を優先する態度が肝要である。そして、抑制された「適度な誇り」は、我々に自らの価値を気づかせるものであり、処世上これほど有用なものはない（T, 3.3.2.6-10）。以上のように、ヒュームにおける道徳の社交モデルは、誇りの抑制という形で道徳的行為者のあり方を説明する。

四　スミスの道徳感情説

共感倫理学

『道徳感情論[14]』でスミスは、共感を我々に他者への関心を抱かせる原理と規定し、共感によって道徳判断のプロセスを次のように説明する。（1）観察者は「想像上の立場交換（imaginary change of situation）」を通じて行為者の状況に置かれた自己を想像する（TMS, 1.1.4.6）。（2）その結果として行為者の本源的情念と「似ていなくもない」感情すなわち「共感的感情」を抱く。（3）本源的情念と共感的感情の程度（激しさ）を比較する（TMS, 1.1.1.2）。（4）両者の程度の一致と不一致に応じて是認と否認の感情が発生する（TMS, 1.3.1.9.footnote）。道徳感情が共感を介して間主観的に発生することをスミスは、「参照関係（reference）」という概念で特徴づける。

スミスによれば、道徳感情は他者の感情や意見に「参照関係」を有しており、我々が自己の性格や行為を判断する際は、それらに対する他者の感情や意見を参照する（TMS, 3.1.2）。具体的には、我々に対して特別な利害関係がなく、行為の遂行状況を熟知した第三者、つまり「公平で事情に通じた観察者（impartial and well-informed spectator）」の立場から自己の性格や行為を判断する（TMS, 3.2.32）。言い換えれば、自己に対する道徳判断は、他者による判断を参照しつつ形成されるものであり、公平で事情に通じた他者の視点から自己の性格や行為を眺めたときに抱く感情や意見に他ならない。このようにスミスにおいては、道徳的行為者の自律性を象徴する「良心」の概念が、公平で事情に通じた観察者（の視点）として定義される。自己に対する道徳判断に際して、様々な他者との立場交換を繰り返す中で、行為の遂行状況を熟知しつつも利害関係のない第三者の視点を内面化することにより、良心が成立する。スミスは共感倫理学をベースにして良心起源論を展開し、道徳感情と道徳的行為者の間主観的形成プロセスを想像上の立場交換によって説明する。

ここまでの段階で浮かび上がるヒュームとスミスの共感倫理学の相違点は、次のとおりである。ヒュームの共感は、情動感染の場合が典型的であるように、人間の心の類似性を前提にした本性的な心理現象である。たしかに、認知的共感には因果推論が必要だが、そもそもこの推論の成立は人間の心の類似性を前提する。一方、スミスの共感は、意識的に相手の観点に移動するプロセスを含む。ヒュームが人間の心の類似性という強固な基盤の上に「自然的共感」論を展開したのに対し、スミスはこのような基盤に依拠しない代わりに想像上の立場交換を媒介とする「人為的共感」論を構築したのである。

スミスは人為的共感論から「適宜性（propriety）」概念を導出する。スミスによれば、道徳判断の基準は、判断の対象がその原因となる状況に対して適合的かどうか、つまり「適宜性」である。行為者の置かれた状況に対して適合的な性格や行為は是認され、適合性に欠ける性格や行為は否認される（TMS, 1.1.3.1-6）。たとえば、他者が困っている状況では、利他的な動機や行為がふさわしい。この適宜性概念は人為的共感論から導き出されたものである。先に見たように、ヒュームの共感は、情念の原因と結果から因果推論を通じてもとの情念を再構成するプロセスである。これに対してスミスは、情動感染のような自然的共感がある事実は認めつつも、多くの場合に共感が他者の情念そのものではなく、「情念を引き起こす状況」を見ることで生じる点を強調する（TMS, 1.1.1.10）。道徳判断の基準が性格や行為とそれらの原因となった状況との適合性であるからこそ、想像上で他者の状況に移動することが不可欠になる。想像上の立場交換は、他者への共感を可能にするとともに、性格や行為を評価するためにそれらの原因となる他者の状況を認識するプロセスでもある。スミスにおいて、共感が想像上の立場交換という人為的操作を含むことと、道徳判断が状況適合性＝適宜性に基づくことは不可分である。

道徳の社交モデル

スミスにおける道徳の社交モデルの鍵概念は、「自己抑制（self-command）」である。スミスによれば、想像上の立場交換を通じて観察者に生じる共感的感情は、行為者の本源的情念と「似ていなくもない」感情であり、より微弱である。本源的情念と共感的感情は質的に同じだが量的に異なり、両者が完全に一致するには感情の制御・調整が必要である。この感情の制御としては、行為者が本源的情念を抑制することと、観察者が共感的感情を高めることの二つが挙げられるが、スミスが重視するのは前者である（TMS, 1.1.4.6-7）。スミスは、行為者による「自己抑制」が全ての徳の基礎であると指摘する。適宜性との関連で言えば、情念の状況適合性は「中庸」の問題であり、行為者は観察者が共感できる程度、つまり「適宜点」まで情念を抑制しなければならない（TMS, 1.2.intro.1-2）。

この自己抑制の概念にこそ、スミスの独自性がある。というのもヒューム共感論では、本源的情念と共感的感情が基本的に一致することが前提され、両者が一致せず行為者による自己抑制が必要なのは、先に見たように、誇りという情念にまつわる礼儀の規則の事例に限られていた。またヒュームはこの事例を説明するために、共感原理とは別個の比較原理を導入している。これに対してスミスは、本源的情念と共感的感情との不一致を前提して、人為的・相互的共感論と適宜性論を展開する。観察者から行為者への一方的な感情移入ではなく、行為者の自己抑制を不可欠とする相互的作用として共感を捉えた点が、スミス共感論の特徴である。

ただし、想像上の立場交換や自己抑制を含む点でスミスにおける共感は人為的作用ではあるものの、それは人間本性に深く根ざした作用でもある。共感の成立には共感する／される喜び、つまり「相互的共感の快」が付随し、我々は共感への欲求と反感への嫌悪を抱く（TMS, 1.1.2.6）。そして、社交や会話における楽しさは、感情や意見の一致すなわち共感に他ならず、我々は「感情や意見の自由な交流」を通じて自己抑制を習得する（TMS, 7.4.28）。このように自己抑制は社交と会話の条件であり、自己抑制を動機づけるのは相互的共感の快という社交と会話の楽しさである。そしてこの相互的共感の快が、想像上の立場交換と自己抑制を可能にする自然本性的基盤である。近代自然法学やハチスンにおける自然的社交性の概念を、スミスは相互的共感の快への欲求に置き換えたのである。

なお、スミスの自己抑制論については、ストア派のアパテイアと関連づける解釈もあるが[15]、両者には決定的な違いがある。ストア派のアパテイア論は、観想的生活を導く理性の働きを妨げないことを目的として情念を抑制する点で、いわば「感受性（sensibility）の鈍化」を説くものである。これに対してスミスの自己抑制論は、共感が成り立つように適宜点まで抑制しつつ、その場にふさわしいやり方で情念を表現すること、つまり「感受性の洗練」を理想とする。スミスの自己抑制論は社交を視野に入れている点で、複数の情念同士による情念の相殺、理性や利害関心(interest)による情念の制御など、近代情念論における様々な情念抑制論とも異なる。スミスによれば、観察者の共感的感情の強弱は、想像上の立場交換の精度によって変動する。すなわち観察者の入手できる行為者の情報が少なければ少ないほど共感的感情が微弱になり、それに応じて行為者にはより一層の自己抑制が求められる。スミス共感論では、身近な人に共感しやすく疎遠な人に共感しづらいことは行為者についての情報量の違いによるのであり、自己と他者の間で状況認識の差があるがゆえに人前で感情を露骨に表現することを避ける自己抑制という社会通念が導き出される。スミスは次のように述べて、自己抑制と社交や会話の不可分性を指摘する。

「それゆえ、社交と会話は、不運なことに心が平静さを失ったときにはいつも、それを回復するもっとも強力な治療法であり、また、自己充足と享受にとって必要不可欠である斉一で幸福な気分を保つ最善の手段でもある」(TMS, 1.1.4.10)。

心の平静すなわち情念の抑制された状態は、社交と会話によって支えられている。たとえば、逆境に打ちひしがれているときに心の慰めとなるのは、気心の知れた友人との会話である。また、財力や影響力を目当てとする人々ではなく、性格や行為を適切に評価してくれる人々との交際は、我々が傲慢な態度を差し控える契機となる(TMS, 3.3.38-9)。またスミスはヒュームと同様、称賛願望と道徳性を関連づけるが、その際に社交を通じた称賛願望の洗練を視野に入れている。スミスによれば、我々に有徳な行為を最初に促すのは、他者から実際に称賛されたいという「称賛への愛」である。しかし成長するにつれ、自らの良心による是認、すなわち公平で事情に通じた観察者の称賛を求める「称賛に値することへの愛」から、人間は有徳な行為を遂行するようになる（TMS, 3.2.2）。それぞれの状況に応じて様々な他者と交際すること、いわば「社交の複数性」が称賛願望を洗練させる。他者と関わる中で、どのような他者からの称賛を望むのかという問題が浮上し、公平な観察者という信頼できる他者の視点を内面化することで、良心が成立する。このようにスミスにおいては、称賛願望の洗練という形で、良心の成立＝道徳的行為者の形成が論じられる。

道徳の社交モデルと「市場」との関連

「経済学の父」スミスの道徳哲学は、商業社会における「普通の程度の道徳」（TMS, 1.1.5.6）を論じている。その議論のポイントの一つは、ハチスンの仁愛道徳論では、勤勉や節約といった社会生活で実用性を発揮する「下級の徳性（inferior virtue）」が、適切に評価されていないということである（TMS, 7.2.3.15-6）。このことを示すようにスミスは「慎慮（prudence）」の徳を重視し、『道徳感情論』第六部第一編「その人自身の幸福に作用する限りでの個人の性格、すなわち慎慮について」で慎慮を主題化する。スミスによれば、個人の幸福に不可欠な要素は、健康、財産、名声であり、これらを適切なやり方で追求することが、慎慮である。現状悪化の苦しみは現状改善の喜びより大きく、幸福追求に際して我々は「安寧（security）」の確保を第一義とする。そして、知識、技量、勤勉、節約など生活上の安寧の確保に役立つ様々な徳は、慎慮の徳から派生する。我々が将来のより大きな安寧を得るために、現在のささやかな享楽を断念できるのは、この慎慮の徳による（TMS, 6.1.1-11）。

ただしスミスにおける慎慮は、金銭的利益（moneyed interest）の追求や、いわゆる合理的経済人モデルに矮小化されるものではない。スミスによれば、慎慮の徳を有する人は「自らの振る舞いと会話の双方において、上品さ（decency）を厳格に遵守する人であり、社交の中で確立された作法（decorum）と礼儀（ceremonials）の全てをほとんど宗教的なほど几帳面に尊重する」（TMS, 6.1.10）。引用箇所の「上品、作法、礼儀」はいずれも「礼節（civility）」の関連概念であり、それらが社交や会話と結び付けられている。慎慮を論じた文脈で礼節関連の語彙を用いていることは、スミスが道徳的行為者の形成を社交における礼節の問題と捉えていたことを示している。

なお、慎慮は、愛すべきまたは高貴な資質とみなされるよりもむしろ「冷静な尊重」を受ける点で、他の徳と異なる。またスミスは、日常生活における「下級の慎慮」と公共的領域における「上級の慎慮」を区別し、後者を積極的に評価する。下級の慎慮がもっぱら私益の促進のために行使されるのに対し、優れた為政者や軍人などは勇気、仁愛、正義などの他の徳性とともに慎慮の徳を行使する（TMS, 6.1.13-5）。本稿で立ち入った考察は行わないが、上級の慎慮に関する議論は、私益を追求する経済活動と公益を追求する政治との関係をどのように捉えるのかということと関連し、スミスにおけるシヴィック・ヒューマニズム／共和主義という解釈上の問題を生じさせる。

さしあたりスミスにおける道徳の社交モデルの特徴は、市場を視野に入れている点であり、まさにそれがヒュームとの相違点でもある。先に見たように、ヒュームは一般的観点を論じた際に「身近な関係者」ということで、行為者にとって気心の知れた人々からなる親密圏の社交を論じている。これに対してスミスは、観察者概念を「見知らぬ人（stranger）」[16]や「傍観者（bystander）」に置き換えており、見知らぬ人々からなる空間での社交を念頭に議論を進める。相手が見知らぬ他者だからこそ、共感の成立には想像上の立場交換や自己抑制という人為的操作が必要になる。小規模で対面的なやりとりを中心とする市場（いちば）とは異なり、非人称的な市場（しじょう）における経済活動は見知らぬ他者との駆け引きに他ならない。売手と買手がお互いに立場を交換することで、財の価格が自ずと適正な自然価格に落ち着くというように、想像上の立場交換による人為的共感論は市場取引を説明するモデルにもなっている。このようにスミスにおける道徳の社交モデルは、交換という作用に着目することで、市場における行為者の振る舞いと社交空間における道徳的行為者の振る舞いの双方を説明しようとするものである。

五　まとめにかえて

以上のように、感情説が洗練されるプロセスの中で、道徳の社交モデルが明確になる。まず、ロックにおける世評の法概念は、他者からの称賛と非難を通じて道徳的行為者が間主観的に形成されることを示唆した。これをシャフツベリが継承し、社交的判断力の陶冶という形で礼節を備えた道徳的行為者の形成を論じ、道徳の社交モデルの原型を提供する。さらにハチスンは人間の自然的社交性を社会形成原理と位置づけ、モラルセンス理論と仁愛道徳論を展開し、称賛願望による有徳な行為の動機づけにも着目する。

これらをふまえて共感概念をそれぞれの仕方で活用し、道徳の社交モデルを完成させたのがヒュームとスミスである。ヒュームは自然的共感論をベースにして親密圏の社交を念頭におき、道徳の社交モデルを展開する。これは、一般的観点の形成のみならず、正義論にも適用可能なモデルである。また、礼儀の規則を導入して社交空間における誇りの抑制を説くとともに、適度な誇りが有徳な行為を動機づけるという形で称賛願望と道徳性の結び付きをより強固にする。一方、スミスは、見知らぬ他者からなる社交空間に即して、人為的共感論に基づく道徳の社交モデルを展開する。それは、適宜性概念によって、それぞれの状況にふさわしい情念の自己抑制を説く。また、公平で事情に通じた観察者の視点の内面化という良心起源論は、社交を通じた道徳的行為者の間主観的形成プロセスを詳述したものでもある。

感情説の中に道徳の社交モデルを見出すことには、二つの意義がある。第一に、思想史研究の見地からすると、「功利主義vs直観主義」という枠組みでは適切に捉えられない近代イギリス道徳哲学史の一側面を掘り起こすことになる。[17] 第二に、理論研究の見地からすると、現代の規範倫理学の主要理論（功利主義・義務論）は正しい行為・政策を決定しようとする問題解決志向が顕著だが、これとは異なるスタンスの理論構築を試みる際は、道徳の社交モデルが一つの手がかりとなる。これら二つの問題意識に即しつつ、ヒュームとスミスにおける共感倫理学と道徳の社交モデルを詳細に検討し、その思想的起源と理論的含意を解明して現代的意義を追究することについては、別稿を期したい。

●注

（1）Stephen Darwall, *The British Moralists and the Internal 'Ought': 1640-1740*, Cambridge University Press, 1995.

（2）John B. Schneewind, *The Invention of Autonomy: A History of Modern Moral Philosophy*, Oxford University Press, 1997.〔田中秀夫監訳『自律の創成：近代道徳哲学史』法政大学出版局、二〇一一年〕。

（3）柘植尚則『良心の興亡：近代イギリス道徳哲学研究』ナカニシヤ出版、二〇〇三年。

（4）John Locke, *An Essay Concerning Human Understanding*, edited by P. H. Nidditch, Clarendon Press, 1975.〔大槻春彦訳『人間知性論』岩波文庫、一九七二―一九七七年〕. 引用・参照の際は、略号ECHU、巻、章、節番号の順に記す。

（5）John Locke, *Some Thoughts Concerning Education*, edited by J. Yolton, Cambridge University Press, 1989.〔服部知文訳『教育に関する考察』岩波文庫、一九六七年〕. 引用・参照の際は、略号STE、節番号の順に記す。

（6）Shaftesbury, Anthony Ashley Cooper the 3rd Earl of. *Characteristics of Men, Manners, Opinions, Times*, edited by L. E. Klein, Cambridge University Press, 1999. 同書所収の論考の引用・参照の際は、次のように記す。

・*An Inquiry Concerning Virtue or Merit.*　略号IVM、巻、部、節番号の順に記す。

・*Sensus Communis, and an Essay on the Freedom of Wit and Humour in a Letter to a Friend.*　略号SC、部、節番号の順に記す。

（7）Lawrence Klein, *Shaftesbury and the Culture of Politeness: Moral Discourse and Cultural Politics in Early Eighteenth-century England*, Cambridge University Press, 1994.

（8）Francis Hutcheson, *An Inquiry into the Original of Our Ideas of Beauty and Virtue*, edited by B. Fabian, G. Olms, 1990.〔山田英彦訳『美と徳の観念の起源』玉川大学出版部、一九八三年〕。引用・参照の際は、略号IBV、巻、節、段落番号の順に記す。

（9）Francis Hutcheson, *An Essay on the Nature and Conduct of the Passions and Affections, with Illlustrations on the Moral Sense*, edited by B. Fabian, G. Olms, 1990. 引用・参照の際は、略号EPA、節番号の順に記す。

（10）Francis Hutcheson, *Inaugural Lecture on the Social Nature of Man*, in *Two Texts on Human Nature*, edited by T. Maunter, Cambridge University Press, 1993. 引用・参照の際は、略号SNM、段落番号の順に記す。

（11）David Hume, *A Treatise of Human Nature*, edited by D. F. Norton, and M. J. Norton, Oxford University Press, 2001.〔大槻春彦訳『人性論（全四巻）』岩波文庫、一九四八－一九五二年〕. 引用・参照の際は、略号T、巻、部、節、段落番号を記す。

（12）David Hume, *An Enquiry Concerning the Principles of Morals*, edited by T. L. Beauchamp, Oxford University Press, 1998.〔渡部峻明訳『道徳原理の研究』哲書房、一九九三年〕. 引用・参照の際は、略号EPM、節、段落番号の順に記す。

（13）自然的徳と人為的徳の区別については、拙稿「実践としての正義――ヒュームの人為的徳論」『倫理学年報』第五六集、二〇〇七年、を参照のこと。

（14）Adam Smith, *The Theory of Moral Sentiments*, edited by D. D. Raphael, and A. L. MacFie, Oxford University Press, 1976.〔水田洋訳『道徳感情論（上・下）』岩波文庫、二〇〇三年〕. 引用の際は、略号TMS、部、編、章、段落番号の順に記す。

（15）ストア派との関係を重視するスミス解釈の代表は、Norbert Waszek, 'Two Concepts of Morality: a Distinction of Adam Smith's Ethics and its Stoic Origin,' in *Journal of the History of Ideas* 45（4）, pp.591-606, 1984.; Vivienne Brown, *Adam Smith's Discourse: Canonicity, Commerce, and Conscience*, Routledge, 1998、である。

（16）スミスにおける「見知らぬ人」概念の重要性を指摘したのは、Michael Ignatieff, *The Needs of Strangers*, Viking, 1984.〔添谷育志／金田耕一訳『ニーズ・オブ・ストレンジャーズ』風行社、一九九九年〕、である。

（17）功利主義vs直観主義という観点からのイギリス道徳哲学史研究の労作として、児玉聡『功利と直観：英米倫理思想史入門』勁草書房、二〇一〇年、が挙げられる。

第九章　文明としての自己抑制
——B・マンデヴィルの統治論における恐怖概念の検討——

鈴木康治

一　はじめに

周知のようにB・マンデヴィルは、諸個人が悪徳と見なされる諸行為を自由に遂行することの帰結として社会は強大かつ富裕となると同時に、人口稠密な中にあって生活の安楽と安寧が保持されると主張した。社会のこうした繁栄や安寧を支える根幹の原理が政治的な知恵である。政治的な知恵は長い年月をかけて様々な法および統治の技法を発明・改良してきたことをマンデヴィルは高く評価する。人間に関する事柄の中で「統治技法（the Art of Governing）」以上に多くの知識が必要とされるものはないからである（Mandeville [1729] 1988 = 1993: 337-38）。マンデヴィルは一個の政治体としての社会にとって、「法（Laws）」と「統治（Government）」が生命そのものであるとも述べている（Mandeville [1714] 1988 = 1985: 3）。

政治的な知恵は人類の歴史の中で多くの無名の「政治家（Politician）」たちが長い時の経過の中で累積

的に発展させてきたものである。マンデヴィルにおける「政治家」とは特定の地位や職位にある人々のことではなく、人類の長い歴史においてつねに公共の利益を顧慮しつつ人々を社会に適合するように仕向けることを通じて、社会秩序に安定性と持続性をもたらすために尽力した無数の人々を指す言葉である（Mandeville［1714］1988 = 1985: 191）。様々な統治技法はこうした「練達の政治家の巧妙な管理（the dextrous Management of a skilful Politician）」（Mandeville［1714］1988 = 1985: 340）の上に築かれる。

マンデヴィルの統治論は人類の文明史というかたちで展開されている。統治技法の進歩の過程こそが、マンデヴィルにとっては人類の文明史そのものであったからである。その文明化の論理は人々の「情念（Passion）」の政治的な管理という点に集約される。とくに「恐怖（Fear）」情念の自己抑制に関する統治技法の発達が文明の進歩にとっての大きな鍵とされる。マンデヴィルは恐怖の情念を喚起させる対象として三つの要因を指摘する。「死に対する恐怖（the Fear of Death）」・「神秘に対する恐怖（the Fear of an invisible Cause）」・「恥辱に対する恐怖（the Fear of Shame）」の三つである。

本稿の主題はマンデヴィルの統治論の論理構造を解明することである。結論を先取りして述べるならば、マンデヴィルの統治論とは、恐怖情念を軸に法・宗教・名誉の領域にまたがる三重の統治技法の複合という論理構造を持つことを明示する。以下では、この三重の統治技法が人々に恐怖情念の自己抑制を可能にしていること、およびそのことを通じて社会秩序の安定性と持続性の保持に寄与していることを論証する。また三重の統治技法が三つの恐怖にそれぞれ対応することも合わせて確認する。

文明の発展過程はマンデヴィルにおいて、その進化の程度に基づき大きく三つの段階に区分される。「黄金時代（the Golden Age）」・「未開状態（Savage State）」・「文明状態（civiliz'd State）」の三段階である。[1] 黄金時代とは人類の境遇の理想状態を示すものである。次の未開状態とは「優越権力(Superior Force)」が統治のための支配的な作用として機能する文明の段階である。最後の文明状態とは優越権力に代わって「説得(Persuasion)」の手段が統治の安定化のために支配的な機能を果たすことが可能な文明の段階である。

二　人間本性と恐怖情念

マンデヴィルの思想には一貫して、黄金時代という主題への強い関心が看取できる。T・スタンプが指摘するように、「むしろ、何がしか『自然状態』についての記述、ましてやそれ以上に楽園や黄金時代を想起させるくだりを含まないマンデヴィルの著作は皆無に近い」(Stumpf 2000: 98)。黄金時代への言及としては、『蜂の寓話』緒言での次の箇所が有名である。黄金時代の観念はマンデヴィルにとって、現実の社会を分析する際の極端な参照点になっていることはこの記述からも明らかであろう。

この寓話の趣旨は(「教訓」の箇所において簡潔に説明されているように)勤勉で富裕かつ強大な国家で見られるこの上なく上品な生活の慰安を享受しながら、それと同時に、黄金時代に望み得る美徳や無垢のすべてに恵まれることはできないということを示すことにある(Mandeville [1714] 1988 = 1985: 5)。

黄金時代の非現実性については、黄金時代の境遇を長らく保ち得た唯一の人間の奇跡、すなわち全人類の祖たるアダムのみが保持し得た奇跡的な性向や能力がないと成立しえないことをマンデヴィル自身が認めている。アダムに認められる奇跡とは言語・知性・善意・無垢などのアダムにおける具現を指しているが、マンデヴィルによればそれらの能力は神の製作物としてのアダムがまさに超自然の特別な存在としてあった証拠である。アダムではない普通の人間本性しか備えていない人々が黄金時代の境遇に止まり続けることはあり得ない。アダムの堕落という黄金時代の終焉と同時に実際の人間本性は生み出された。いわゆる楽園喪失のことであるが、人間の本性や情念はひとたび楽園を喪失して以降は今日までまったく改変されることはなかったとマンデヴィルは述べている（Mandeville［1714］1988 = 1985: 209-10）。

未開状態以降の文明史において、神の「奇跡（Miracle）」の介在はいっさい排除される。実際の人間本性に対する観察・経験のみに基づく推測的方法に依拠して歴史的な事象記述を展開することをマンデヴィルは確認している（Mandeville［1729］1988 = 1993: 140）。[2]

マンデヴィルの人間本性理解とはどのようなものか。マンデヴィルは人間の本性として次の二点にとくに注目する。安楽と平和に対する本来的志向性ならびに恐怖に対する敏感な感受性である。マンデヴィルは「災厄が自分に降りかかるのではないかとの懸念があるときに心中に喚起される情念」（Mandeville［1714］1988 = 1985: 183）として恐怖を定義する。ここでの災厄の懸念とはそれが実際上のものであるか想像上のものであるかを問わない。災厄それ自体の大きさではなく、災厄に対する観念の大きさに喚起される恐怖情念の強さは依存する。黄金時代の最大の特徴すなわちその最も非現実的な側面とは、恐怖の欠如ということである。黄金時代の人々は恐怖の情念が喚起されることもなく平和かつ安楽に暮している。しかし現実の境遇においては、それが未開状態であれ文明状態であれ、人々が恐怖の情念から解放されることはほとんどない。それゆえに実際の人々にとって行為への誘因の大きな部分は、恐怖の源泉となっている諸原因をつねに忌避し、平和や安楽を得るための最大限の努力の継続ということに集約される。

マンデヴィルにとっての人間とは「種々の情念の複合体」(Mandeville [1714] 1988 = 1985: 37) にすぎない。種々の情念は何らかの原因によりそれらのうちのいずれかが刺激を受けてその作用が活発になるとき、人間の意志とは関係なく当人を支配するようになる。情念はそれが行為動機を構成する場合に「欲望(Desire)」とも呼ばれる。行為動機の形成に関わる人間本性の根幹には諸々の情念があるというのがマンデヴィルの立論的基礎すなわち人間本性論の前提である。情念が少しも刺激されず欲望が行為動機を構成しないとき、人間は「そよ風も吹かない中の大きな風車」(Mandeville [1714] 1988 = 1985: 168) である。

人間は意志や理性において情念それ自体の作用を完全に消去することはできないとマンデヴィルは述べる。人間の意志や理性に可能なことは、情念の隠蔽としての「自己抑制(Self-Denial)」のみである。諸個人は自己の内面において活発化している情念の表出の仕方を制御することができる。そうすることで少なくとも表面上は、情念が生じていることを他人の目から隠蔽することが可能となる。

ただしそれは、情念の克服が要請される「真の美徳(real Virtue)」の追求と同じではないことに注意しておく必要がある。マンデヴィルは情念の「克服(Conquest)」と「隠蔽(Disguise)」を明確に区別する。多くの人々は情念の克服を目指し、真の徳へと至るための実践として字句通りに自己抑制を行なっているのではなく、たんに情念を対人関係において隠蔽しているだけである。したがって情念の自己抑制とはいっても、それが真の美徳を追求するものでない限り、大多数の人々が積極的に情念を抑える際には美徳の追求以外の誘因が他にあるとされる。その誘因が自己利益の追求である。

自己利益の追求はマンデヴィルにおいて、「境遇改善の欲求(the Desire of meliorating our Condition)」

（Mandeville［1729］1988 = 1993: 192）とも換言される。マンデヴィルによれば人々の自己利益はすべて、動物としての本性にその根を持つとされる。利益を構成する種々の情念それ自体が動物としての本性に由来するからである。本性から種々の情念が生じ、情念からは欲望が構成される、そして構成された欲望はその充足という目的のために役立つ諸手段を自己利益として認識させるという論理がそこには成立している。自己利益の追求に動物を専心させる本能をマンデヴィルは「優越本能（Instinct of Sovereignty）」と呼ぶ。優越本能とは、「万事の中心がすべて自己に集中しているとの想念を教え、手に入れられるものなら何でもそれを要求するようにさせる」（Mandeville［1729］1988 = 1993: 286）生得的な人間本性の部分のことである。この優越本能は人間を不公平な裁定者にし得る（Mandeville［1729］1988 = 1993: 289）。

マンデヴィルがとくに優越本能との密接な関連を示唆する情念として次の二つがある。「自己愛（Self-love）」および「自己偏愛（Self-liking）」の情念である（Mandeville［1732］1971: 68-69）。自己偏愛とはマンデヴィル自身が作った概念である。F・フロムの指摘にあるように、この両者の関係性においては自己偏愛のほうがより基底的かつ根本的な情念の部分を構成する（From 1944: 203）。自己愛は人間に限らず他のおそらくはすべての動物に共通の情念として与えられているとされる。自己愛の概念は「自己保存（Self-Preservation）」という動物個体の生命そのものに深く関わる情念のことである（Mandeville［1729］1988 = 1993: 140）。自己保存を強く志向する情念があるということは自己偏愛への志向も必ずなければならない。なぜなら「いかなる動物も自分が嫌なものは愛せない。したがって自己の存在に対する真の愛着（Liking）が、自己以外のいずれの個体に対する愛着にも優るに違いない」（Mandeville［1729］1988 = 1993: 140）からである。

優越本能に根ざした諸情念を抑制するための手段として、身体的な苦痛を伴う処罰など直接的に死の恐怖に訴える強制力がある程度の有効性を発揮することはマンデヴィルも認める。しかし情念を抑えるための最善の手段は他にあるとマンデヴィルはいう。情念それ自体のうちに情念自らに対抗するための誘因を与えることがその手段である。情念に情念自体を対抗させるとはすなわち、情念を自己抑制（隠蔽）することのほうが情念の放縦な作用を他人の目にもはっきりとそれと分かる形式で表出させる場合に比べて、当人にとっての利益になることを認識させるか、もしくはそうしなかったことが自己の不利益につながる可能性があることを説得により理解させることである。マンデヴィルによれば、諸個人は情念を抑制することの見返りとして何がしか自己の利益の獲得もしくは不利益の回避の見込みがない場合には積極的に情念の働きを自己抑制することは決してしてないからである。『蜂の寓話2』の中でマンデヴィルは、「生まれつき僕たち人間はどんな危急のときにだって、どうしようもなく自己の利益に縛りつけられているのだから」（Mandeville［1729］1988 = 1993: 289）とクレオメネスに語らせている。

この自己利益の説得において最も有効な情念が恐怖である。恐怖の情念はなによりもまず自己保存に対する脅威により喚起される。生命に対する実際的な脅威を避けることは生き物としての基本的な行為動機を構成する。ただし人間の場合には、恐怖の情念が喚起させられる理由はより複雑なものになり得る。人間の自己偏愛には、他の動物には見られない「気後れ（Diffidence）」が伴うためである（Mandeville［1729］1988 = 1993: 141）。気後れは人間が自己を過大評価しているのではないかと意識したり懸念したりすることから生じる。それゆえに人間は、自己の評価に関して他者からの称賛・是認・同意などを強く求める。こうして人間の場合には、自己愛ではなく、その基底部分である自己偏愛に巧みに働きかけることで多様な観念から恐怖の情念を引き出すことが可能となる。(3)「社会の平和と平穏に役立つただひとつの情念は恐

表1　統治技法の発展

	未開状態（優越権力の優位）	文明状態（説得の優位）
死に対する恐怖	契約 (Contracts)	成文法 (written Laws)
神秘に対する恐怖	迷信 (Superstition)	大義 (Cause)
恥辱に対する恐怖	美徳 (Moral Virtue)	名誉 (Honour)

怖である」（Mandeville［1714］1988＝1985: 189）とマンデヴィルは述べている。

次節では未開状態と文明状態のそれぞれにおいて、恐怖情念が統治のための手段として活用されていく過程を見ていく。個別の検討に入る前に、恐怖情念の活用術としての種々の統治技法が先に示した三つの恐怖要因とどのような対応関係にあるかを整理しておく。

統治技法の発展に関するマンデヴィルの論理構造を簡潔に示すと「表1」のようになる。未開状態においては秩序を構成する主要な源泉として優越権力が支配的な影響力を有する。死に対する恐怖が何らかの優越する権力からの強制において喚起され続けることで、口頭の契約という不十分なかたちではあるが、法による支配が無文字社会の中で形成される。神秘に対する恐怖は迷信を、恥辱に対する恐怖は美徳をそれぞれ形成する。「追従（Flattery）」の技法に基づき自己偏愛の情念が活用されるとき、恐怖はもっぱら対人関係との関連において喚起され続ける。恥辱と「自負（Pride）」に基づく統治技法はここから発達し始める。恥辱に対する恐怖から「礼節（Politeness）」と「よい作法（good Manners）」が派生する。一方、人類が文明状態に移行すると優越権力に代わり説得の技法が台頭する。死に対する恐怖の活用は人類が文字を獲得することで、成文法の制定へと発展する。その結果、法として示される契約に高い正当性が付与されることとなり、そこからは社会秩序の安定性と持続性の要である正義が生れる。さらにそれに付随して神秘に対する恐怖と恥辱に対する恐怖とを頻繁に喚起する状況が人為的に作られる。神秘に対する想念により恐怖が喚起されるとき、政治体の秩序はその防衛に対する大義の確信のためにいっそう強化される。他方、かつて美徳としての礼節を発達させた恥辱に対する恐怖からは、さらに洗練された形式として名誉の観念が発展する。名誉は礼節に対して「優雅（Gentility）」というかたちで国家の品位を付与する。かくして文明状態において法と統治に関する精緻な三層構造の秩序が現出する。

三　文明の進歩と恐怖情念

マンデヴィルは未開状態から文明状態への移行の画期を成文法の成立に見る。成文法は人類が文字を発明したことで可能となった契約の形式である。マンデヴィルは言語および文字の発明や発達を文明の進歩の重要な基準と考える。『蜂の寓話2』の「第6の対話」前半の主要な話題のひとつとして言語起源論が語られていることにもマンデヴィルにおける言語の重要性が窺える（Mandeville［1729］1988 = 1993: 281-318）。文字の発明はまた、過去の経験の蓄積である知識の保存をより着実なものにし、そのために人間知性の改良を格段に促進する（Mandeville［1729］1988 = 1993: 317-18）。文字による人間知性の大幅な進歩を基礎として人類は文明状態へと移行する。マンデヴィルにおける未開状態とはしたがって、人類史において未だ家族単位を超える大きな共同体が構成されていない段階から無文字社会の段階が終了する時点までの期間である。

マンデヴィルは未開状態の文明史を三段階の社会発展論として展開する。社会の形成を促し、その秩序の安定化と持続とを未開状態の人類に希求させた三つの大きな契機があったことをマンデヴィルは『蜂の寓話2』において詳述している。第一の契機は獰猛な野獣からの自己保存に対する脅威である（Mandeville［1729］1988 = 1993: 243, 275-76）。人々はこの野獣からの脅威を認識してはじめて社会を形成する動機を獲得する。第二の契機は、社会での集団生活を開始した人々が互いに他人からの危害にさらされることの脅威である（Mandeville［1729］1988 = 1993: 281）。ここにおいて人々は社会秩序の維持の重要性を認識する。そして第三の契機は、秩序の維持のために様々な契約が交わされるようになった社会に文字が発明され、そうした契約が成文法の形式を獲得することである（Mandeville［1729］1988 = 1993: 283-84, 299-300）。ここに至って人類は未開状態を脱出する可能性を手に入れる。

未開状態の人類は多くの危険が遍在する境遇に置かれている。とくに社会形成以前の未開状態の原初期にあっては、恐怖情念の源泉として大きな要因となるのは自然からの様々な脅威である。それは自己保存の問題に直接的な関わりを持つ、生命や身体に対する自然からの実際的な脅威である。加えて、未開状態初期の人間の知性は著しく未発達である。言語・推論能力・啓示宗教（真の神の観念）などそれ以前の人類が到達していた知性をすべて欠いた境遇から未開状態は始まる（Mandeville［1729］1988 = 1993: 208-11, 278-79）。[4] 社会もなく高度な知性も持たない原始の人々には、個人や家族規模の人数で自然からの脅威を防ぐ能力はほとんどない。そうした状況の中では、いくつかの家族が合同して集団を形成し、野獣からの脅威を共同で防衛することで安楽の機会は拡大したであろう。

ただし社会を形成した後もその知的水準は依然として低いままである。各人は社会の中でも、その優越本能をお互いに剥き出しにして自己利益のみを追求しようとする。境遇改善の欲求は社会の中でも同じように発揮されるのである。境遇改善の欲求はより多くかつより確実な安楽の機会を得ることがその目的である。安楽の機会の獲得が挫折せざるを得ないとき、心中には「怒り（Anger）」の情念が形成される（Mandeville［1729］1988＝1993: 187）。怒りは自己保存に関する努力を妨げ挫折させるあらゆる障害を乗り越えようと熱心な気持ちを喚起する。この怒りの情念を抑制できるほどに強力な情念が恐怖である。安楽の追求を阻害された怒りよりも、安楽の機会の喪失を招きかねない事物への恐怖の情念が心中において優勢となるとき、人々の利益はその恐怖に支配される。恐怖情念の巧妙な管理が統治技法の核心となる理由である。

動物が共同体を形成するまでに高められるためには、まずもって支配可能（governable）な性質でなければならないことは明らかである。そのために必要となる条件はある程度の知性である。恐怖に敏感でない動物は決して支配することはできないからである（Mandeville［1729］1988＝1993: 196）。

知性が未発達である未開社会において知性に訴える統治技法はあまり効果が期待できない。それゆえ未開状態においては優越する権力などによって恐怖を喚起することで、人々を統治可能にする技法が優位にならざるを得ない。ただし、たとえ優越権力に由来する統治であったとしても、その統治が人々の服従に基づく場合にはその秩序は長続きしない。

マンデヴィルは「服従可能（submissive）」と「支配可能（governable）」の違いを強調する（Mandeville［1729］

1988 = 1993: 196）。人々が統治者に服従する動機はより大きな不都合を避けるために仕方なく忌避する事物を受け入れることである。この場合でも確かに人々は従順であろうが、支配者にとっては役に立たない存在であるかもしれない。一方、支配を受け入れる動機には支配する人物の喜ぶことや役立つことのために自ら進んで尽力することが含まれるとされる。統治が安定性と持続性を備えるためには人々の支配可能な性質に立脚しなければならない[5]。

優越権力による秩序において、人々の支配可能性が恐怖情念から導出されるのは「畏敬（Reverence）」の念が生成されるからである。畏敬とは愛と尊敬と恐怖からなる合成物である（Mandeville［1729］1988 = 1993: 213-14）。社会形成以前の未開状態において、家族内で最初の畏敬が生成される。親から受ける保護や世話や暴力などを通じて子供の心中に感謝（愛）や尊敬や恐怖が惹起され、その合成として畏敬が生成されるためである。社会が形成された後には畏敬は、強い力を持つ集団の統率者に対して成員の間で生成される。外部の集団から襲撃される恐怖がその背景としてある。集団間の抗争が続けられる中で、やがて争いを避けるための契約が結ばれるようになる（Mandeville［1729］1988 = 1993: 281-84）。この契約は集団間でも集団内部でも争いを避ける手段として利用されていく。このようにして統治者への畏敬を背景とした契約（法）による支配が生れる。契約に違反した際の処罰が人々の恐怖情念を喚起するようになる。

未開状態における宗教の起源もまた、畏敬を伴う恐怖情念であることをマンデヴィルは主張する。ただしここでの宗教とは、啓示によってのみ人間にもたらされるところの真の神の観念を欠いた多様な迷信（偶像崇拝）のことである（Mandeville［1729］1988 = 1993: 218-19）。知性が未発達で啓示も授けられていない未開人に宗教を持つことを可能にする要因が神秘への恐怖である。人間は人知を超える何か「目に見えない力（invisible Power）」に対して恐怖の情念を生起するとマンデヴィルはいう。未開人にとっての神秘に対する恐怖は雷鳴・旱魃・暗闇など種々の自然の驚異により頻繁に喚起される。目に見えない力としての神秘に由来する恐怖情念は最初に、漠然とした観念を人々に抱かせる。神秘に対するその漠然とした観念は、人間の知性が長い時間をかけて高度な推論能力を発達させる中でいつかは、無限かつ永遠の存在に関する確かな知識へと至るはずである。しかしながら知性が未熟で無知な段階にあるときには、人々の宗教が真の神秘の原因たる神の観念ではなく、様々な迷信（偶像崇拝）として形式化されることは避けられないとマンデヴィルは論じる（Mandeville［1729］1988 = 1993: 224-26）。

美徳も社会秩序の維持のために未開状態において考案された。未開状態の粗野で無知な人々がそれぞれ勝手に自己偏愛を他者の見ている前で自由に発揮し続ける限り、お互いの評価や格づけなどについて不満や争いが生じる。その結果、自己偏愛に基づく卓越性をめぐる競合が人間関係において様々な不都合を生じさせる。そうした不都合を回避するためには露骨な自己偏愛の顕示を控えるための手段が徐々に発達せざるを得なかった。その手段が礼節とよい作法である。

美徳としての礼節やよい作法が発達する起源は自己偏愛である（Mandeville［1729］1988 = 1993: 149-50）。マンデヴィルは「追従こそが人間に働きかけるための最も強力な論法である」（Mandeville［1714］1988 = 1985: 40）と述べる。政治家たちは追従という自己偏愛への働きかけが人間を支配可能にするのにきわめて有効なことを発見する。巧妙な政治家は畏敬を背景に、優越本能を剥き出しにして自己利益のみを追求する行為を悪徳とみなし、反対に自己の情念は抑制しつつ他者や社会全体の利益に配慮する振る舞いを美徳として規定する（Mandeville［1714］1988 = 1985: 44）。その上で追従の技法をさらに発展させ、自己偏愛に由来する恥辱と自負の源泉を拡張することで人々に自らの情念の隠蔽にこそ利益があるとの説得に成功する[6]。まさに「美徳とは追従が自負に生ませた政治的な申し子である」（Mandeville［1714］1988＝1985: 46）。政治家はさらに、悪徳を行なうことへの非難という想像上の恐怖の源泉を創出することで、人々のうちに恥辱に対する恐怖を強く植えつけることを企図する。

恥辱の情念は非常に普遍的なものであり、またすべての人にとても早い段階から見出されるものであるため、長くその存在に気づくこともなくそれを利用することにも思い至らないような民族はあり得ない（Mandeville［1729］1988＝1993: 156）。

ひとたび多くの人々が自己への高い評価すなわち自負を隠蔽することが可能になると、その隠蔽の技法に対する改良が弛みなく続けられていく。この段階にまで達するとすべての人が追従の利点を認識し、礼節やよい作法などが次の世代へと次々に引き継がれていくようになる。美徳は情念の自己抑制のための最初の形式のひとつとして創出されたのである。

文明状態に入ると統治技法の支配的原理は優越権力から説得へとその力点を移行する。説得は人々の行為に諸々の形式での何らかの「正当性（Justice）」を付与する。その形式が法であるとき、その遵守には正義としての正当性が伴う。また戦争に臨む際などに、自軍の側に神の支持があるとの確信が喚起されるときには大義という正当性が生じる。さらには日常の振る舞いに関しても、その礼節や作法が宮廷や軍隊を模範に行なわれる場合には国王や国家のお墨付きとして品位の正当性を誇ることができる。約言するならば、よく整備された法は正義の源泉であり、宗教的な後ろ盾は大義の源泉であり、国王や国家は名誉の源泉であるといえる。

文字の発明により成文法が制定されるようになる。成文法はその契約としての効力を長期にわたり保持することを可能にする。法による支配はここにおいて、社会秩序に安定性と持続性を付与するための堅固な基盤となる。成文法が制定された社会において人々は、安全と安心とを享受することができる。それは自己保存にまつわる恐怖の遍在という未開状態のあの不安定な境遇からの解放を意味する。

自己保存への脅威からの解放は、人類を急速に文明化に向かわせるための基盤を提供する（Mandeville［1729］1988＝1993: 300）。その基盤とは勤労の成果物を確保できる機会の拡大である。厳正な法制度の下で、人々の境遇改善の努力は勤労の成果物の確実な享受として実現する。法の正義がその所有権を保障するからである。所有権の保障は勤労への誘因を社会全体に浸透させることにつながる。そして勤労の拡大はやがて分業を促進することで社会に富裕を実現する。

成文法の支配の確立は人間の知性能力の潜在性をも開花させる。それは人々の性向をさらに社会に適合的にしていく契機となる（Mandeville［1729］1988＝1993: 317-18）。人間はその高い知性ゆえに事物についての先見性を持つことが可能となり、その先見性から将来についての希望が生れるためである。希望を持つ人々はその希望の源泉が、自分が属する社会秩序の堅固さのおかげであることに気づく。そうなれば人々は社会を愛し始めるに違いないので、法の支配に服従する理由を説得により受け入れる素地が自然に用意される。

知性の向上が見られる文明状態にあっても人々は神秘に対する恐怖からの影響を受ける。神秘に対する恐れは死に対する恐れと同じくらい普遍的な情念である（Mandeville［1732］1971: 187-88）。不道徳の権化のような人ほど、じつは占いやまじないなどに頼りがちだったりするのがその証拠である。

一方、大きな社会には必ず何らかの宗教が存在する。また仮に宗教がなかったならば大きな社会を十分に統治することはできないとマンデヴィルはいう（Mandeville［1732］1971: 17）。キリスト教国であれば、神は存在しないとその人が明言していない限り、すべての人が真の神と死後世界の存在を信じていると見て間違いない（Mandeville［1732］1971: 187-88）。しかし大きな社会に宗教が必ず存在する理由は、人々が神罰や死後世界の苦難を恐れるからではない。神の本質は恐怖や怒りではなく、その愛や慈悲深さにあることも多くの人が理解しているからである。文明状態では真の神の観念を思惟するまでに人々の知性は向上している。

神秘に対する恐怖と慈悲深い神の観念との結合は、人々を「便宜的な決疑論者（easy Casuists）」（Mandeville［1732］1971: 199）にする。重大な行為選択の折などにおいてとくにその面が顕著となる。例えば戦争に臨む兵士に対して、その戦闘の正当性が神の名において鼓吹されるような場合である。神という神秘に是認されているという確信は、人々にその戦いに対する大義を付与する（Mandeville［1732］1971: 172）。神秘に対する恐怖に訴えることで宗教が不撓の兵士を生み出し、社会の強大さを支えるのである。

文明状態では恥辱に対する恐怖の活用が精緻化されることでとくに多様な統治技法が発展する。人々の振る舞いに対する称賛の基準が高くなるためである。追従はより洗練された振る舞いのみを称賛に値する行為として是認するようになる。そこに美徳の洗練された形式としての名誉が生み出される（Mandeville［1732］1971: 42-43）。

名誉とはその真正かつ本質的な意味合いからすれば、他人の評判がよいということに他ならない。名誉が示されるにあたり噂になるなり騒がれるなりすればするほど、それだけ立派で実質的なものと思われるようになる（Mandeville［1714］1988 = 1985: 58-59）。

名誉や不名誉の源泉が他人の評価に基づくものであるため、恥辱から喚起される恐怖に際限はない。名誉に対する称賛が高まるほど、その裏返しとしての不名誉すなわち恥辱に対する恐怖も増大する。法の正義の下で自己愛に対する恐怖が喚起される機会が少なくなる一方、文明状態では自己偏愛に対する恐怖の機会がこの恥辱の性質ゆえに拡大する。

国王が名誉の源であるというとき、その意味するところは肩書きや儀式などを通じて国王は、誰でも自分の好きな者に対して名誉の極印を打つ権限を持っており、極印を押された者は真にその名誉に値するかどうかとは関わりなく、まさに貨幣が刻印の力によって価値としての通用力を持つのと同様に、その極印の力により他人からのよい評価が保証されるのである（Mandeville［1714］1988 = 1985: 59）。

他人の評判の源泉は国王や国家の栄誉や品格に求められるに至る。「行儀作法を教える最高の学校は宮廷と軍隊」（Mandeville［1714］1988 = 1985: 111）となる。礼節やよい作法の洗練化の極みとして、「優雅」がそこに確立される（Mandeville［1732］1971: 232）。優雅は人々の振る舞いに国家という正当性を付与することで情念の自己抑制を洗練された形式へと引き上げる。上品さという振る舞いについての階序が構築されるのである。

四　結び

ここまでマンデヴィルの文明論の論理を恐怖概念との関連において検討してきた。本稿を通じて、恐怖情念がマンデヴィルの統治論における鍵概念であることを再確認できたと考える。実際上もしくは想像上の脅威に由来する多様な不安や懸念から恐怖情念が生じる。人々は恐怖の要因を解消することに専心する中で社会秩序に馴致されていく。恐怖情念のこうした活用術の発達こそが社会に秩序をもたらす最重要の統治技法であることの論理をマンデヴィルは文明論として展開したのである。

恐怖情念は巧妙に管理されることで、社会秩序の安定性と持続性の保持を実現する多様な行為動機の構成要素として変換可能となる。自己抑制としての諸情念の隠蔽とはこの意味において、統治技法がもたらした文明の精華のひとつである。死・神秘・恥辱という恐怖の三つの源泉に対して、正義・大義・名誉という考案物が発明されたことをマンデヴィルは論証している。恐怖情念を軸とする三層の社会秩序論の構造がそこには見出される。

●注

（1）マンデヴィルは未開状態を「野生状態（the wild State of Nature）」（Mandeville［1714］1988 = 1985: 39, 132）とも表現している。

（2）「奇跡という言葉が神の力の介在を意味することは明らかである。その力が作用するとき、事物の自然の成り行きから外れることが起きる」（Mandeville［1729］1988＝1993: 217）との説明がマンデヴィルによる「奇跡」の定義である。マンデヴィルが人類の文明史において、奇跡の介在を容認する出来事は神による人間の創造および真の宗教に対する啓示のみである（Mandeville［1729］1988＝1993: 217-18, 328-29）。人間の限定的な知性にとっては、暫定的にそれらの奇跡の実在を信じることが「推測（Conjectures）」に基づく歴史記述として最も合理的な推論であることをマンデヴィルは論じている（Mandeville［1729］1988＝1993: 328-29, 334-37）。

（3）自己偏愛論の背景にはT・ホッブズに対するマンデヴィルの批判がある。「人間は生まれつき社会には不適であるとしつつ、その理由を幼児がその誕生時に示す無能力さだとするホッブズのような議論では何も説明したことにならない（Mandeville［1729］1988＝1993: 189）とホッブズの統治論への不満を述べている。

（4）未開状態の人々がそれ以前の知性を欠き、愚鈍かつ粗野な状態へと低落した理由として、マンデヴィルはノアの大洪水の影響を挙げる（Mandeville［1729］1988＝1993: 278-79）。大洪水の後、わずかに生き残った人々は自然からの脅威が遍在する環境のために様々な事故や苦難に遭遇する機会が高まり、次の世代に十分な指導や訓育を与えないまま代を重ねることとなった。その結果、未開状態において知性も社会も保ち得ないほどに低落した未開人が出現する。キリスト教の啓示と合理的な推論としての推測的歴史の記述法との間に最大限の整合性を求めようとするマンデヴィルの方向性が顕著に読み取れる箇所である。なお政治算術の手法として、世界の人口数の動態を論じる際に、聖書の記述との整合性を保つための工夫としてしばしばノアの大洪水後の世界を基点にすることが行なわれた（川北 2004: 10-14）。『蜂の寓話2』の中にはJ・グラントの手になるとされる『死亡表の観察』と思われる「報告書」にホレイショが言及する場面が出てくる（Mandeville［1729］1988＝1993: 271-72）。マンデヴィルが政治算術の知見に通じていたことを示唆する場面である。

（5）立脚する基礎の違いから二つの社会類型が生じるとマンデヴィルは述べる（Mandeville［1729］1988＝1993: 198）。弱者の忍従を要請する「強者の力（the Force of the Strong）」による社会と成員間での「相互契約（mutual Compact）」に基づく社会である。

（6）『蜂の寓話』においてマンデヴィルは、自負と恥辱は別々の情念であると論じる（Mandeville［1714］1988＝1985: 62）。しかし後にはその考え方を訂正して、『名誉の起源』の中では両者は共に自己偏愛の情念から派生する「感情（Affections）」であるとしている（Mandeville,［1732］1971: 12-13）。

●参考文献

From, Franz, 1944, "Mandeville's Paradox," *Theoria*, 10 (3) : 197-215.

川北稔，二〇〇四，「『政治算術』の世界」『パブリック・ヒストリー』1: 1-18.

Mandeville, Bernard, [1714] 1988, *The Fable of the Bees: or, Private Vices, Publick Benefits*, edited by F.B. Kaye, Indianapolis, Liberty Fund (= 1985, 泉谷治訳『蜂の寓話――私悪すなわち公益』法政大学出版会).

————, [1729] 1988, *The Fable of the Bees: or, Private Vices, Publick Benefits, PartII*, edited by F.B. Kaye, Indianapolis, Liberty Fund (= 1993, 泉谷治訳『続・蜂の寓話』法政大学出版会).

————, [1732] 1971, *An Enquiry into the Origin of Honour and the Usefulness of Christianity in War*, London, Frank Cass.

Stumpf. Thomas, 2000, "Mandeville, Asceticism, and the Spare Diet of the Golden Age," In *Mandeville and Augustan Ideas: New Essays,* edited by C.W.A. Prior, Victoria, The University of Victoria: 97-116.

第十章　道徳的責任と合理性

中村隆文

はじめに

古今東西いずれの社会であれ、「責任」が存在しなかった社会などというものはなかったように思われる。通常、我々の社会では無責任な大人は嫌われ避けられる一方、責任ある大人は好まれそれが目指すべきものとして理解されている。人は責任をいつから負うようになるのか、その時期は文化・社会によってさまざまであるし、その重さも個々人やケースによって異なるであろう。責任主体という存在も、法レベル・道徳レベルにおいてさまざまな形態がありえる。

こうした多様性のもと、責任を一義的に取り扱うことなどはおよそ不可能であるが、本論考では責任の条件として取り扱われる「合理性」を分析しながら、責任主体というものの存在可能性が根源的なものであり、決定論における免責論のなかでも生き残り続けるものであることを示してゆく。そしてその過程において、責任主体概念の存続可能性には、我々が普段気付かない、しかしまぎれもなく我々の日常的実践をその根底から支えるような諸々の道徳的観点が関わっている、ということが理解されるであろう。

一　合理性と道徳性

家庭内教育や学校教育、ひいては職場教育の場でよく耳にするセリフに「分かっているならできるだろ⁉」というものがある(私自身この言葉をさんざん浴びせられ、そして他人にも浴びせてきたわけであるが)。この「分かっているならできるだろ⁉」というセリフは単なる疑問文ではなく、相手を咎める言葉、そして相手に変化を望むような依頼文・命令文ともとれるわけであるが、ここには或る性質が価値的なものとしてその前提となっている。

およそこうしたセリフが発せられるとき、その多くは、してほしい行為を相手がしてくれなかったこと(あるいはしてくれそうにないこと)に起因するのであるが、それが過去の事例に適用されるとき「分かっていたならできただろう(“If you had understood, you could have done it.”)」という形をとる。それは当の相手に対し「できなかったお前は分かっていなかったということだ」という事実を示し、さらにそこから「問題となる事柄についてきちんと分かりなさい。分かるようにもっとお利口さんになりなさい」と表現・要求しているのである。こうしたセリフには、程度の差はあれ「バカは罪」「できないような状況は改善すべき」という意味が込められており、我々の日常的な教育・指導の根幹には、「合理性」という価値ががっちりと食い込み、合理的な人間になることが或る種の目標として設定されているのである。そしてこの目標設定は多くの場合「倫理的人間になること」とオーバーラップしている。いや、それどころか、倫理的人間になることの条件として「合理性」が求められているのが実情であろう。

或る人がきちんとしていないのは、その人が不合理であるから、とよく言われる。言い方を変えるならば、合理的な人間であればきちんとした人間である。これは日常的な振る舞いや仕事、さらには人生設計を語る場でも常識とされているが、多くの場合「きちんとしている人」は分別をわきまえている人であり、そうした人は善悪をきちんとふまえて行為するような倫理的人物とされている。それゆえ、その育成を目指す場においては「やってはいけないことをやるのは、きちんと分かっていないからでしょ！」とか、「本当に分かっているなら、悪いことしないはずでしょ！」といって大人は子どもを、先生は生徒を注意・指導する。このように、「まともな人＝倫理的人物」になるためには合理性は不可欠であり、不合理な人は倫理的な人間にはなれない（とされている）。こうした合理主義的思考法は、古今東西を問わず我々の常識に組み込まれてきた。合理性を倫理の条件とするような、あるいは理性からの客観的要求こそが倫理的判断・行為を可能と主張するような合理主義としては、古くはプラトン、近代ではホッブズ、カント、ベンサム、現代ではヘア、ロールズ、ゴティエ、コースガードなどさまざまな論者を挙げることができる。もっとも、合理主義者たちも決して一枚岩ではなく、道徳実在論をとるプラトン主義者もいれば、認識論において理性‐道徳法則を重視するカント主義者、目標実現のための協調としての道徳を推奨する戦略的合理主義者や、公平な観点からの合理的判断にこそ倫理性をみいだすような契約論者や功利主義者もいる（さらにいえば、道徳的信念こそが道徳的行為への動機付けを可能とするような「動機づけに関する内在主義」の一部も合理主義者として位置づけ可能である）。しかし、いずれにおいても「合理性」という一つの能力を「倫理的存在者の条件」とみなしている点では共通しており、「きちんと行為できる倫理的人物」は、「きちんと行為できない非倫理的人物」よりも「合理性」という点で（あるいは「物事を知っている」という点で）優れている、とされる[1]。

この「当たり前」は倫理思想史全体に通じる王道的ストーリーであると同時に、我々の日常的実践もまたそのストーリーにのっかっているといってもよい。だからこそ、そのストーリーの中で生きていない不合理な人は「バカ」であり「未熟」であり「教育や治療を施されるべき対象」ということになる（そしてそれを施すのが、大人・教師・医者などの「知っている側」ということになる）[2]。この手の常識は責任論に深く食い込んでおり、だからこそ、子どもはその能力の欠乏がゆえに「きちんと振る舞えない」ということで責任を問われることはないが、大人は能力をもっているとみなされるがゆえに「きちんと振る舞えないのは仕方なくはない」としてその責任を追及される傾向にある。

二　合理性と自由

しかし、人は成長を遂げたとしても（ときには成長途中でさえ）、この手の合理主義的な倫理観に対して懐疑的な態度をとることができるし、むしろ、成長したからこそそうした倫理観を疑うようになる人たちもいる（それはちょうど、倫理思想史においてニーチェという異端児が現れたように）。というのも、倫理的な人物は或る種の倫理・道徳規範を採用しそれに従っているわけであるが、その規範性を信じていない人たちからすると、「そもそもなんでそんな規範に従わなければならないの？」とか、「従いたい人はともかくとして、なぜこの私が従わねばならないの？」と考えることができるからである。もちろん、或る規範について「それは何があっても従うべきだろ！」と信じている人が実際に従っていないとき、我々はその人を「不合理な人物」と呼ぶことができる。しかし、「従うべきだ！」と信じていない人に対し、我々はその人を「不合理な人物」と呼ぶことができるであろうか。

前述の合理主義の側からすれば、「当たり前のことが分かっていないので不合理だ！」と叫ぶことはできるが、しかし、反逆者たちは「何故それを分かっていなければならないのか？」という理由を常に問えるわけであり（いわゆる〝Why be moral?〟問題）、反逆者たちは論理的に矛盾しているわけではない。もっとも、「理性」とは論理的整合性のみならず、反省を通じて何をすべきかという問いを解決できる――その結果、判断・行為のいずれかを結論としてもつような――実践理性（practical reason）も含むものとすれば、規範性に対し頑なに否定的な問いかけを行い続ける反逆者たちにはそれが欠けている、と合理主義者の目には映るであろう。しかし、ニヒリストでなくとも、或る規範性に対し疑いの眼差しを向けることは、実践理性を備えた人たちであっても可能である。同じ社会で暮らす人々においても、一つの規範・価値こそが絶対的正解としてその目に映ることは稀であろうし、複数の規範・価値が同じくらいもっともなこともあるだろう。人は価値相対主義のもと大人であっても――あるいは大人だからこそ――非倫理的な人間となってしまうことは常にありうる。そしてそうした大人を「合理的」と呼ぶか、あるいは「不合理」と呼ぶかは、呼ぶ側がどのポジションに立っているかに拠るのであって、絶対確実な基準などないように思われる。

もっとも、「合理性」の絶対的基準がなくなったとしても、「責任主体」が消失するわけではない。なぜならば、価値や規範が多元化したところで、その社会における最低限の規範へ反逆する人たちに対し、我々は「好きにしなさい。しかし、その代償は自分で払いなさい」と言えるからである。つまり、或る倫理的・道徳的規範を相対化することができる人は、価値多元化のもとで「選択している人」として理解され、「自身の選択からの結果は自身で背負うこと」が要求される。規範の絶対性が否定され、その条件としての「合理性」が従来の重みを軽減したとしても、「それでも自由なので責任がある」という自由‐責任論のもと、責任主体は依然として存在し続ける。これは「自由な人間（弱い意味での合理性[3]に支えられた選択可能性をもった人間）であれば責任を負うことになる」という合理主義の変形バージョンであり、だからこそ、価値多元主義においても合理主義的責任論が成立する余地がある。

三　合理性と決定論

しかし、この手の責任論をすべてひっくりかえす議論がある。それは「そうなることが因果的に決まっていたがゆえに、その人自身ではどうしようもなかったのであり、責任などはそこにはない」と主張する決定論（determinism）を根拠とした免責論である。これは、たとえその人が価値多元主義に目覚めて（あるいは価値多元主義という夢の中で）自分なりにきちんと考えて自分なりの決断をしたとしても、「或る規範に従わなかった選択それ自体は決められていてどうしようもなかったので責任はない」ということになり、「選択の自由」と結合することでかろうじて生き残っていた各自の合理的な在り方ですら「そのように決まっていた」の一言で消失してしまう。これは、決定論と自由に関する非両立主義（incompatibilism）であり、そして自由と責任との間に概念的な結合を考慮する限りは、決定論と責任との非両立主義ともいえるものである。

もっとも、因果的決定論をベースとしたこの手の責任消失論については多角度から批判することができる。すぐに思いつくのは、「すべては決まっている（決まっていた）」という因果的決定論には具体性・有用性・創造性がなく、それは理論というようよりは一つの見解にすぎず、責任概念に基づいた我々の実践的態度を改めせしめるようなものではない、というものである。責任感のもとで行為したり、それを前提とした他者との交流において、「あなた方の交流はとにかくそうなるように決まっている（決まっていた）んです」とコメントしたところで「そ、そうだね」くらいしか返事が返ってこないように、「決まっている（決まっていた）」ことそれ自体はその交流や実践について何も語っていない。個々の因果的推論は具体的な検証方法を通じた反証可能性をもっているという点で有意味であったとしても（だからこそ或る種の因果推論が外れることもありうるわけであるが）、全称命題的な因果的決定論そのものにはそもそも反証可能性がなく、それゆえ、たとえ「すべてが決まっている」という決定論が正しいとしても、それだけでは個人の責任阻却を義務付けさせるような科学理論たる地位にあるとはいえない。

また、決定論によって否定される自由と、決定論のもとでも生き残る自由（責任主体としての自由）との両者は概念上区別可能であるように思われる。ヒュームによれば、「無差別の自由（the liberty of indifference）」と「自発性の自由（the liberty of spontaneity）」とは区別されるべきであり、因果的決定という意味ではあらゆる出来事から影響を受けないような「無差別の自由」は存在しないといっても構わないが、しかし、そのことから自発的・意図的に行為を行う自由が存在しないということにならない（T 2.3.2.1）[4]。ヒュームによると、自由強調論者は一般に「自分は自由である！（だからあらゆるものの決定から免れている！）」と思い込むことで二つの自由を混同し、その「無差別の自由」を信じこむあまり自らの自由を示そうといろんな行為をしてみせるが、結局それは「自由を示そうとする欲求」に影響を受けているのであって、すでにそれ自体（第一の意味において）自由ではない（T 2.3.2.2）。「何事からも決して影響を受けない完全に自由・独立した主体」という概念自体が形而上学的なものであり、それはヒュームのそもそもの批判のターゲットでもある。だが、そうであるからといって「自由な行為」が不可能なわけではなく、その人の意志に基づいた行為とそうでない行為とは依然として区別可能である（それゆえヒュームは無差別の自由は認めない一方、自発性の自由を認めた両立論者として理解されている）[5]。

また、因果的決定の絶対的な強固さ（外部決定性）を認めつつも、同時に責任主体の存在を認めるような両立論も存在する。道徳的行為を行うにせよ行わないにせよ、我々は抗いがたい因果的効力の前にさらされているのかもしれない。それはちょうど、人間を乗せた電車がそのままうまく線路を往き続けるか、あるいは停止もしくは脱線するかの選択肢しかないように。仮に、そうした電車が線路（進むべき方向）を運転手も車掌もなしに進むようになっているならばそこには責任主体は存在しないといってよい（乗っている人はなすがままだからである）。しかし、運転手や車掌が努力してその電車をうまく操縦・運行しようとしているならば、たとえその結果、線路の変形や機械の故障ゆえに停止・脱線してしまい「どうしようもなかった」としても、そこに責任主体は存在していたといえる（結果的に責任を負わないとしても）。外的現象としてどうなってしまうかが決まっているにしても、そこにおいて行為者性が内在・成立しうる以上、そこには責任主体が存在しているといえる。つまり、そうなるしかなかった、というような他可能性のなさが、すぐさま「責任ある行為者など存在しない」ということを意味するわけではない[6]。

もちろん、そうした責任主体には一定の資格が必要かもしれない。車掌や運転手としての知識・価値観・徳をもたない一介の乗客がそこでの責任者とはなりえないように、責任主体がそこに存在するとみなすためには、「洗脳されていない」「強迫性障害でない」「最低限必要な教養を授かっている」などの各種条件——生得的資質、後天的に形成された能力、そしてそれらをきちんと発揮できるような環境など——が必要となるであろう。カント的な合理主義者であれば「善意志に従うような自律的存在者」をそこにみいだすであろうが、心的因果性に固執する人ならば「それすら決定されている！」と強調するかもしれない。しかし、いかに因果的に決定されていようと、それはあくまで形而上学的な問題であって、実践における責任問題にあたっては先の「運転手」と「電車の運行」のように、「判断‐意図的主体」と「外部決定的な行為者」とはそれぞれ別々の枠組みで論じられる必要があるだろう。そして、両者が因果的に繋がっていることが理解されたとき、だからこそ責任主体の行為であった、ということができる（というのも、そもそも判断・意図的人格が、出来事である行為を行う身体的人格と因果的に関係していなければ、そこには責任主体が成立しえないからである）。合理主義者であるウォルフは、カントのような「自律した存在者」や、デカルト主義のような「本当の自己」などを認めなくとも、真・善を理解し、それを理由として行為するような理性的存在者を見出すことができれば、そこには責任主体を認めることができると主張する[7]。前述の運転手の例でいえば、その人はいろんな資質や教育、訓練の影響を受けているが、しかし必要な技能や心構えを理解した上での行為を期待されている以上、電車内での或る種の行為は責任ある存在者の行為ということになる。つまり、決定論がいかに「自由」「自律」という可能性を消し去ったとしても、合理性や実践理性の概念は残り続け、その限りは責任主体も生き残れるように思われる。

四　合理性と責任の非対称性

もっとも、決定論的世界観の内部であってさえ、「合理性」をあまりにも強く想定する限り、我々の実践に沿った形で責任主体をうまく理解することはできないであろう。なぜならば、責任問題において「合理性」の意味を強くとりすぎることは、因果的決定論との結合のもと免責論に傾きすぎる傾向をもっているからである。

たとえば、ウォルフの合理主義的責任論は形而上学と決別し、実践における責任主体を真・善を理解できる倫理的主体として位置づけているが、しかし、それは一種の強すぎる合理主義であって、実践的に有意義な責任主体の概念を無用のものとしているように思われる。ウォルフの合理主義からすると、「きちんと倫理的に行為できなかったのは合理性が欠落しているからであって、そこには責任主体はいなかった」ということになる。しかし、きちんと行為できたときには「合理性を備えていたがゆえに、そこには責任主体による行為があった」となる。つまり、ウォルフにおいては、「功績ある行為」は責任を負いうる合理的-倫理的存在者によるものである一方、「うまくできない行為」や「認められない行為」は責任を負わないような不合理的存在者によるものということになる。〝I couldn't help it,〟〝he had no choice,〟〝she couldn't resist〟などの文は、非難を浴びせられた際に免責の弁明として用いられる傾向にあるが、称賛においてこの手の文がその行為者の功績を拒絶することはない、とウォルフは指摘する（例えば、〝I cannot tell a lie,〟〝he couldn't hurt a fly〟などの文は、称賛に値することの陳述にはなっても、それを除外することにはならない）[8]。これは、我々の実践において責任主体が非対称的な概念であることの証であり、そこには真・善を理解できる合理性があるかないかが関わっている、というのがウォルフの立場である。ウォルフによると、我々の日常言語を用いた実生活における「責任」は非対称的な在り方をしており、無理やり対称的なものとして責任主体を捨象するような決定論――つまり、「うまくできたヤツだってそのように決められていたわけだから、その人の功績とみなせはしない」という決定論――は形而上学的なものであって実践的でなく、それゆえ責任と称賛は非対称的となるのであるが、しかしここには大きな問題があるように思われる。

というのも、日常言語の使用法（事実）ゆえにその用法における責任概念の非対称性を変えるべきではない、と決めつけるにはその根拠が不足しているからである。もし言語使用に関する事実そのものに問題があるとすれば、そうした非対称的理解は変化すべきであり、それこそが合理主義本来の役割であるようにも思えるが、ウォルフは現状の提示から「それを守るべき」と訴えるような自然主義的誤謬を犯しているようにもみえる。さらに、ウォルフが挙げたような非対称的な使用法に対し、形而上学は別としても、我々は実践において違和感をおぼえることが多々ある。「合理的存在者」としてすべきこと・すべきでないことについての知識を備えた立派な人が、善行と悪行をそれぞれ別の場面でなしたとき、「その人はこれまでの立派な行為において功績を認めるが、悪行については一切責任はありません」という風に我々は考えるであろうか。我々の多くは、「その人の善行の功績は認める一方で、悪行の責任も認めなければならない」と考えるであろう（たとえ帳消しにするにしても、悪行の責任はそこでは勘案されている）。ウォルフが仮に「そうした考えは感情に基づくものであって、我々は理性のもとで非対称的に考えるべきだ」というのならば、「決定論的観点に忠実に従いながら、功績ある主体すらも存在しないように対称的に理解すべきだ（それゆえ、成功者や富ある者の財産も共有化すべきだ、など）」という考えがなぜ合理的でないかを説明する必要があるだろう。そしてそれはウォルフの立場からは困難であるように思われる。

ウォルフが肯定するような非対称性を支える言語表現はあくまで一つの用法であって、「むしろそれを変化させるべきでは？」という議論は常に開かれている。結局のところ、そうした非対称的用法を肯定するウォルフの議論は、称賛される行為、非難される行為という事実を所与としながら、前者に「合理性」を限定することでかろうじて決定論と合理主義的責任論とを共存させようという試みにすぎない。しかし、その方向でゆくと、責任のベースとして行為者に内在するとみなされていた「選択・決断を可能とする合理性」はもはやその存在意義はなく――単にその行為者がうまくやれたかどうかのような――、外部的観点から後付け的に付与されたもののみが「合理性」ということになる。つまり「強い合理主義」は、或る行為者の成功・失敗因果関係をうまく説明できるような外部的観点を採用することで常に決定論と癒着しやすく、それゆえ行為主体の「選択」「決断」といった実践的事実を軽視しやすい傾向にあるといえる。

五　制度において担保される合理性

では、決定論的な合理主義に回収されることなく、日常的な実践において、選択・決断のベースたる「合理性」とそれに基づいた行為-責任主体がどのように生き残れるか、といえば、それは「行為主体の合理性を認定するための制度的観点」が、決定論的観点とは別のレベルで保持されるかどうか、にかかっている。

たとえば、「分別のない子ども」や「精神病患者」などのように、行為において難点・障害ともいえるような要因が改善されておらず、その人自身にそれを改善する反省能力が備わっていなかったのなら（論理的能力の欠落、強迫観念など）そこには責任主体は存在しない（つまり、教育・治療の観点からは合理性は認定されない）。しかし、反省能力・論理的推論能力・実践理性が備わっているような「不注意な人」の場合、恒常的に注意力散漫であるがゆえに間違った行為をしがちであるにしても、日常的な作業や人づきあい、商取引などでいくつもの合理的・意図的行為の要件を満たすので、完全に免責されることはほぼない。ただし、その恒常的不注意が病的なまで日常生活を崩壊させたり改善不可能であるならば、法的観点から一連の意図的行為というものは認定されず、免責主体となることもある（制限行為能力者のように）。さらには、これらと同様に不合理な選択を行うのであるが、しかしそれが確信犯的なものであって、そこに確固とした意図性を認定できるケースもある。他人に甘えすぎる人、悪質なクレーマー、分別のつかない子どもようにゴミをポイ捨てする大人、ギャンブルで破滅する人、詐欺師、殺人犯、これらはすべて不合理であり、なかなか改善できない場合には未熟で病的とさえ感じる。そして、教育・治療的観点からするとまさにそうであるがゆえに責任主体ではなく治療・操作の対象としてしか取り扱えないのであるが[9]、我々が日常においてそうしたダメダメな相手と交流するとき——商取引や約束事をするとき——、「あなたはきちんとしなくても一切責任はないから安心してね」という態度でその相手と接することはほとんどないであろう。

　合理主義のなかでもとりわけ強く合理性をとる立場であれば、「結果的にうまくいかない人」はそもそもうまくいくことなど不可能であったので責任はないことになる。それゆえ、たとえ悪意があろうとなかろうとできないものはできないのだから、うまくいかないというその事実が「責任主体はいなかった」ということを示していることになる（だからこそ「うまくいけば責任主体（功績主体）はいた」というように、責任主体の在り方は非対称的となる）。しかし、そうした「うまくできる能力＝合理性＝責任能力」という捉え方自体、一つの合理主義的観点からのものであって、そこからだけでは道徳的観点から見えるはずの責任主体が見えない。それどころか、制度内において想定されている通常の合理的行為主体ですら無意味なものとなることがある。

たとえば、偶然洋服が欲しくなった或る人が、クレジットカードの使用限度額を超えているのを自覚しているにもかかわらずそのカードを使用したり（今なら電子認証で事前にはじかれるケースもあるだろうが）[10]、あるいは、現時点で口座の金額が不足しているにも関わらず、小切手で支払おうとするような詐欺的行為をはたらくケースを考えてみよう。強い合理主義では、「突発的な感情・欲求に支配されていたこの人には、きちんとした意図もなく、合理性が欠落していた」となるかもしれないが、我々の実践において、この人を責任ある人かそうでない人かを区分するのはそうした決定論的な人間理解ではない。というのも、強い合理主義者が想定するような「うまく行為できるような合理性」に我々のうちの誰が到達できているか（自分自身についてさえ）分からないような蓋然的状況での実践参加において、自身の選択・判断を支えるところの「合理性」は、自分自身がその責を負うことに同意している形で担保されているからである。つまり、「商品選択」「カード使用の申し出」「署名（あるいはPINナンバー入力）」といった一連の行為要件の組み合わせ、これらを一連の計画のもと意図的に行う限りにおいて「私は合理的行為者[11]であって、失敗しても成功しても、その責を負いますよ」ということをその人は表明しているのであり、それは「一連の行為を含むところのシステム全体に通じるような規範・規則を遵守し、そこから首尾よく結果的に成功を収めるための資質」とは別のハナシなのである。その人の遵守・成功への資質が「改善すべき問題」「免責に関わる問題」として取り扱われるのはその実践とは別の――しかしそれ自体一つの実践であるような――説明的観点（それはときに、医療的・教育的・社会設計的・操作主義的な形をとった合理-改善的観点）からであって、責任と関わるような行為者合理性はすでにその制度的実践の或る特定の行為要件のうちに担保されているのである。

六　実践的責任を支える「道徳的観点」

先の突発的な買い物中毒詐欺者はたしかに「きちんと行為できなかった」のであるが、そうした様相は、その制度の「外側の合理的観点」からの見え方にすぎない。彼はその制度内において一連の要件を満たしているがゆえに選択・決断のもと意図的行為を行った合理的主体であり、彼は「きちんと行為できた」し、その上で「正しい行為をしなかった」のである。そして、その制度内部での実践において彼の免責不可能性を知らしめるのは、その制度根幹において我々が暗黙のうちにコミットしているような道徳的観点なのである（だからこそ、医療制度においては、医師たる要件を満たしている以上、「医師としての徳」の観点から失敗の責任を負うことになるし、クレジットカード制度においては、適正に買い物を楽しもうが、あるいは欲求に負けて詐欺的行為に走ろうが、「カード使用者に求められる誠実さ」の観点から失敗の責任を負うことになる）。つまり、或る制度内において自覚的・意識的に行為要件を満たしている以上、そこから適正・不適切いずれの結果が生じようがその人は合理的行為主体なのであって、そうした主体の責任・功績対称性を確保しているものこそ、その根底にあるコンベンション的な道徳的観点ということになる。

もっとも、制度とその根幹のコンベンション‐道徳的観点といったこの手のハナシには、反契約論的な批判がぶつけられることもあろう。或る制度への「参加」とか「実践」においてはきちんと行為できない人も道徳的観点から責任主体として認定される、ということについて、そもそもそうした制度やそれを支えるコンベンションに我々は同意したわけでないので、その制度のなかでうまくできなかったとして、「できないことについて責任を追及するようなコンベンションにいつのまにか無理やり参加させられていた。それゆえ道徳的観点からの責任論は強制的で不合理である」という免責論は常にありうるであろう。「罪を憎んで人を憎まず」と言葉があるように、或る社会で犯罪を「犯してしまった人」はその人自身ではどうしようもなかった合理性欠落者なので、そこへ向けられる非難や咎めは不適切である、という考え方もできる。しかし、私が考えるに、そうした免責論は、①できなかった人への配慮を含んだ一種の「思いやり」や「道徳的配慮」に由来するか、あるいは、②「うまくいかない選択」を選択と認めないような強い合理主義的理解に由来するか、あるいはその両方か、であろう。これら①、②は主に教育・医療といった制度のもと免責論的に働くものであるが、そこで想定される理想的合理性さえも「治療」などといった特定の実践における一つの説明的性質にすぎない。それゆえ、そこでの合理性と、別の制度における合理性とでは、それを構成するような行為要件の条件がそもそも異なるし、別の実践的制度において構成される「合理性」よりも優先させるべき絶対的理由はないように思われる。

前述の列車運転手の例でいえば、その人が必要な技能や心構えを示すサインの意味内容に含まれる行為者である以上――免許などを修得している「運転手」である以上――、列車運行という状況においてその人は合理的存在者であって、自身がそのようなものとしてそうした実践に参加している背景には、自身を責任主体としてみなすような道徳的観点を他者と共有しコミットしていることがある。それゆえ、列車内での或る種の特定行為――彼自身の能力と資格に基づいて電車を操作する、という事柄に関する行為――について彼は間違いなく責任を負っている（その行為が成功・失敗に関わらず）。もちろん、前提とされるところのその能力と資格を超えた事態が生じたとき、通常とは異なる類の因果的影響力を踏まえて説明をしなければならず、そのためにはさらに別の観点との複合・競合・包括的理解が必要となる。たとえば、通常では禁じられているような緊急停止や暴走運転を行ったとき、もし彼がイタズラ心からやったのであれば、行為以前に合理的 - 責任主体（「まともな運転手」としての徳ある在り方にコミットした責任主体）であるがために責任を追及される。だが、そうした状況を超え、トータルに考えられねばならない（そのライセンスが示す責任主体としての「運転手」という概念が、「もしものときは生存権を優先しかねない運転手」を含みうるか、など）。つまり、或る制度・或る道徳的観点からの合理的 - 責任主体を示すサイン・概念の意味をどこまでとるかによって、その主体が自由であったかどうか、抗いえなかった（不自由であった）かどうか、そしてその行為が責任あるかどうか、ということが決まってくる。従って、最初の制度的実践で通用しているようなサインにおいて責任主体の「合理性」はすでに担保されており、それを超えた状況においてその合理性が生き残るかどうかは、従来のサインが示す「合理的 - 責任者」の外延が、新たな状況における――そしてまた成功も失敗もしうるような――行為主体へと拡張可能であるかどうか、にかかっている。

おわりに

通常、合理性は倫理的な責任主体の必要条件と考えられているが、合理性の意味を強くとりすぎることは「うまくできる者」「成功者」のみを責任主体とする一方で、「うまくできない者」「失敗者」の責任を認めないような非対称性へと傾いてしまい、我々の日常的な実践と齟齬をきたす。本来、合理主義は、決定論と両立しながら責任主体を存続させようとするものであったが、しかし、強い合理主義においては、合理性は決定論の引力ともいうべき因果的説明力に引きつけられ、我々の日常的・実践的な責任概念と乖離してしまう。しかし、そうした引力に引きつけられることなく、我々の制度的実践において合理性は残り続けることとそれ自体にはやはり意義があるように思われる。

結果的に失敗するか成功するかはともかく、或る制度の参加者であることにおいてミニマムな合理性を備えているとみなすことができる観点は実践においてすでに採用されている。それゆえ、殺人などの罪を犯してしまった人に対し、因果的観点から「社会的存在者としてうまく行為できなかった」と説明されたとしても、或る実践的制度にコミットする形で選択・判断を含んだ意図的行為を遂行しているならば、そして我々のコンベンションにおいてその意図の悪質さを理解できるような道徳的観点が残っている限りは、その犯罪者は責任主体として自らの行為の責任を負わねばならないであろう。

もし教育・医療における因果的・説明的観点から「犯罪者には一切の責任はない」と主張するとすれば、それは我々の日常的実践において踏まえられている合理性概念から乖離した「強すぎる合理性」を採用しているのであるし、責任主体の内包としてそうした強すぎる合理性をとる以上、責任主体の外延はかなり狭まり、日常的・実践的な行為主体の多くは責任主体とはなりえないであろう（だからこそ、強すぎる合理主義は「上手くできる人間」しか責任主体とみなしえない）。それは、我々の数多くの実践を根底から支える道徳的枠組みを捨象したものといえる。そしてそうであるがゆえに、強すぎる合理主義からの過剰な免責論に対し、その科学的で合理的な説明スタイルに頷きつつも、我々はそこに或る種の空虚さを感じざるをえないのではないだろうか。

●注

（1）本論文における語の区別としては、「道徳的」は「特定の観点からの善き在り方」と関わるものとして、「倫理的」は人として当然そうあるべきという「普遍的な在り方」と関わるものとして用いている。それゆえ、本論で取り扱う「合理主義」というものは、前者をそれなりに認めながらも最終的には後者の実現・一致を目指す立場として描かれている。

（2）こうした点を鋭く指摘したのがフーコーの『監獄の誕生——監視と処罰』といえよう。

（3）こうした合理性の中身として、「反実仮想を想定できる能力」や「二階の欲求を形成できるような反省的自己評価能力」などを含めることもできるであろう。

（4）David Hume［1978］, *A Treatise of Human Nature*（*1739-40*）, edited by Selby-Bigge and revised by Nidditch, 2nd edition, Oxford: Clarendon Press（以下引用は略号T、巻・章・節・段落をアラビア数字で記す）.

（5）しかし、因果的必然性の実在性を批判したヒュームが、因果的決定論に与する形で無差別の自由を積極的に拒絶していることについては違和感が残るところではある。この点については、一ノ瀬正樹「ヒューム自由論の三つのスキャンダル」（『思想』、岩波書店、二〇一二年第一二号）pp.334-355, とりわけpp.343-344でも言及されているので参照されたい。

（6）他可能性と責任との関係については、Harry G. Frankfurt［1969］, 〝Alternate Possibilities and Moral Responsibility,〟 in *The Journal of Philosophy* 66, pp.829-839, とりわけpp.832-836でのJones3, Jones4のケースを参照されたい。

（7）Susan Wolf［1990］, *Freedom within Reason*, New York: Oxford University Press, ch.4.

（8）Susan Wolf［1990］, pp.79-81.

（9）これはストローソンが言うところの「客体への態度（objective attitude）」に該当する（この用語については、P.F. Strawson［1962］"Freedom and Resentment," in *Proceedings of the British Academy* 48, pp.1-25を参照：その後のStrawson［1974］*Freedom and Resentment and Other Essays*, Methuenに再録）。

（10）この事例については、Jean Hampton［2007］, "*Mens Rea*," in *The Intrinsic Worth of Persons: Contractarianism in Moral and Political Philosophy*, edited by Daniel Farnham, Cambridge University Press, pp.72-107, at p.80での責任論を参照。

（11）この場合の「合理的行為者」としては、或る特定の事柄・時間帯において成立するようなブラットマン的な行為者モデルを念頭に置いている。それは、その人の目的に沿った形で行動を制御的に遂行するための整合的計画のうちに意図的行為を行うような行為主体である（ブラットマンの理論については、Michael Bratman［1987］, *Intentions, Plans and Practical Reason*, Harvard University Press：M・ブラットマン著、門脇俊介・高橋久一郎訳『意図と行為――合理性、計画、実践的推論』、産業図書、1994年を参照されたい）。

第十一章　法教育における人間
――高等学校「現代社会」にみる法教育の要素から――

栗田佳泰

一　はじめに

1　本章の目的

二〇〇三年に法務省において発足した法教育研究会の報告書によれば、「法教育」とは、広くには「法や司法に関する教育全般を指」し、狭くには「法律専門家ではない一般の人々が、法や司法制度、これらの基礎になっている価値を理解し、法的なものの考え方を身に付けるための教育を特に意味する」。さらに同報告書からこれを敷衍する箇所を引用すると、次のように続く。狭い意味の法教育「は、法曹養成のための法学教育などとは異なり、法律専門家ではない一般の人々が対象であること、法律の条文や制度を覚える知識型の教育ではなく、法やルールの背景にある価値観や司法制度の機能、意義を考える思考型の教育であること、社会に参加することの重要性を意識付ける社会参加型の教育であることに大きな特色がある」[1]。

以上に引用した記述だけでは、十分に具体的とはいえないだろう。例えば、「法律専門家ではない一般の人々が対象である」場合、どのような教育内容が妥当なのだろうか。「知識型の教育ではない」「思考型の教育」や「社会参加型の教育」とは、どのような教育なのだろうか。これらから構成される法教育とは、どのようなものであって、また、どのようなものでないのか。本章の目的は、狭い意味の法教育に見出される本質的な特徴、つまり「要素」のいくつかを特定することで、今日の法教育の前提となる人間像を描出することにある。

ところで、法教育が注目を集め始めたのは二〇〇〇年代初頭からだといえるが、それまでにも法に関する教育実践は行われてきた。法教育研究会の報告書は、法教育を広い意味で捉えつつ、それらを整理している。そこでは、①「学校教育における法教育の実践」(小・中・高等学校の各教科)、②「法律家による法教育の実践」(裁判所や法務省、日本弁護士連合会・弁護士会、日本司法書士会連合会・司法書士会による取組み)が挙げられている[2]。近時行われた教育実践においては、同報告書等が参照されることもあるようである[3]。それ以前に行われた様々な教育実践においては、狭い意味の法教育の観念は必ずしも共有されていなかっただろう[4]。法教育をめぐる近年の顕著な動きは、それだけではない。より大きな影響力をもちうるものとして、二〇〇九年に改訂され、一部を除き二〇一三年度の入学生から年次進行により実施される高等学校学習指導要領(平成二一年三月九日文部科学省告示第三四号。以下、「高校学習指導要領」という。また、同解説公民編を、以下、「高校学習指導要領解説」という)を挙げることができる。本章では、その「公民科」に属す「現代社会」を扱う。そこには今日的な意味での法教育が具体化されており、本章のいう法教育の「要素」を見出すことができる。

2　本章の構成

本章の構成は、次のとおりである。まず、「現代社会」を扱う理由を詳しく述べる。その後、高校学習指導要領及び同解説の記述から、「現代社会」と「政治・経済」との法教育に関する相違点を析出する。「政治・経済」は、「現代社会」と同じく「公民科」に属す科目の一つであり、法に関する内容を含む。これらを比較することで、「現代社会」における法教育の特徴を浮き彫りにできるだろう（第二節）。次に、既に複数の論者が指摘する点であるが、法教育は、①法に関する基礎的知識の教育（以下、「法の基礎的知識教育」という）だけではなく、②それらを用いて様々な事柄について思考する力を育成する教育でもなければならず（以下、「法的思考力教育」という）[5]、また、既存の法や制度の維持を目的とする教育（以下、「制度維持教育」という）ではなく、③それらの理解を前提として批判をも行いうる能力を育成する教育（以下、「制度理解・批判力教育」という）でなければならない[6]。さらに、本章では法教育の出発点ともいうべき「法に関する基礎的知識」とは何かについて触れたい（第三節[7]）。最後に、「現代社会」から抽出された法教育の要素を手がかりに、そこで前提とされる人間像について若干の考察を試みる（第四節）。

二　高校学習指導要領における「現代社会」の特徴

1　なぜ「現代社会」か

高校学習指導要領によれば、「公民科」の教科目標は、「広い視野に立って、現代の社会について主体的に考察させ、理解を深めさせるとともに、人間としての在り方生き方についての自覚を育て、平和で民主的な国家・社会の有為な形成者として必要な公民としての資質を養う」[8]ことである。また、同解説によれば、「公民科」の科目のなかで「現代社会」は、「この1科目でもって公民科の教科目標を達成することのできる科目として設けられている」[9]。「法教育と最も密接に関連する」[10]といわれる「公民科」において、その教科目標を全体で受け止める「現代社会」と法教育との連関を本章で検討するのは、以下の理由からである。

高校学習指導要領においては、「公民」のうち「現代社会」又は「倫理」・「政治・経済」を履修すべきこととされている。つまり、すべての人が「現代社会」を選択するというわけではない。また、法に関する内容は「現代社会」のみならず、「政治・経済」にも含まれている。しかし、高校学習指導要領上、「現代社会」には、「人間としての在り方生き方について考察する力の基礎を養」うことが「目標」に含まれているのに対し[11]、「政治・経済」にはそれがなく[12]、「政治、経済、国際関係などについて客観的に理解させる」ことに主眼がおかれていると解されるため、前者の方が後者より広い対象範囲を想定していると考えられる。さらに、「普遍的な原理の理解」が可能な発達段階として、高等学校段階の前に中学校段階があるとされるが[13]、高等学校段階では、より高度な理解が前提とされており、高校学習指導要領においては、法に関する内容も豊富で具体的である。そのため、より一般化可能な形で法教育の要素を析出することができる。加えて、高等学校への進学率が高いことと[14]、高等学校卒業者のすべてが必ずしも大学で法学教育を受けるとは限らないこととを考え合わせれば、多くの者にとって高等学校段階は、学校教育として（必ずしも狭い意味の法教育に限らず）、法に関する教育を受ける最終段階でもある。高等学校段階における法教育の影響は大である。

これらの理由から、本章では法教育の要素を抽出するのに「現代社会」を素材とする。

次項では、高校学習指導要領における「内容」の大項目間の関係に着目して、「現代社会」と「政治・経済」の相違点をみていく。

2　科目全体にかかる「幸福、正義、公正」

「現代社会」と法教育との関連性の強さを示す特徴は、高校学習指導要領にあらわれている。それは、「政治・経済」との比較において明らかとなる。一つは、その構造、つまり「内容」の大項目間の関係にある。もう一つは、その内容、中項目において強調される価値にある。本項では前者について述べ、次項では後者について述べる。

「現代社会」の「内容」の大項目（1）「私たちの生きる社会」には、「幸福、正義、公正」という、改訂前にはなかった用語が登場する。これらにつき、高校学習指導要領解説では、「個別に取り上げて理解させるのではなく、現代社会における諸課題をとらえる枠組みとして相互に関連させて扱うことが大切である」とされる。[15] 具体的には、例えば、大項目（2）「現代社会と人間としての在り方生き方」に設けられた中項目「イ　現代の民主政治と政治参加の意義」及び「ウ　個人の尊重と法の支配」について、「『内容の（1）で取り上げた幸福、正義、公正などを用いて』[16]（内容の取扱い）」、「なぜ議会を通して意思決定を行う必要があるのか、政治になぜ参加するのかなどについて考察させる」（イについて）ものとされ、また、「個人の尊重を基礎として、基本的人権の保障と法の支配が相互に関連していることを理解させることが大切」

(ウについて)である、などとされる。[17]「幸福」は措くとして(後述するように、法教育の文脈では法との関連性がみられるとしても、一般にはそう意識しない用語だろう)、一見するところ、「正義」や「公正」といった用語が法に関する内容を扱うイやウとの関連で用いられるのは、自然であるように思われる。特徴的なのは、高校学習指導要領上、「内容の(1)で取り上げた幸福、正義、公正などを用いて」、の大項目(2)の他の中項目、すなわち「ア　青年期と自己の形成」、「エ　現代の経済社会と経済活動の在り方」、「オ　国際社会の動向と日本の果たすべき役割」のすべてにわたっても、考察・理解させるべきとされる点である。[18]

「政治・経済」について、高校学習指導要領の「内容」の大項目相互の関連性は、次に引用する大項目(2)「現代の経済」に関する同解説の記述に見出すことができる。「クレジットやローンなど日常生活の中での金融の役割、貸し手及び借り手の自己責任の原則や契約の重要性について、大項目(1)ア(筆者注:中項目「ア　民主政治の基本原理と日本国憲法」)と関連させて具体的に理解させるようにする。その際、多重債務問題にも触れるようにする[19]」。

実際、これらの大項目(1)と(2)とで「政治と経済の基本的な概念や理論を別個に学ばせ」(傍点筆者)るものとされており、[20]そこには大項目相互の関連性をあえて強調しない意図があるようにも思われる。

また、「現代社会」と「政治・経済」の両方で「この科目のまとめ」として位置付けられている「内容」の大項目(3)、すなわち課題探究に関する高校学習指導要領解説の記述には、両者の違いが端的にあらわれているといえる。次に引用する。「現代社会」では、「課題を探究させるに当たっては、特定の個人・社会・世代にかかわる視点だけではなく、現代社会に生きる人間として課題を探究するよう指導することが求められる」[21]。「政治・経済」では、「政治と経済の概念や理論を学んだ成果を生かして現実社会の諸課題を探究させることにして」いる。[22]

つまり、「現代社会」では総合的な視点が求められているのに対して、「政治・経済」では個別的な視点が求められていると考えられる。

こうみてくると、「現代社会」は、「内容」の大項目のすべてにおいて、「幸福、正義、公正」を鍵概念として位置付けているのに対し、「政治・経済」は、大項目の（1）（2）で、それぞれ別個の概念や理論を扱い、それらを（3）のまとめで反映させるという構成を採っており、そこに共通する何らかの鍵概念をもつわけではないことが分かる。

次項では、高校学習指導要領の中項目において強調される価値に着目して、「現代社会」と「政治・経済」の相違点をみていく。

3　中項目における「個人の尊重」の位置付け

高校学習指導要領では、法に関する内容として「現代社会」で扱われるものが改訂前に比べて増加している。具体的には、「内容」の大項目（2）において、「法」が現代社会を理解する「角度」として新たに加わっているほか、事項として「基本的人権の保障」や「国民主権」、「平和主義」などを含む中項目イとは別に、中項目ウが追加されている。ウでは、「個人の尊重」、「国民の権利の保障」、「法の支配」、「法や規範の意義及び役割」、「司法制度の在り方」「他者と共に生きる倫理について自覚を深めさせる」が新たな事項として加わり、改訂前と比べ、より具体的な内容が示されるようになっている。また、「法に関する基本的な見方や考え方を身に付けさせるとともに裁判員制度についても扱うこと」(内容の取扱い)とされていることも注目に値する。さらに、中項目エの事項である「市場経済の機能と限界」を扱う際に、「経済活動を支える私法に関する基本的な考え方についても触れること」(内容の取扱い)ともされている。[23]

以上に挙げた「現代社会」の項目との関連でいえば、「政治・経済」では、「内容」の大項目(1)アで、「日本国憲法における基本的人権の尊重、国民主権、天皇の地位と役割、国会、内閣、裁判所などの政治機構を概観させるとともに」、「法の意義と機能」、「基本的人権の保障と法の支配」、「権利と義務の関係」などの事項が扱われ、それらにおいては、「法に関する基本的な見方や考え方を身に付けさせるとともに、裁判員制度を扱うこと」(内容の取扱い)とされている。[24]

法に関する内容について、高校学習指導要領における「現代社会」と「政治・経済」のこれらの記述を比較すると、前者の方が後者よりも具体的であるように思われる。というのも、法に関する内容を直接的に扱う中項目としては、「現代社会」には「内容」の大項目(2)イに加えて大項目(2)ウがあるが、「政治・経済」には大項目(1)アしかないからである。また、「政治・経済」は、「法の支配」については大項目(1)アのなかで事項の一つとして扱うものの、「個人の尊重」あるいは「個人の尊厳」を独立した事項として取り上げることまではしていない。[25]「現代社会」が「個人の尊重」を中項目に掲げていることは、「政治・経済」での扱いと比較すると明らかなように、「現代社会」と法教育との関連性の強さを示す一つの特徴だといえよう。[26]

三　法教育の要素

1　独自性の三要素

前節では、「政治・経済」との比較において、「現代社会」には、「幸福、正義、公正」といった鍵概念を用いて必ずしも法と直接的な関連性をもたない事柄をも考察させる点と、「個人の尊重」を強調する点とに特徴があることを明らかにした。

もっとも、「政治・経済」も、法教育としての性格をもつといえる。しかし、それぞれの分野の概念や理論を別個・並列のものとして扱う「政治・経済」において、「法的なものの考え方」をあてはめる射程範囲は、様々な事項の考察・理解に応用させようとする「現代社会」よりも狭い。

それでは、なぜ、「現代社会」に、狭い意味の法教育の特徴があらわれるのだろうか。それは、以下に述べる立場が反映されたことによるものと考えることができる。

高校学習指導要領解説作成協力者の一人であり、「現代社会」を担当した土井真一は、改訂の基本的な考え方の一環として、次の三点を挙げている。①基礎的知識・技能と専門的で応用的な知識・技能とを峻別すること、②基礎的知識の習得が思考力・判断力の育成に重要であること（これらは、必ずしも法教育の文脈に限定されない、いわば「教育の要素」ともいいうるだろう。実際、土井も「知識基盤型社会における知識の在り方」としてこれらの二点を指摘している）、さらに、「法教育との関連で付け加え」られる③現行法や制度を批判的に検討し、能動的に関わることができるようになること、である。[27]

基礎的知識の習得と、それを用いた思考力・判断力の育成の二段構えは、「幸福、正義、公正」などの鍵概念を用いて様々な事項を広く考察・理解させようとする「現代社会」の構造と似ている。批判力教育の側面については、高校学習指導要領解説の「公民科の目標」についての記述の、「公民としての資質」の「基盤」の一つとされる、「社会についての広く深い理解力と健全な批判力とによって政治的教養を高めるとともに物心両面にわたる豊かな社会生活を築こうとする自主的な精神」という箇所にみることができる。[28]「現代社会」でいえば、例えば、「政治参加の重要性」[29]に触れる部分などでこうした「健全な批判力」について指導されるべきものと考えられる。

政治参加（あるいは不参加）については様々な考え方や態度がありうるのであって、指導する際には、能動的な関わりと批判的な態度を身に付けさせる教育を目指すべきである。単に参加するだけの「社会参加」や「政治参加」に能動性はない。誰かに言われたから参加するというのであれば、それは受動性のあらわれである。[30]

これらの観点が法教育に反映されるとき、それぞれ①「法の基礎的知識教育」、②「法的思考力教育」、③「制度理解・批判力教育」の三つの要素となるように思われる。これらは、次のような理由から、「現代社会」における法教育に限らず、法教育一般に独自の意義を認めるためには必須の、[31]「独自性の三要素」だということができるのではないだろうか。①が欠けたとすると、何らの前提となる知識もないままに、あるいは基礎的知識と応用的知識の区別もなく漫然と、法教育は行われることになる。そのような状況で、法的思考力を身に付けたり、既存の法や制度に対して単に理解するのにとどまらない批判的な検討を行う力を身に付けたりできるとは思われない。[32]②が欠けたとすると、「法教育」という新しい名前の単なる知識偏重型・詰め込み型教育だとの誹りを免れない。③が欠けたとすると、権威に追従するだけの人間を育成する教育となってしまう。これらの三要素は、高等学校段階での法教育に限られるものではまったくない。また、これらの三要素には、次のような連関が認められるだろう。すなわち、①を前提とし、①を用いた②が行われて初めて、①及び②を基盤とした、法や制度にかかわる③が可能となる、という連関である。だとすれば、法教育の出発点は①であり、基礎的知識と応用的知識の峻別が、まずは行われるべき、ということになる。そこで、次項では、基礎的知識の候補をいくつか挙げ、基礎的知識が満たすべき条件について若干の考察を試みる。

2　基礎的知識の条件

前節第3項でみた通り、「現代社会」では、法に関する内容の充実が図られている。基礎的知識の候補として直ちに思いつくだけで、「内容」の大項目(2)イの事項である「基本的人権の保障」や「国民主権」、「平和主義」などが挙げられるだろう。これらの概念は、高校学習指導要領が「現代社会」を通して提示する「法の基礎的知識」だということができるかもしれない。もっとも、限られた授業時間数のなかでは「あれもこれも」というわけにはいかない以上、高校学習指導要領の外で法教育に求められるものは決して少なくない。

いったん高校学習指導要領を離れてしまえば、基礎的知識と応用的知識とを峻別するのは簡単ではなくなる。基礎的知識とは、「基礎」ということばが示す通り、土台としての重要性を有する知識をいい、必ずしも、内容が単純であるとか、平易に教えられるとかいったものを意味しない。しかも、基礎的知識はどれも同程度の重要性をもっているとは限らない。

少なくとも法に関する限り、何が「基礎的知識」なのかは、各分野の専門的知見により明らかにされることが期待されているように思われる。例えば、憲法学においては、「自由や平等[33]」など、民法学においては「私的自治の原則[34]」など、刑法学においては「罪刑法定主義[35]」など、労働法学においては「契約自由の原則を修正する意味[36]」など、著作権法においては「氏名表示権[37]」など、様々な概念が基礎的知識の候補として並び立つのではないだろうか。

ところで、本章で扱う法教育が大学での法学教育とは区別されるものである以上、専門的知見から基礎的知識だとされたものが、「一般の人々」からは専門的・応用的知識であるようにみえたとしても、法教育関係者はそれらが基礎的知識であることを確実に踏まえる必要があるだろう。基礎的知識だとされる知識それ自体は、決して乏しくない内容や少なくない量を有するのであって、教育実践の仕方によっては専門的・応用的な範囲に踏み込んでしまうことも考えられる。そうなることなく、基礎的知識を、なぜそれが「基礎的」であるかも含めて、いかにして習得させるかは、法教育関係者の腕の見せ所だろう。

それでは、そうした基礎的知識の同定については各分野の専門的知見に委ねられるとしても、そこに共通するものはまったく見出せないのだろうか。この点、法の土台といえるような概念や価値については共通のものがあってもおかしくはないように思われる。

どのような概念や価値が法の土台といえるかについては、議論に開かれているし、そうあるべきだろう。ここでは、高校学習指導要領の「現代社会」がどのような価値を土台として想定しているかを分析することにしたい。というのも、「現代社会」には、前項でみた通り、法教育に独自の意義が認められるための三要素が含まれており、科目全体にかかる鍵概念は、基礎的知識の土台となる概念や価値だといえそうだからである。すなわち、「幸福、正義、公正」や「個人の尊重」といった概念や価値である。「幸福、正義、公正」は、それぞれ一般的にも用いられる用語だが、法教育の文脈に位置付けられると、日常生活での用法とは若干異なった意味合いをもつ。本項でも前項と同様、土井の立場を参照することとする。

土井は、「憲法教育を素材」として、次のように主張する。まず、「幸福」は「善く生きる」ことに関連付けられ、「憲法を学ぶ出発点」と位置付けられる。次に、「正義」は「ある人の幸福の追求と他の人の幸福の追求が対立・衝突」する場面で「秩序を維持し、共同の利益を確保するために」採用される問題解決の正しさを考えることに関連付けられ、正義の実現は国家の重要な役割である。最後に、「公正」は「相互信頼に基づく安定的な共同を実現するために」「各人が相互に承認しなければならない共同の条件」として、「各人が共同体を構成する対等な個人として」受けるべき「公正な配慮」あるいは「個人の尊重」に関連付けられ、「公正な配慮を受けているといえるために個人に保障される権利・利益が基本的人権であると観念される」[38]。

土井が注意深く、これらについては「様々な考え方があり、唯一の正しい答えがあるわけではな」く、「これらの概念等をどのように整理して、最終的に法教育につなげていくかは、新学習指導要領（筆者注：本章でいう「高校学習指導要領」）が法教育関係者に対して最も創意工夫を求めている点であるといってよい」と述べるように、このように主張されたからといって、それ以外の解釈が全く許されないということにはならない。しかし、こうした土井の主張には、基礎的知識の土台ともいうべきものが含まれており、それと関連性をもっていることは、基礎的知識が満たすべき条件であるように思われる。すなわち、基礎的知識は、「善く生きる」ことや「問題解決の正しさ」、（「公正な配慮」としての）「個人の尊重」にかかわっているべきだといえるのではないだろうか。

これらの条件相互の連関は、各分野によって異なるだろう。例えば、憲法学では以上にみたとおりの連関があるとしても、民法学や刑法学等においても同様だとは限らない。もっとも、これらのうちのどれか一つを満たすことは、法教育において習得されるべき基礎的知識というための条件であるように思われる。憲法学における「自由や平等」は言うまでもなく、「私的自治の原則」や「罪刑法定主義」、「契約自由の原則を修正することの意味」、「氏名表示権」といったような概念も、以上の三つの条件の少なくともどれか一つを満たすことによって、基礎的知識として同定することができるのではないだろうか。例えば、「氏名表示権」は、個人の「人格的利益」にかかる性格をもつことから[39]、著作者の側では「善く生きる」こととかかわると考えることもできるように思われる。

このように、法教育における基礎的知識とは何かについては、各分野の専門的知見に基づく必要はあるけれども、その土台には共通する部分を見出すことができ、「現代社会」においては、基礎的知識というための条件のいくつかが提示されているように思われる。「現代社会」から抽出された法教育の要素が、必ずしも高等学校教育に限られない普遍性を有するとすれば、本項で析出した基礎的知識の条件は、そう的外れなものではないだろう。

3 「個人の尊重」と「個人の自律」

次項では、「現代社会」において「個人の尊重」が強調されている点から、法教育における「個人の尊重」の意味について若干の考察を試みる[40]。

前項でみたように、土井によれば、「個人の尊重」は、「公正な配慮」として、憲法教育においては「基本的人権」の保障に具体化されるという。「現代社会」の「内容」の大項目（1）にある「公正」と大項目（2）ウにある「個人の尊重」の関係は、後者において前者がより具体的に再言されているとみるのが適切だろう。こうしたことから、「個人の尊重」という特定の価値は、「現代社会」において単なる中項目中のことばとして以上に重要だとみることができよう。

それでは、「個人の尊重」とは何か。憲法学における「個人の尊重」は、多様な解釈がありうるが、次に述べるような解釈の仕方は重要な意味をもちうる。すなわち、「個人の尊重」を「個人の自律」を中心に解釈する仕方である。その一端は、土井が「幸福」の問題について「一人ひとりが人間として生きていく上において何を目指すのかという問い[41]」と表現するところにあらわれている。そこでの主語は「一人ひとり」であって、「人」一般ではない。本章も、「個人の自律」という場合に、最低限含まれるべき意味範囲を憲法学の観点から画定するに留めたい[42]。なお、「個人の自律」を憲法学上の鍵概念として用いる議論には様々なものがあり、本章ではそのすべてを網羅・整理することはしない。「自律」ということばを用いる論者を二人のみ紹介することとしたい。

「結社に対して好意的な人間像[43]」と評されることがある佐藤幸治の人間像は、「『個人の尊重』ないし『個人の尊厳』とは、一人ひとりの人間が人格的自律の存在（やや文学的に表現すれば、各人が社会にあってなお〝自己の生の作者である〟ということ）として最大限尊重されなければならないという趣旨である[44]」という文章から見出すことができる。

長谷部恭男によれば、「『個人』とは、私的空間では自己の生について構想し、反省し、志を共にする人々とそれを生きるとともに、公共空間では、社会全体の利益について理性的な討議と決定のプロセスに参与しようとする存在である。つまり、憲法によって尊重される『個人』とは、そうした能力を持つ存在であり、そうした能力を持つ限りにおいて『自律的個人』として尊重される」[45]。

これら二人の論者は、同じ「自律」ということばを用いつつも、異なる人権論を展開しており[46]、そのことは、憲法一三条前段と後段とを「連続的・統一的に理解」するか（佐藤[47]）、同条前段から「公共の福祉による制限を受けない権利」を導出するか（長谷部[48]）、などにあらわれている。

本章で、この二人の議論の相違点について詳述することはしない。ここで示したいのは、「個人の自律」の内容には違いや濃淡があるということである。憲法学に限定しても、こうした議論が存在する。こうしたなか、「現代社会」においては、「個人の尊重」が（「法の支配」と並列される形で）強調されるに留まり、科目全体にかかる鍵概念としては「幸福」という非常に広い意味範囲をもつことばが用いられたのである。土井が「自律」にかかる問題を「一人ひとりが人間として生きていく上において何を目指すのかという問い」として表現したことには、「自律」ということばをもちだすことで「現代社会」の土台となる価値を狭く限定してしまうのを避ける意図があるように思われる。

ここまででいえることは、「一人ひとりが人間として生きていく上において何を目指すのかという問い」が「幸福」の問題にほかならないという認識が共有されるのであれば、「現代社会」と同様、法教育においても、「個人の自律」に関する議論は有用だということである。

四　おわりに

なお十分に具体的とはいえない法教育ということばについて、その今日的な意味を明らかにすべく本章の採用した戦術は、高校学習指導要領の「現代社会」に見出すことのできる特徴から、その本質に接近するというものであった。

「幸福、正義、公正」や「個人の尊重」とは何かといったことは、議論に開かれている。このことを本章は軽視するものでは一切ない。ただし、高校学習指導要領及び同解説におけるそうした概念や価値が、少なくとも高等学校における法教育関係者には法教育の土台として教育する内容となるはずである。そうである以上、既に述べたように、多くの者が高等学校を卒業する今日、このような接近法には意義があるだろう。

本章で述べた法教育観に幾許なりとも的を射たところがあるとすれば、そこで前提とされる人間像について語るべきところは少ない。あまりに具体的な人間像を前提とすることは、法教育の意義を矮小化してしまいかねない。もっとも、土井のいうように、「一人ひとりが人間として生きていく上において何を目指すのかという問い」を、自分のものとして認めるような人間、ということだけはいえるだろう。決して、法や制度を盲信し、権威に追従する人間であってはならない。

ところで、現代社会の取り組むべき大きな課題の一つに、「少子高齢化」がある。関連する諸問題として具体的には、出産・育児休暇の取得を契機とする（多くの場合、女性に対する）パワーハラスメントや、いわゆる「介護疲れ」などが挙げられるだろう。こうした諸問題を考察するのに、例えば「基本的人権の保障」から接近することを第一に教えるのは、はたして本章で述べたような法教育の観点からは適切だろうか。つまり、出産・育児休暇を取得した女性に対する不利益な扱いは性的差別であると考えたり、生存権の観点からより介護福祉制度の拡充が求められると考えたりできるようになることだけを目標とするような法教育である。本章の立場からすれば、そのような法教育においては不可欠な前段階が踏まえられていないといわざるをえない。すなわち、「自律」的な個人としての態度を身に付けさせる段階である。具体的にいえば、第一に法教育に求められているのは、「どうすれば、子どもや老齢の家族を犠牲にせずに働くことができるのか」といったことを「一人ひとり」の問題として考えられるような態度を身に付けさせることであろう。問題意識がなければ[49]、洗練された基礎的知識をどれだけ習得してどれだけ思考しようが、現状を批判的に検討し能動的に社会参加することなどできそうもない。

●注

(1) 法教育研究会『はじめての法教育　我が国における法教育の普及・発展を目指して』(ぎょうせい、二〇〇五) 二頁。
(2) 法教育研究会・前掲注(1)八〜一一頁。
(3) 例えば、根本信義「小学生に対する法教育　法の日イベント授業から見えてきたもの」自由と正義六二巻三号(二〇一一)五二頁以下。
(4) 法教育のこれまでの展開については、北川善英「『法教育』の現状と法律学」立命館法学五・六号(二〇〇八)六六頁以下。
(5) 例えば、土井真一ほか「〔座談会〕我が国における法教育の現状と展望」ジュリスト一二六六号(二〇〇四)一三頁の江口勇治(教育学者)発言、同一五頁の渡邊弘発言、同一六頁の鈴木啓文(弁護士)発言では、それぞれの考える法教育として、法に関する知識を得たり理解したりするのにとどまらない、価値観や態度を身に付けることを内容としたものが提出されている。
(6) 例えば、成嶋隆ほか「〔討論〕学校現場と憲法・教育法」日本教育法学会年報三九号(二〇一〇)一五〇頁の植野妙実子発言、斎藤一久発言は、裁判員制度を取り上げて、政府の特定の政策・制度を無批判に支持させるような「法教育」とならないよう、注意を喚起している。なお、裁判員制度に関する憲法上の論点については、土井真一「日本国憲法と国民の司法参加――法の支配の担い手に関する覚書――」長谷部恭男ほか編『岩波講座憲法4　変容する統治システム』（岩波書店、二〇〇七）二五七～二七四頁参照。

（7）鈴木啓文ほか「パネルディスカッション　法教育のミニマム・エッセンシャルズを問う」法と教育一巻（二〇一〇）一一二頁以下の問題意識と、法教育の本質・要素を特定しようとする本章の問題意識はある程度まで重なる。もっとも、本章では、特定の意味に理解されうる「ミニマム・エッセンシャルズ」という用語は用いない。

（8）文部科学省『高等学校学習指導要領』（東山書房、二〇〇九）四七頁。

（9）文部科学省『高等学校学習指導要領解説公民編』（教育出版、二〇一〇）七頁。

（10）土井真一「高等学校『現代社会』における法教育　『幸福』『正義』『公正』を考える」自由と正義六二巻三号（二〇一一）四一頁。

（11）文部科学省・前掲注（8）四七頁。

（12）文部科学省・前掲注（8）五〇頁。なお、「人間としての在り方生き方」については、「倫理」の「目標」でも扱われている。同四九頁。

（13）法教育研究会・前掲注（1）一二～一九頁。

（14）文部科学省によれば、高等学校への進学率は一九七四年から九〇％を超えている。同省「高等学校教育の現状」http://www.mext.go.jp/component/a_menu/education/detail/__icsFiles/afieldfile/2011/09/27/1299178_01.pdf〔二〇一三年二月二五日閲覧〕。

（15）文部科学省・前掲注（9）九頁。

（16）文部科学省・前掲注（8）四八頁。

（17）文部科学省・前掲注（9）一二～一四頁。

（18）文部科学省・前掲注（8）四八・四九頁。

（19）文部科学省・前掲注（9）五〇頁。

（20）文部科学省・前掲注（9）五三頁。

（21）文部科学省・前掲注（9）一九・二〇頁。

（22）文部科学省・前掲注（9）五七頁。

（23）文部科学省・前掲注（8）四七・四八頁。

(24) 文部科学省・前掲注(8)五〇・五一頁。
(25) 高校学習指導要領解説では、「政治・経済」の「内容」の大項目(1)アの事項である「基本的人権と法の支配」と「権利と義務の関係」の説明のなかで、「個人の尊厳」について触れられている。文部科学省・前掲注(9)四五頁。
(26) ちなみに、「個人の尊重」は、憲法の価値秩序のなかでも基底的な価値として捉えられている。さしあたり、芦部信喜(高橋和之補訂)『憲法〔第五版〕』(岩波書店、二〇一一)一二頁〔芦部信喜〕参照。
(27) 土井・前掲注(10)四三・四四頁。
(28) 文部科学省・前掲注(9)五頁。
(29) 「現代社会」の大項目(2)の中項目「イ 現代の民主政治と政治参加の意義」参照。文部科学省・前掲注(9)一二頁。
(30) 法教育が適切に行われない結果、「法による道徳の強制の効果を過大評価する法的モラリズム」に陥ることへの懸念について、田中成明「法教育に期待されていること――道徳教育・公民教育への組み込みに当たって」ジュリスト一三五三号(二〇〇八)三一・三二頁。また、道徳と法の峻別論が弁えられないまま、「一般に流布している法の観念、すなわち法の強制的・権力的・権威主義的側面のみ」の理解の下で「法教育の道徳化」が進行することに対する懸念について、斎藤一久「法教育と規範意識」日本教育法学会年報三九号(二〇一〇)一四〇・一四一頁。
(31) 広い意味の法教育は、本章第一節冒頭で述べたように、定義上、法に関する内容をもつものすべてともいいうるので、ここにいうような「独自性」は問題にならない。本章で述べるように、狭い意味の法教育には、極めて特定的な内容が伴う。そうである以上、ともに「法教育」と銘打つことは、両者の混同を招きかねない。広い意味の法教育については、「法に関する教育」とのみ表現する方が正確であるように思われる。
(32) 土井によれば、専門的・応用的知識は流動性が高く、安定的な基礎的知識と区別すべきあり、「大量の個別的な知識をそれ自体として習得させること」は、「法的な見方・考え方の学習に結びつくことはない」。土井・前掲注(10)四三頁。
(33) 戸松秀典「法教育と憲法」ジュリスト一四〇四号(二〇一〇)一〇頁以下。
(34) 早川眞一郎「法教育における民法学の役割」ジュリスト一四〇四号(二〇一〇)一六頁以下。
(35) 山口厚「法教育と刑法」ジュリスト一四〇四号(二〇一〇)二二頁以下。
(36) 荒木尚志「法教育と労働法」ジュリスト一四〇四号(二〇一〇)二七頁以下。
(37) 田村善之「法教育と著作権法――政策形成過程のバイアス矯正としての放任との相剋」ジュリスト一四〇四号(二〇一〇)三五頁以下。
(38) 土井・前掲注(10)四五・四六頁。

(39) 著作者人格権としての氏名表示権につき、田村善之『知的財産法〔第5版〕』(有斐閣、二〇一〇)五〇〇~五〇二頁。
(40) なお、「現代社会」の中項目には「個人の尊重」とともに「法の支配」もある。「法の支配」(法は一般的抽象的でなければならないといった諸原則等)を「善き法の支配」と区別して考える場合、日常生活への応用可能性は薄いだろう。長谷部恭男『憲法　第5版』(新世社、二〇一一)一九頁。「個人の尊重」の原理は別として、土井のいうように「法の支配」の原理までを「自らの生活の中で理解し身に付けていくこと」を求めるのは、本章の立場からすると「法学的」に過ぎるように思われる。土井真一「法教育の基本理念――自由で公正な社会の担い手の育成」大村敦志＝土井真一編著『法教育のめざすもの――その実践に向けて――』(商事法務、二〇〇九)二〇頁。
(41) 土井・前掲注(10)四五頁。
(42) 憲法教育は法教育よりも狭い意味範囲をもつが、ある程度においては重なるとみることができるだろう。憲法教育が、基底的な憲法価値である「個人の自律」を育む観点から是認されるとの主張につき、拙稿、栗田佳泰「憲法教育の『法定』に関する序論的考察――リベラリズムに基づく立憲主義の立場から――」法哲学年報二〇一一(二〇一二)一三三頁以下。
(43) 渡辺康行「人権理論の変容」江橋崇ほか編『岩波講座現代の法1　現代国家と法』(岩波書店、一九九七)七六頁。また、このような評価は、「一面では、確かに、法ないし法的関心がますます『具体的人間』に、すなわち『苦しみや挫折感をもつ』『弱き』人間に向けられてきていることは否定し難」く、「同時に、ときには個人の『幸福』の充足への期待さえかけられて、国家がますます大きな比重を占めてくることも否定し難いように思われる」という佐藤の文章からも裏付けられよう。佐藤幸治「法における新しい人間像――憲法学の領域からの管見――」芦部信喜ほか編『岩波講座基本法学1――(人)』(岩波書店、一九八三)三一三頁。
(44) 佐藤幸治『日本国憲法論』(成文堂、二〇一一)一二一頁。
(45) 長谷部恭男『憲法の理性』(東京大学出版会、二〇〇六)一五一頁。
(46) 濱真一郎「自律への権利は存在するか」法律時報七五巻八号(二〇〇三)七・八頁。濱によれば、カント的な人格論との距離、すなわち、長谷部は比較的遠く、佐藤は比較的近いという意味でも異なる。
(47) 佐藤・前掲注(44)一七四・一七五頁。
(48) 長谷部・前掲注(40)一四三頁。
(49) 関良徳「法教育と法批判――解釈法社会学による法批判教育の再構築――」法社会学七五号(二〇一一)九五頁がいうように、「私たちが法を批判するのは、今現在の法や制度に不備があり、それによって耐えがたい不正義が生じているからである」。法教育を行うことそれ自体が目的であってはならない。

第十二章　法的主体と関係性

——ケアの倫理とリベラリズムの論理——

野崎亜紀子

一　リベラリズムにおける主体——問題の所在

近代法体系の下で現代の社会秩序を支えてきたリベラリズムは、社会に対し大きく貢献するものと評価されるとともに、批判にも晒されてきた。社会理論の思想的基軸を為すリベラリズムに対して、その問題点や限界を論じる諸々の対抗議論の台頭に、その様を見ることができよう。中でも、一九八〇年代以降高まりを見せたリベラリズム対コミュニタリアニズムの議論において、近代が発見した〈個人〉をどのような存在として把握すべきかという問いが問われたことは、なお記憶に新しい。さらに近時、いっそうリベラリズムは批判の渦中にある。

リベラリズム対コミュニタリアニズム論争では、リベラリズムがそのイズムの出発点として想定する、主体＝個人像をめぐり、社会の中で生きる人間（主体）に備わるその社会の中で育まれる豊かさへの理解を欠くことが、（幾分標語的に）批判の対象となった。すなわち、リベラリズムは出発点で、その想定を誤ったのだ、と。

そしてさらに今日的には、主として政治（哲）学領域におけるフェミニズムの議論として、またそれと重なり合う形で、医療・看護さらには生命倫理等の領域から形成されてきた〈ケアの議論〉が、リベラリズムへの批判を強めている。この批判は、先のリベラリズム対コミュニタリアニズム論争が、〈主体〉の根拠に向けられていたのに対して[1]、〈主体〉概念の創出それ自体が孕む問題（後述するが、これを排除と忘却の問題と称する）に焦点を当てている。

これら近時のリベラリズムに対する批判には諸相あるものの、その批判の核心は、リベラリズムがその出発点に置く、〈自由な主体としての個人〉という前提それ自体にある。すなわち、

①〈自由な主体としての個人〉は、性的役割分業を前提に創出される。そしてこれは、男性を公的領域、女性を私的領域に分断ないし排除することを前提とする公私区分に基づいている。

②経験的事実として、人は皆、いずれかの時点で依存関係下にある（出生時のことを考えてみよ）。依存関係下にある当事者等には、自由な意思決定・行動をとる環境自体が存在していない。この時彼／彼女たちは、依存・被依存の当事者としての責任を、他方当事者に対して負っている。そして、〈自由な主体としての個人〉は、このことの忘却の上にこそ成立する。

と。近時は特に後者が批判の核心を占めると見える。

本論文は、現代社会の秩序を維持するに当たり重要な役割を今なお果たし続ける法（理論）が、この社会の中でどのような機能を担い得るのかを考えようとするものである。その際、近代法を支える思想としてのリベラリズムに対する上述の批判は大きな意義を持ち、傾聴に値すると考えている。では、今私たちの社会に、リベラリズムという思想は不要ないし重大な修正が求められるべきなのかどうか。

近時のリベラリズムに対して展開される〈自由な主体〉批判は、近代以降の歴史的事実および現代社会における不当な現実、たとえば、ケア当事者を取り巻いている不自由な環境に対して、リベラリズムは有効な手だてを提示できないし、時にその状況に肩入れしさえする、という経験的事実を根拠として展開される。しかしこれらのことは、果たしてリベラリズムから必然的に導出される帰結なのだろうか。端的に言って私の疑問はここにある。

本論文は、この疑問に取り組むことを目的とし、ひいては、ケア論とリベラリズムとの距離と接続の可能性を考える契機としたい。

はじめに、本論文におけるリベラリズム理解について、示しておく。

リベラリズムとは、国家のあり方についての構想である。そして国家は、その構成員である個人個人の生命・身体の安全を保護するとともに、個人個人が他の何者でもない個人として、自らの生を追求することを支援することを第一義的な存在意義とする。この国家としての存在意義を達成するためには、いくつかの手法があり得よう。リベラリズムは、個人個人が他の何者でもない個人として自らの生を追求すること のよりよい手法として、個人がその内容を判断し決定すること、すなわち自己決定によってこれを達成するという立場に立つ（その理由については後述（第三節）に委ねる）。このことを法的に保障することが、リベラリズムの下で国家の秩序を担う法の役割の基本に据えられる。個人が他の何者でもない個人として自らの生を追求することを自己決定という手法に委ねること（自由）を法的に保障することで、国家は上述の存在意義を示すのである。このような国家がリベラルな国家であり、この国家の秩序を担う法的思考を総称して、リベラリズム法学と称する。

以下第二節では、近代法が想定する法的主体について、その構造と内容を明らかにすることによって、リベラリズムにおける主体の位置づけを確認する。第三節では、何のために、またどのようにリベラリズムは主体を想定するのかについて、三つの観点（歴史・経験的要請、理論的要請、合理性の要請）から整理し、近代が要請する〈私が他の誰でもない私であること〉の理解の仕方を確認する。第四節では、リベラリズムが受容する〈関係性〉の観念について、個人を主体として尊重するその前提条件としての関係性が、リベラリズムを支える主体としての個人の核心となることを論じる。これらの議論を踏まえて第五節では、リベラルな社会に生きる個人は、関係性をその背景とする主体であり、それは具体的な主体像（強靱な、脆弱な）を必然的に要請しないこと、むしろそうした強いないし弱い主体像の設定は、リベラリズムにとってはもとより、これを批判する立場にとっても、有益な設定ではないことを明らかにしようと思う。

二　主体の位置づけ

1

リベラリズムに対しては、これを構成する装置としての公私区分に対する批判が、これまでにも強力に展開されてきた。その急先鋒は、フェミニズムからの批判である。ここでは、フェミニズムによる描き方からリベラリズムを概観し、そこで法的主体がどのような主体として描かれるのかを整理し、その妥当性を、リベラリズムの目論見から評価する。

フェミニズムとリベラリズムには、いくらか共有部分があり、それはフェミニズムにとっての核心部分でもある。「社会変革へ向かう~批判力[2]」はそれに当たる。フェミニズム政治理論家である岡野八代は、リベラリズムの批判力の核心が、「経験的世界における具体的なひとではなく、尊重されるべき「人格」という理念をまず掲げ、道徳的人格としての個人の平等な自由を尊重する「べき」だと主張すること[3]」にあるとし、事実と規範の切断に際して、理念（理想）の想像／創造に先手（イニシアチブ）を取らせる。加えて主張の中身ではなく、批判力それ自体について、「こうした規範的な主張から生まれてくる批判力は、フェミニズムの主張と何ら抵触しない[4]」という。しかしここから、リベラリズムとフェミニズムとでは、なすべき社会変革の像が異なるために、決定的に異なる道を歩むことになるとされる。リベラリズムが構想する自由な社会は、その前提にリベラルな主体（事実とは切り離されて、国家によって平等の配慮に遇され、天賦人権を有し、自らの自由な意思により行為することができる自律・自立した個人）を想定しており、このリベラルな主体は、公的領域で活動可能な主体である。そしてリベラルな主体の特徴は、否定されるべき事実（国家によって平等な配慮に遇されず、天賦人権を持ちながらもこれを行使することができず、自らの自由な意思により行為することのできない依存的、関係的個人であること）を背景として構想されており、こうした事実がなくては、リベラルな主体自体が構想不能である。そして逆に言えばそうであればこそ、こうした事実は、あるべき理念の中に挿入されてはならないのである。このことを、岡野は次のように論じている。

「すなわち、ここで排除されるものは、それなしには公的なるものが存在しないが、公的なるものとは相いれない論理によって存在しているために、公的領域の議題としては取り上げないことによって社会正義の射程から外され、排除される。そして、公的領域から排除されることによって、当の存在は現状のままに維持される、という意味の排除である。[5]」

リベラルな主体が自由な社会を構想するその前提には、各人が善き生を追求する場＝私的領域があり、ここでどのような生が善き生であるかを構想する基盤には、主体の自由意思が想定される。さて、この自由意思は、私的領域の核でありながらにして、すでにリベラルな人格の内部の核心に定位し、したがって上記事実上の問題は、そこからも予め排除される。こうしてリベラルな主体は、批判すべき事実をその背景としながら、それ故に巧妙に、そしてまた積極的にリベラリズムから排除され、忘却されるのである。[6]

近時台頭するケア論は、フェミニズムの議論との重複部分が多い。特に、リベラリズムが排除したとされる、事実としての人間の脆弱さを主体の内部に抱える者たちが構成する、その関係内に自由意思が入り込む余地がない者同士の相互関係、という事実を、法秩序にどのように包摂することができるか、という問いへの批判力を行使するという意味で、その重複を理解できよう。ケア論自体の検討は別稿に委ねるとして、ここでは上述の意味でのケア論を、フェミニズムと一定の結びつきがある議論と理解し、先に進むことにする。

2

前項で見たフェミニズムないしケア論による、近代法の思想基盤となるリベラリズムが想定する法的主体の理解について、以下その妥当性を検討する。

法的主体とは、典型的には権利行使を行う主体である。権利を行使するということは、自由な意思に基づき、他者からの不当な介入がなく、自分のことは自分で判断・決定し、行動することを意味する。そのような主体として扱うことは、法的主体を尊重する重要な手法である。ただし、自由意思を尊重することが、すなわち法的主体を尊重することのすべてであるとは考えられない。自由意思を持つことは、必ずしも法的主体であることの決定的な要件であるわけではない。法人が自由意思を事実として持たないことは、（法人実在説であれ法人擬制説であれ）言うまでもない。また、現代社会で生じている難題である意識不明の病者（終末期患者等）や、新生児に対する治療の差し控え・中止等の決定問題はどうか。彼／彼女たちが自由意思を行使することができるとは言いがたい。しかし、これらの者たちは、自由意思を持つことやそれを行使できるかどうかとは独立に、紛れもなく法的主体とされる。それは、本人の意思が確認できるとできないとに関わらず、また、当事者に家族や近しい者がいるといないとに関わらず、彼／彼女たちは法的主体として尊重されなければならない。確かに、彼／彼女たちは事実として自由意思を行使することはもとより、そうした意思を持つことが困難な状態にある。しかしそうであればこそ、近代社会は彼／

彼女たちを、自由意思を持つべき、そしてそれが行使可能なあるべき法的主体と見なし、そのことによって、彼／彼女たちが法的主体であるということは、法的事実とされるのである。したがってこの意味で、法的空間領域においては、事実として、彼／彼女たちは法的主体なのである。

あるいはまた、胎児についてはどうか。胎児については、その法的主体性が問われることもある。しかし、胎児は権利の享有主体ではないのか、完全に法的主体ではないのかという問いは逆に、胎児はモノかという問いを誘発する。この点、胎児はモノではなく、法により一定の配慮を受ける主体と見なされる。(7) それはなぜか。確かに胎児は出生によって人、すなわち法的な評価として人となる。このような連続性を踏まえて、彼／彼女たちはその範囲で法的主体として見なされるのであり、したがってこの意味で事実として彼／彼女たちもまた、法的主体である。

このことは、法による擬制（フィクション）と言うべきであるが、この擬制は、法の機能の核心のひとつである。この理解は、先の主張になぞらえて言えば、法の批判力の行使と言ってもよい。

主体の第一義的性質として、自由意思をもつものという理解の仕方がある。確かに近代哲学史上、個人を基盤とする個人主義の規範的主張は、意思の自由（liberum arbitrium）の議論の上で展開を遂げてきた。このことは、カントの議論に負うところが大きいことは言うまでもない。しかし、主体問題で考えるべき論点は、主体の性質が何であるかではなく、むしろ法によって主体として擬制されるそのあり方にある。何を以て法が尊重と配慮を行う対象＝法的主体と為すべきなのであろうか。擬制が発動するための要件は、規範的前提としての自由意思を持った主体に限定される理由はない。リベラリズムは、国家権力が、ひとりひとりの人間を〈他の何者でもない私という存在〉として配慮するその対象とすべきだ、とするイズムである。そしてそれを達成するための手法として、自己決定を尊重する。そしてリベラリズムは、どのような存在が、〈他の何者でもない私という存在〉であり得るかの中身を一様には規定しない。このようにしてリベラリズムは、この社会の中で多様な存在を認め、多様な思想の流通環境を作り出すのである。では具体的にどのような存在を法的主体とすべきか。リベラリズムの擬制という手法は、ここで発動する。まずもって言えることは、出生することにより、生身の人間は法的に自然人として評価され、法的主体とされる。しかし、上述の通り、それ以外の存在についてもまた、法的主体として承認することは可能である。端的に言えば、法的主体とは、言うなれば「種々の権利・義務の担い手を想像するわれわれの必要に応えるための法学上の創造物」(8)なのである。リベラリズムが基本に据える主体像についてしばしば強調される「自分のこと（人生）を自分で決めるという自己決定権尊重原則を基盤とする理解」は、一面で正しく、他面で誤解を孕んでいる。自己決定権の尊重は、リベラルな国家を構想する上で、〈他の何者でもない私という存在〉としての法的主体を法制度上尊重する手法として、現段階で最も有効な手法である、という判断に基づき、リベラリズムはこれを採用する。しかし、自己決定することのできる主体のみが主体の資格を有するとする理解は、自由意思の尊重という想定から捉えた、主体についての一理解にすぎない。法的主体は、〈他の何者でもない私という存在〉として、法的に配慮されるべき対象である、と承認される存在である。その承認の手法として自己決定が尊重されるのであり、またそれに過ぎない。主体の性質問題と、主体の尊重手法の問題とは区別して考えなければならず、また尊重と配慮に値する主体とはどのようなそれであるのかについては、他の理解の可能性を含めて検討に付す必要があろう。

三 〈個人の尊重〉の理由と意味

法的主体の性質について、リベラリズムは一様には規定しないものの、全く何も規定しないという意味で価値中立的でもない。法的擬制の発動要件を知るために、次の問いを検討する。

「人の生き方を誰がどのように決めるべきか。」

この問いは至極単純な問いであるが、近代以降の社会が直面し続けてきた問いであり、リベラリズムはこの問いを、「私の生き方を誰がどのように決めるべきか」という問いとして受け止めている。リベラリズムの主体論を考える上で、この問いは重要な意味を持つ、と本論文は考えている。この問いは、誰が私の統治者（マスター）であるのか、という問いと重ね合わせてみれば、国のあり方（国制）の分類と平行して考えられる部分があるだろう。もちろんその場合に問われる問いは、「私たちの生き方を誰がどのように決めるべきか」であるのだが[9]。

社会の中で構成員達がどのような生を送ることが可能となるか、国制はそのあるべき構成を形作り、その下で個々の人々は自ら等の生を営む。このような観点から、社会の秩序を司る法の現代的機能として、特に法が個々人の生のあり方、究極的には人の生命の存否にいっそう接近する状況に鑑みれば、国制と、その下での個々の人々の生き方とは、密接な結びつきを持つことになる。この意味から、上述の問いを改めて考えてみる。

大別して答え方には二つある。一人で決めるか、或いは集合的に決めるか、である。リベラリズムはこのうち前者を選択し、その決定者を本人として、個々人の生のあり方に対する政治権力の介入を極力排している。[10] このことを現代社会と法の状況の中でもう少し具体的に捉えてみる。現代社会においては、政治権力と個々人との間の規律に止まらず、私人同士の関係を規律する私法の領域において、本人による自己決定の尊重を原則とする法規整が広く行われている。近時の消費者保護法制などは、消費者の自己決定尊重を図る法制であり、その制度設計に、この社会が承認しようとする〈自己決定の尊重の仕方〉の具体像を看取することができよう。あるいは、医科学技術にかかる法領域においては、従来人間が考え決定する〈自由〉の範疇の中にはありえなかった問題が、医科学技術の進展に伴い、〈自由〉の領域の問題となってきている。終末期医療における治療の差し控え・中止、生殖補助技術の利用（出生前・着床前診断技術や代理母等）等々、生の両端領域の諸問題に対する法規整への社会的要請が高まっている。従来にはない類型の、しかし誰かが何かを決定しなければならない問題については、まずもって本人の自己決定の原則に拠る、という仕組みが集合的に決定されようとしている。これが現代社会と法の状況と言えよう。

リベラリズムが個人による決定を選択する理由としては、大別して三つ（①歴史・経験的要請、②哲学的要請、③合理性の要請）を挙げることができよう。

①歴史・経験的要請については、身分制秩序に代表される社会、すなわち社会に共通善が存在し、したがって、個人が個人として社会内に存在するのに先立ちなんらかの実体的な理念が通底する社会において生じた問題に対する反省と、政治権力からの自由への欲求にもとづくものであるといえる。[11] ②哲学的要請は、歴史的要請と相関して、個人や人権といった概念が発見／創出されるとともに、これらへの哲学的基礎付

けが問われたことに起因する。絶対者神との対比としての意思の自由論を起点とする自由論の展開は、個人を、共同体を構成する部分（単位）としてのみでは把捉できない、とする個人概念の議論と結合し、個人主義という規範的主張へと展開する。[12] さらに、③合理性の要請については、集合的決定を行うシステム形成にかかるコストの問題が挙げられよう。どのような生き方が善い生き方であるのかについて、これを集合的に決定するためには、決定の仕組み作り、善い生き方を調査検討するとともに、その制度的実現手法、見直しの手順、異論／反論への対応など、その内容を精査しようとすればするほど多くのコストがかかる。しかも、個人の生き方について、これを集合的に決定すべきかどうかについて社会が一定した意見を持っていない問題群（先の人間の生の両端領域に係る諸問題を想起せよ）については、仮に集合的決定を行ったとしても、決定それ自体の妥当性／有効性が問題視されるリスクもある。また何よりもその様な事態は、集合的決定システムそれ自体への信頼性を損なうことにもなりかねず、社会秩序を構成する法それ自体の信頼をも揺るがす懸念もある。したがって、個人の生き方については、個人が決めるということだけを集合的に決定し、それ以上の正当性を追求しない（できない）ことにすることは、合理的でもあろう。[13]

これらのことによりリベラリズムは、人の生き方について、本人（個人）が、自ら決定するものとする手法を選択している。ここで想定される個人は、確かに社会契約論の系譜からなる政治的個人主義に基づく個人（個人をこそ究極の存在として、国家や社会の正当性の基盤、すなわち権力の源泉を個人に据える）である。しかしここで思い出さなければならないのは、リベラリズムの批判力である。リベラリズムがなぜ、どのような規範的理念としての究極の存在＝個人を想定したのか。批判すべき対象としての現実（個人に先在する実体的な共通の理念）や概念（絶対者神、共通善）の存在が、リベラリズムの議論の現実的な、そしてまた理論的な原動力となったのであり、それらが内包する価値を批判するという意味で、リベラリズムは極めて価値的主張なのである。また人間は、時間、資金その他のコストを無尽蔵に用いることはできないということからも、一定の合理性要求に応える必要もあろう。

近代個人主義における個人はしばしば、与えられた上位規範に従うのではなく、自らの意思と理性とにより、従うべき規範を自ら定立し、それに自発的に従う〈自律〉と、自ら主体的に考え自ら自身で善き生を生きる〈自由〉とをその構成要素とすることが、時に過度に誇張して理解される。またこのような個人を基盤とするリベラリズムは、あらゆるイズムから価値中立であるかのように主張・批判される。しかし、これら積極的能動的な個人の概念は、上記批判力の上に創出されているのであり、またそれに過ぎないこともまた、リベラリズムを理解する上で重要な視座である。

四　〈関係性〉の観念

1

近代法は、人間の尊厳という概念を、尊重すべき根本概念と規定して受容し、個人個人が自分自身の善き生を追求するときに下す自己決定を尊重すること、すなわち「個人の尊重」として受け止めてきた。この意味するところが、個人ないし主体の尊重である。この点が、特にリベラリズムに対する批判の対象ともされ続けてきた。ただし、この概念が、自己決定を尊重することのみを一義的に意味するものではないことは、これまで論じてきたとおりである。[14] 本節は、リベラリズムが追求する、個人が〈他の何者でもない私という存在〉として尊重され、配慮されることの意味について、特にリベラリズム批判の文脈でカギとされる概念、ケア・関係性という観点から検討する。

近時のリベラリズム批判は、近代法が措定する主体について、その性質を「自己決定する主体」として確定し、そのように主体概念を規定することそれ自体によって巧妙に排除・忘却される存在に着目して展開される。いま一度、岡野の言葉を借りよう。

「暴力の独占装置である国家に包摂される主体は、そもそも他者と外的環境に取り込まれ巻き込まれ、そこに依存しなければ生きていけない事実について、忘れることを強要される。主権的主体中心の公私二元論によって、正義の射程からだけでなく、個人が構想する善の射程からも、主体の来歴が隠されてしまう。主権的主体が前提となっているために、他者への依存の価値は貶められ、そしてそうした主体から成る社会を構想するさいには、傷つきやすさと他者への依存の不可避性といった、人間の条件が忘却される。[15]」

家族内においては親の子に対する養育、子の高齢親に対する介護の問題、またいわゆる家庭外においても高齢化や医科学技術が進展するなか、高齢者に対する介護やケアを必要とする人々への支援のあり方の問題など、いわゆるケア労働に関わる諸問題が社会問題化している。こうした社会状況の変化とともに、いま改めて、ケア関係の規範理論が注目されている。この議論自体は、公私区分に対する批判的検討の中で、従来特にフェミニズムの議論の中で論じられ続けてきたところである。ここでは特に、リベラリズム批判の核心とされる主体の観点から、特にケアの議論における主体問題に焦点を絞る。

2

ケアあるいはケア労働関係（以下、ケア関係）の典型としてはしばしば、母子関係が想起され、これを典型例として論じられる。しかしこの時、ケアする者とされる者との間に事実として存在する軋轢を看過し、両者を一体の関係として捉えてしまうと、ケア関係に内在する主体問題を捉え損なってしまう。まず、ケアが何を意味するのかを明示しておこう。ケアの何たるかについては諸々の定義があるが、ここでは、ケアの倫理が理論的に着目されることとなった出発点である、キャロル・ギリガンの説明に依拠する。ケアのビジョンとは、「誰もが応答され、包摂され、誰も一人で放っておかれず、傷つけられない」[16]ことである。

ケア関係内のケアする者とされる者とは、共にケア関係の中にあって別個の存在である。〈ある特定のケアする者〉は、それに対応する〈特定のケアされる者〉に対してケアする責任を負い、〈ある特定のケアされる者〉は、それに対応している〈特定のケアする者〉に依存する。母は、我が子に対してケアする責任を負い、子どもは母のケアに依存する。この関係下では、子は母に応答されなければならず、放置されてはならない。母が応答不能であるとしても、子の依存には母または母に代わる者（多くの場合は女性保育士等）が、継続的に応答しなければならない。この関係は特定の関係下に成立し、このとき両当事者の自由意思は問題とされない。人は生まれた段階では必ず、こうした依存関係の下に存在し、またこの関係は出生時に限らず、病気の時、負傷した時、その他何らかの支援が不可欠な時に必ず、存在する。この関係下では、ケアする者もされる者も、その関係の中に入ること、または離脱することについて、当事者の自由意思は問題とされない。つまりケア関係というのは、自由意思が介在する一般化可能な関係とは独立の、自由意思の介在しない特定関係下に成立するのである。したがって、自由意思を持つ個人をこそ主体の本質と位置づける（本論文の見解とは異なる）リベラリズムの公私区分の考え方に基づけば、ケア関係は、公的領域はもとより私的領域にもその居場所を失うことになる。そして歴史的・経験的事実として、ケア関係の中でもケアする者の役割の多くは、女性が担ってきたのである。

ケア関係ではしばしば、先のギリガンが示したビジョン（「誰もが応答され、包摂され、誰も一人で放っておかれず、傷つけられない」）から漏れおちる問題が指摘される。それはケアの引き受けにかかる問題である。ケア関係の締結形態の中には、母子関係、老親・老老介護関係といった家族内関係に止まらず、今日的には、高齢者ケア施設のケアに当たる職員と入所者、ヘルパーとその高齢者やハンディを持つ人、シッターその他の施設職員と子ども、あるいは高齢の親の入所・ヘルパーを依頼する子とケアをする職員やヘルパー、親とシッターなど、契約形態を持つ場合も多い。しかし、この契約締結型の形態においても、いったん当該関係が締結され、ケア関係の実践が始まり、両者の間に一定の関係性が構築され、特に長期の時間の経過を経たならば、母子関係等と同様に、そこに離脱や拒否の自由意思が介在するとは言い難く、脆弱な者を前にしてケアする者はその声に応答する責務が要請される。近時ケア論をリードする理論家エヴァ・フェダー・キテイは、これを「名前のない関係」と称している。[17] しかし、この「名前のない関係」は、自由意思に基づく個人（主体）同士が自ら等の自由意思の下で関係を構築するという発想の下では、契約関係という名前が付されることになる。したがって自由意思基底的発想の下では、その関係から離脱することも、またその関係を継続することも可能であり、それは当事者同士の交渉次第ということになる。それ故、そもそもそこにはケア関係下に生じるとされる問題自体が存在しない、ということになる。しかし、現に問題は発生しているのであり、これはケア関係に対する無理解に基づいた誤解と考えられる。(18)

3

ケア関係を契約関係に転換するという主張もあり得よう。家族関係自体を契約関係として捉え直すリベラル・フェミニズムの議論などは、この主張に類別される。(19)しかし、本論文が捉えるリベラリズムにおける主体像の立場からは、もう少し別様の可能性があるように思われる。それがすなわち、関係性に基づく主体像である。

リベラリズムを構成する最小単位である主体としての個人は、〈他の何者でもない私という存在〉として、法的に配慮されることが承認される存在であると述べた。そしてそれは、リベラリズムの批判力の上に構想された主体という側面があるとも述べた。またそれと一貫して、リベラリズムは、〈人の生き方を誰がどのように決めるのか〉問題について、それを個人に委ねるべきとする価値判断を下すことを、その理由と共に述べた。

社会の中で個人個人が上述のことを満たすためには、どのようなことが必要となるのであろうか。

自己決定の重要性が強調される際、しばしば提示される批判として、「それは果たして真の自己決定たり得るのか」という主張がある。たとえば、(やや極論に見える事例だが)在宅で、家族他の支援者等による、そして機器による二四時間のケア体制の中にある者が、自身の生を「ただ生きているよりも、尊厳ある死を」

と望み、その支援と機器とを停止する自己決定を下すという局面で、そこで下された自己決定が、果たして本当の自己決定であるのか否か。自ら労働することができず、自ら手足を動かすことも、食事を摂ることと、排泄することもできず、機器によって呼吸を行い、生きている。この状況下で自ら下した〈尊厳ある死〉に向けた決定が、果たして真の自己決定であり得るのか。近時議論となる、尊厳死法制化に向けた動きの中で、この問題がまさに現実の問題として検討され、自己決定概念を対照点として、肯定論・否定論等、諸々の議論が継続している[20]。

〈個人の尊重〉理念の下、自己決定の尊重の重要性を踏まえてなお、自己決定を尊重することのみによって、法が主体を尊重と配慮の対象と見なしたというべきか否か。この問いを考えるために、以下、やや長くなるが、この問題に長らく取り組む社会学者、立岩真也の言葉を借りよう。

「迷惑をかけないことは立派なことではあるだろう。それは認めよう。いまの社会の状況に怒っている人たちもそんな真面目な人たちで、自己責任と思いやりの両方を言う。経済の自由主義への支持と私利私欲の増長への危機意識という異質の二つが接着し同じ運営に収まるのもそれに関係するだろう。つまり、自分には厳しく他人には優しくなければならないと言う。自分のことは自分で、人のことを思い、人に迷惑をかけない。潔く、すがすがしいことのようにも思える。強固であり、慎ましやかであるようにも思える。

しかしこの教えは、期待と反対の事態を必然的に招く。それを他の人に要求するとしよう。それは、周囲に負担をかけるようなことをお前はするなということでもある。その分周囲は、他者を気にかけているはずだったのに、負担を逃れられ楽になってしまう。また、その人が自らのこととして自制を選ぶのを周囲がそのまま黙認しても同じことが起こる。その人が控えめに人生から退場していくことをそのまま認めることになるのだ。つまりすぐに反転し、逆転する。自らの価値だったはずのものを自らが裏切っているのである。

犠牲という行ないにも同じことが言える。[21]」

本人の自己決定を尊重するという社会の制度設計のあり方は、その社会に生きる個々人の信念に対して、静かにしかし着実に浸透する。自らの生のあり方を自らの責任の下で判断し行動するという法制度設計をするということは、〈私が他の誰でもない私であること〉、すなわち〈自由な主体としての私〉を法によって尊重・配慮するための有効な手段であろう。しかしそれは同時に、手段であるということを理解しなければならない。この手法の導入当時の手段としての有益性への評価と、その歴史・経験的蓄積とによって、自己決定の尊重こそが現代の法秩序を担うリベラリズムの核心であるという、いささか偏重した理解へと繋がったとも言えよう。このことは、手段の自己目的化現象と言ってもよい。

自己決定偏重への批判としてしばしば、当事者が周囲の家族や支援者、その他社会環境の圧力下にあり、自由な意思の表明はもとより、それを抱くこと自体が困難な状況が指摘される。これに対して、リベラリズムの原点を、自己目的化した自己決定尊重とする枠組みからは、そのような圧力問題は例外的事例である、あるいはそうした問題があるとしてもなお、自己決定を問題とするケースこそが問題の中心であり、これを尊重する制度設計を考えることがことの本筋である、と応答し、相互の議論はすれ違ってきた。

繰り返すが、自己決定の尊重とは、政治権力等の不当な権力的介入を受けることなく、〈他の何者でもない私という存在〉として尊重されるための手段である。ここで擬制される自由な主体という規範的事実は、単に放っておいて貰う自由が守られている状態ではない。自己決定権の起源である、「一人で放っておいて貰うlet to be alone」権利を思い出してみよう。他人の私生活上の秘密や問題をことさらに取り上げ、商業的利益を得るイエロー・ジャーナル等の執拗な追求から、私生活を守る権利の保障を淵源とするプライバシー権もまた、その者が社会から放擲されることを意味するのではなく、あくまで、社会の中で個人として尊重されるべきこと、その態様としての個人のプライバシー権を保護することとしたのである。[22] 私が〈他の何者でもない私〉として社会の中で法によって尊重・配慮の対象とされるべきであるということは、他者もまた私と同じくそのように尊重・配慮の対象とされるべきであることを意味する。そしてそれは、私を含めた社会の構成員が、このことの受容を要請されることをも意味している。すなわち、他者との関係下にあって、私が個人として尊重されるべきであることが問題の前提且つ核心であり、これが、個人の自己決定を尊重するという規範を生むのである。他者との関係性の下で、自己を自己として、他者を他者として尊重すべきであるというのが、主体を個人として尊重する際の規範的前提なのである。現に例えば、当事者の自己決定を支える仕組みの重要性が問われる私法上の様々な法制度を考えてみよ。私人間の法律行為については、私的自治に基づき国家は不当な介入を行ってはならない。しかしそうであるとしても民法は、詐欺、錯誤、強迫等に基づく契約関係は取消可能ないし無効としている。医療に関わる患者の保護法制や、消費者保護法制等を顧みても、個人の自己決定が適切な自己決定となるように、医療者や販売企業等には、患者や消費者に対する適切且つ十分な情報提供が求められ、またこれを支える法整備が行われている。[23] これらのことは、私法上の原則である私的自治の原則が、当事者間の合意に止まらず、他者を他者として承認するという、片務的な承認が先在（前提）することの上に成り立つ具体的な法制度設計を要請するものであることが理解できよう。

以上のことから、法的な主体が主体として承認されることの前提、すなわち法が個人を〈私が他の誰でもない私であること〉を尊重・配慮することの前提とは、他者との関係性の中にあって私が私として他者から承認されるということであり、まさにその実現のために、他者を他の何者でもない他者として私が他者を承認することが必要となるのである。これは他者からの承認要請の有無とは独立の問題である。

承認のレベルやその承認の具体的手法は、法制度設計上の問題としてさらに論じられるべき事柄になろう[24]。

五　主体と関係性

いま一度、「人の生き方を誰がどのように決めるべきか」問題に戻り、本論をまとめよう。これまでの理解を踏まえてこの問いに応えるならば、「他者との関係性の下、自身と他者の生を承認することを前提として、自らの生について自己決定をする」ということになろう。この時さらに問題となることは、リベラリズムに対する自己決定偏重の批判として主張される、決定への圧力[25]の問題である。従来この批判は、リベラリズムが想定する主体の前提条件としての〈関係性〉理解の不十分から、相互に論点のすれ違いが生じてきたところである。

ここで言う関係性とは、自分の生のあり方を自ら決定することの前提としての、他者の存在を承認するという意味であり機能である。私の生についての私による自己決定は、私の生のあり方を決定するものである。まずもってそれは尊重されるべきである。ただその要求が正当な要求として規範的に保護されるためには、他者による私の存在承認を前提とするものであるかどうか、が問われなければならない。この決定が、私の存在を傷つけ、その自由を奪うものでないかどうか等が、法的思考によって問われるべきである。また同様に、他者の生についてのその他者による自己決定もまた、それ自体として、尊重されなければならない。ただそれが規範的に保護されるためには、やはり私による他者の存在承認を前提とするものであるかどうか、が問われる。何らかの決定を行う個人を、それ故に社会から放擲し、忘却・排除するものでないかどうかが、法的思考によって問われるべきである。

もちろんその承認の内容がどのようなものであるべきかは、上述の通り法制度設計上の問題となろう。繰り返すが、このことは、他者からの承認要請の有無とは、独立の問題である。すなわち、契約に見られるような、当事者相互の意思の合致によって、両当事者の関係性を継続・切断するという意味での互酬的関係性を、ここでは意味しない。リベラリズムが構想する自由な社会の法秩序においては、私が他の誰でもない私であるために必要となる、個人が個人として尊重されるための、他者に対する承認という片務的な責務が前提とされねばならず、このことを指して、リベラリズム法学における権利を構成する関係性の観念と言うべきである。

自己決定偏重批判が主張する、自己決定に対する圧力の問題は、事実上確かに存在する。他者が存在する以上、そして自己決定が他者承認を前提とする以上、他者の存在は個人に対して何らかの影響力を有する。しかしそれが、自己決定の支えであるのか、自己決定を阻害し否定されるべき圧力であるのかは、事実上の価値判断となろう。いかにそれが、自己決定の前提となる他者承認であるかについては、個別具体的な検討に付される問題である。

以上のように考えるならば、主体の性質を、強靱とするのか脆弱とするのか、あるいはまたその両方とするのか、それを確定することは、リベラリズムにとって必ずしも重要な問題ではない。なぜならまずもって他者を他者として承認できる秩序形成をはかり、個人個人の自己決定が尊重できるような多様な思想流通のための環境整備をするための思想的基盤として、リベラリズムは現代社会における役割を果たすものであるからである。またそうであればこそ、自由な社会を構想するイズムの名に値するのである。主体の性質を事前に確定することは、それによって、それ以外の存在を排除し、時に忘却の彼方に置き去りにさえしかねない。規範理論を構想する上で、このことは重要な点であると、私には思われるのである。

●注

（1）代表的には、J・ロールズの議論に対する批判として、M.Sandel, *Liberalism and the Limits of Justice 2nd edition*, Cambridge University Press, 1998（菊池理夫訳『リベラリズムと正義の限界』（勁草書房、二〇〇九））を参照。

（2）岡野八代『フェミニズムの政治学　ケアの理論をグローバル社会へ』（みすず書房、二〇一二）一一一頁。

（3）前掲註（2）一一一頁。

（4）前掲註（2）一一一頁。

（5）前掲註（2）一一五頁。

（6）前掲註（2）第一章および第二章を参照。

（7）この問題については、中山茂樹「基本権を持つ法的主体と持たない法的主体（一）（二）」『法学論叢』一四一巻六号（一九九七）五〇‐七一頁、一四三巻四号（一九九八）四七‐六五頁を参照。

（8）竹下・角田・市原・桜井編『はじめて学ぶ法哲学・法思想　古典で読み解く21のトピック』（ミネルヴァ書房、二〇一〇）「I基礎概念—主体—二「人格person—人格はどこにいるのか？—」（桜井徹執筆）三三頁。

（9）国制については、アリストテレスの六政体論（政体を三つの正しい政体（「君主制」「貴族制」「ポリテイア」）と、各々に対応する逸脱した政体（「僭主制」「寡頭制」「民主制」）とに分類）を念頭に置いた上で、ここでは主として統治者の数の点に着目して論述している。アリストテレス（牛田徳子訳）『政治学（西洋古典叢書）』（京都大学学術出版会、二〇〇一）一二九－一三四、一八一－一八二頁。

（10）集合的決定と自由との関係については、嶋津格『問いとしての〈正しさ〉法哲学の挑戦』（NTT出版、二〇一一）、特に「第Ⅲ部12 自由のみでどこまで行けるだろうか―リバタリアニズムの社会ヴィジョン」一六三－一八一頁を参照。

（11）市民革命期に代表される人権概念の発見にともなう個人の解放の最初の成果は、天賦人権および譲渡不能の権利が個人に存することを公に宣言するという形で世に示された。アメリカにおけるヴァージニアの権利章典（一七七六）、同独立宣言（一七七六）、フランスにおける人および市民の権利宣言（一七八九）が挙げられる。

（12）社会契約論（ホッブズ、ロック、ルソーを代表とする）においては、社会規範の成立根拠である国家の権威を、身分を背景とする中間団体（複数性）に属する人々にではなく、直接社会の構成員である個人の意思に基礎付けたところに、重大な意義が認められる。

（13）善き生き方について、これを集合的に決定し、社会制度を設計することが可能である、とする設計主義に対する批判としては、ハイエクの議論を参照。ここでの理解は、嶋津格監訳『ハイエク全集Ⅱ－4哲学論集』（春秋社、二〇一〇）、特に第一部の三論文（「二つの合理主義」（三－二四頁）「設計主義の誤り」（二五－五五頁）「先祖返りとしての社会主義」（五七－七三頁））に依拠している。（F.A.Hayek, 'Kinds of Rationalism,' in *The Economics Studies Quarterly*, 15. No3. Tokyo; 1965., The Errors of Constructivism, *Die Irrtümer des Konstruktivismus und die Grundlagen legitimer Kritik gesellschaftlicher Gebilde*, Munich; 1970. reprinted Tübingen; 1975., The Atavism of Social Jusitice, in F.A. Hayek, *New Studies in Philosophy, Politics, Economics and the History of Ideas*, Chicago and London; 1978.）

（14）近代法が受容してきた人間の尊厳概念の二つの意味（〈個人の尊重〉と〈人間の尊厳〉）については、前掲書註（8）「Ⅲ法と倫理・文化―倫理― 3 生命・先端医療 life and medical technology 自由は何故規制されるのだろうか？」（野崎亜紀子執筆）二五一－二六二頁を参照。

（15）前掲註（2） 二四七頁。

（16）Carol Gilligan, *In a Different Voice Psychological Theory and Women's Development*, Harvard University Press :1982 p.63（岩男寿美子監訳『もうひとつの声―男女の道徳観のちがいと助成のアイデンティティ』（川島書店、一九八六））なお、翻訳は変更している。

（17）E.F.Kittay, *Love's Labor: Essays on Women, Equality, and Dependency*, Routledge: 1999（岡野八代・牟田和恵監訳『愛の労働あるいは依存とケアの正義論』（白澤社、二〇一〇）三四七頁。）
（18）「名前のない関係」について、その規範的位置づけを検討するものとして、小久見祥恵「親密圏への権利アプローチ」日本法哲学会編『功利主義ルネッサンス─統治の哲学として─　法哲学年報２０１１』（有斐閣、二〇一二）一九四－二〇五頁を参照。
（19）この立場に立つ議論として、野崎綾子『正義・家族・法の構造変換─リベラル・フェミニズムの再定位』（勁草書房、二〇〇三）。特に、第三章「家族への契約アプローチ」一〇七－一四一頁を参照。
（20）二〇一二年一二月時点で、尊厳死法制化を考える議員連盟（増子輝彦会長）は、次期通常国会（第一八三回）での法案提出に向けた準備を進めており、二〇一二年六月六日には「終末期の医療における患者の意思の尊重に関する法律案（仮称）」を公表している。これに対して、人工呼吸器をつけた子の親の会（バクバクの会）、ＤＰＩ（障害者インターナショナル）日本会議等の団体からの疑問要望が相次いでいる。他にこの問題に関連して、立岩真也『良い死』（筑摩書房、二〇〇八）、同『唯の生』（筑摩書房、二〇〇九）を参照。
（21）立岩真也『希望について』（青土社、二〇〇六）二九四－二九五頁。
（22）Samuel D. Warren & Louis D. Brandeis, The Right to Privacy, 4 *Harvard Law Review*, 193：1890.
（23）患者の権利保護については、数多くの議論の蓄積がある。特にインフォームド・コンセントをどのように制度的に理解し、位置づけるべきかという点について、野崎亜紀子「インフォームド・コンセントの法理の法哲学的基礎づけ」甲斐克則編『医事法講座第2巻　インフォームド・コンセントと医事法』（信山社、二〇一〇）二五－四四頁。また、消費者保護法制の転換（消費者保護基本法から消費者基本法へ）にともない、消費者支援と国家の役割については、数多く議論されるところである。特に消費者の主体理解の多様性に言及する文献として、熊谷士郎「消費者法における国家の役割」日本法哲学会編『市民／社会の役割と国家の責任　法哲学年報２０１０』（有斐閣、二〇一一）三二－四六頁。
（24）とはいえしかし、立岩の言葉を借りれば、私の生はもとより、他者の生を「唯の生」として承認するということは、個人が個人として生きるための最低限のラインではないだろうか。
（25）決定への圧力については、明示的・非明示的、制度的・非制度的であるとを問わず、有形無形の諸々のものがあり、それらが個人の自己決定の形成過程はもとより、自己決定それ自体を生み出す契機を奪いかねない等が主張される。この問題について、特にケア関係における問題を哲学的に検討する議論として、Kittay1999（前掲註（17））。

第十三章　プリコミットメントから見たアドバンス・ディレクティブ

丸　祐一

一　はじめに

自らが何らかの理由で医療上の決定をすることができなくなったときに備え、あらかじめ将来の自己の状況を予測し、そのときが訪れたときの治療方針に関して家族や医療者に事前に指示をしておく。この指示はアドバンス・ディレクティブ（事前指示）と呼ばれる。アドバンス・ディレクティブには内容指示型と代理人指示型があるとされるが[1]、内容指示型アドバンス・ディレクティブにしたがって家族や医療者が当該患者の治療方針を決定するにあたっては、その指示内容を現実の治療に適用することが実際には難しいということが常々指摘されているところである[2]。したがって、患者が内容指示型のアドバンス・ディレクティブを作成していたとしても、患者の指示内容を誰かが解釈して現実に適用せざるをえず、患者の事前の意志がそのまま直接的に実現されるというわけではない。それゆえ論者によっては、いざというときにアドバンス・ディレクティブにしたがって治療方針が決定されることそれ自体よりも、アドバンス・ディレクティブを作成するプロセスでの、患者と家族・医療者とのコミュニケーションに価値を見いだしている。(3) 家族・医療者とのコミュニケーションを通して、患者が自らのニーズに合わせた十分で適切な情報提供をうけ、より十全なかたちで自己決定することができるようになる、というわけである。また、そのコミュニケーションを手段的に捉えるとすれば、患者と家族・医療者がそのプロセスで十分話し合っておくことによって、家族や医療者は患者の指示内容を解釈するにあたってより患者の意志にそった解釈ができようになる、という利点もあるだろう。いずれにせよ、ここでアドバンス・ディレクティブを支えている倫理的な根拠は、患者の自己決定の尊重＝自律の尊重である。このことは、米国の「患者の自己決定法（Patient Self-Determination Act, 1990）」（及び「統一保健ケア決定法（Uniform Health-Care Decisions Act, 1993）」、そしてその具体化たる各州の「代理決定法（Surrogate Decision-Making Statutes）」）がアドバンス・ディレクティブの作成機会を患者に保障するために制定されたことからも明らかであろう。ただし、アドバンス・ディレクティブについては、患者の自律が直接的に確保されるのではなく、「拡張された自律の原理」によって基礎づけられていると分析されている。(4) というのも、アドバンス・ディレクティブが保障しようとする自律性は、患者が自律的に判断できなくなった将来に実現されるべき自律性であり、それは、誰か別の人がその患者の意志を尊重することによってはじめて確保される自律性だからである。

本稿は、プリコミットメントという概念を手がかりとして、患者による解釈者への一種の「賭け」としてのアドバンス・ディレクティブの性格を明らかにすることを目的とする。プリコミットメントとは合理的選択理論において使われる概念であり、以下で論じるように、プリコミットメント戦略を医療上の決定の文脈で使うことは非常に魅力的である。ただし、医療上の決定の文脈におけるプリコミットメント戦略は、プリコミットメントの内容を確定するために他者の介在が必要となることが多い。したがって、医療の文脈におけるプリコミットメントが合理的な戦略だと言えるのかどうかについては、それ自体が問題となりうるが、本稿はその点については検討しない。あらかじめ結論を述べれば、患者のプリコミットメントは他者にとって行為理由の一つに過ぎないので、他者が患者のプリコミットメントにしたがうという判断をしたとしても、その判断の正当性は、患者のプリコミットメントが存在するということだけによってのみ調達されるわけではなく、結局のところ、プリコミットメントは患者による解釈者への一種の「賭け」であり、プリコミットメントそれ自体は解釈者に患者への義務を課すものではない。以下ではまず、プリコミットメントという概念について説明し、次に、医療の文脈におけるプリコミットメント戦略の射程について検討しよう。

二　プリコミットメントとは何か

我々がプリコミットメントという言葉を日常生活で使うことはないだろう。(5) しかし、実際の生活の中にはプリコミットメントという言葉が指している多くの実践がある。例えば、寝過ごさないために目覚まし時計をセットしてから寝る、目覚ましを消して二度寝をしないために、枕元にではなく足下に目覚ましをおいてから寝る、といった実践は、プリコミットメントである。つまり、プリコミットメントとは、何らかの目的を実現するために自分が将来しなければならない行為や選択肢を制限する決定を前もってしておく、という一種の先取り的な行為なのである。このようなプリコミットメントについて1970年代以降、トーマス・シェリングやヤン・エルスターといった論者たちが、経済学、政治学、法学といった領域で分析をしはじめた。彼らは、プリコミットメントがどれだけ合理的な戦略でありうるのかを分析している。例えば、選択肢は多ければ多いほどより良い、すなわち、将来の選択肢は多ければ多いほど合理的だと我々は考えがちであるが、実践的には、自らの選択肢を少なくするプリコミットメントをすることの方が合理的な場合がある、ということを彼らは論じている。また、個人や集団が将来の自己を拘束する動機・理由は何か、そして将来の自己を拘束するためにはどの様な手段に訴えるのが合理的であるのか、という論点を中心に議論が展開される[6]。目覚ましの例に戻れば、目覚ましをセットし、さらに足下に置いておくという行為は、起きたい時間に寝過ごしてしまうことを防ぎ、起きた時の「意志の弱さ」によってそのまま寝続ける選択をしてしまうことを排除しようとしている。朝になって、目覚ましが鳴り出した時には、寝る前に目覚ましをセットしたことを後悔する、すなわち、プリコミットメントしたことを後悔するかもしれない。しかし、起きた瞬間には後悔したとしても、後になって寝過ごさずに済んだことで、寝る前の自分に感謝するのである。これと同様に、タバコをやめたいと思っている人は、友達に「タバコをやめる」と宣言することによって、タバコをやめられなかった時に友達にからかわれたくないがため、タバコを吸わないという選択をすることができるかもしれない。浪費癖のある人は、お金を定期預金として銀行に預け、簡単にはお金を引き出せないようにすることができる。飲酒運転をしてしまう人は、友達に車の鍵を渡すことで、私が酒を飲んだらこの鍵を返すな、と頼んでおくことができる。また、プリコミットメントにかかわる有名な物語としてユリシーズの物語がある。ユリシーズはセイレーンの魔力に抗するために自分自身を船のマストに縛るよう部下たちに命令し、船のクルーに、「私がマストのひもを放してくれと頼んでも、縛ったままにしておけ」と命令するとともに部下の耳を蜜蝋でふさいだ。それによってユリシーズはセイレーンの歌声を聞きながらも、無事に航海するという目的を達成することができたのである。(7)

プリコミットメント戦略は、個人によってのみ採用されるわけではなく、集団のレベルでも採用されうる。例えば、立憲主義を民主主義との関係でプリコミットメントとして正当化しようとするプリコミットメント理論では、立憲主義のことを「多数者が自己の真に合理的な利益を実現するために、あらかじめ自己の権力を一部自発的に放棄し、その点に関する決定を政治過程の外においてセイレンの誘惑に屈しないようなもの、すなわち憲法にゆだねる形で、自己を縛る合理的な自己拘束」(8)だと理解している。このような立憲主義理解については、制憲時こそ熱狂的な革命の時であったのだから、そちらが酔っぱらいのピーターではないのかという批判や、制憲時の多数派の権力・利益を将来まで確保しようとしているに過ぎない、という反エントレンチメント理論による批判があるものの、いずれにせよ、プリコミットメントの概念は、憲法と民主主義の関係を考えるにあたって今や不可欠となっている。(9)

プリコミットメントは契約や約束と同一視されるかもしれない。しかし、これらとは異なる概念として捉える方がプリコミットメントの特徴を理解できるだろう。(10)契約は、一般に二つ以上の意思表示の合致が必要であり、約束は、被約束者がそれを引き受けなくても、被約束者にその約束の利益は与えられることになる。これに対して、プリコミットメントでは、プリコミットメントした人は、他者に対する義務を必ずしも負うわけではない。例えば、タバコをやめると宣言することは、誰に対しても義務を負うわけではなく、禁煙するという意思を表明しているに過ぎないのであるが、それは十分プリコミットメントである。

契約や約束は意思表示をした時点で世界のあり方を一変させてしまうが、プリコミットメントそれ自体は契約や約束が持つそのような効果を持ってはいない。ただし、プリコミットメントを制度によって保障すべきだという議論は可能であるし、自らのプリコミットメントを実現する手段として契約という制度を用いることも可能である。契約をプリコミットメントの手段として使えば、契約を互いに結ぶことで、契約を履行するよう互いに制度的に義務づけることができる。

三　医療の文脈におけるプリコミットメント

医療においてはこれまで、医療者による患者の決定への介入が患者の人格尊重の観点から問題とされており、自己決定が、他人を害さない限りは自分に決定権がある、という意味での他人に関係のない私事についての自己決定、他人の保護や干渉を受けず、独立して行うこと、として語られてきた。他者の干渉をうけないことを「自由」と呼ぶならば、このような自己決定を自由基底的自己決定と呼ぶことができるだろう。これに対して、プリコミットメントとの関係で問題となる自己決定は、カント的な自律、すなわち、各人が自らの作ったルールにしたがう「自律としての自由」を念頭に置き、自らの価値観や善き生についての概念構想にしたがって自らの選択や決定を遂行すること・できること、を指していると言えよう。プリコミットメントは現在（あるいは過去）の自己が未来の自己を拘束するためにするのであるから、現在の自己と未来の自己が同一人格だといえる限り、プリコミットメントが確保しようとしているところの自律とは「自己規律としての自律」である。プリコミットメントが理性による自己支配を目指しているとするならば、プリコミットメントは、自律基底的自己決定を実現するための一戦略だともいえる[11]。もちろん、プリコミットメントは、自分の理性で自己支配をすることのできる「強い個人」が、意志の弱さや痴呆を理由に、自己支配できない「弱い個人」へとなってしまう可能性を見越しての戦略でもあるから、「弱い個人」になった時に、周囲の圧力から自らを守るために他者の干渉を排除する戦略としてプリコミットメントを利用する場合もありうるので、自由基底的自己決定が全く無関係だというわけではない[12]。

このようなプリコミットメントの戦略は、医療の文脈で非常に魅力的である。医療の文脈においてプリコミットメントが「使える」典型的な場面として、DNAR（Do Not Attempt Resuscitation）、アルツハイマー型認知症、精神疾患、代理母、四肢麻痺患者の事例などがある[13]。例えば、重篤な心疾患を抱える患者が将来、発作が起きて意識を失ってしまうことを予想し、その際に無理な蘇生措置をとらないようDNARを作成しておく、ということがあるだろう。それを冷蔵庫などに貼り付けておき、いざというときに救急隊に見つけてもらえるようにしておく、というわけである。DNARを残しておくことが、プリコミットメントとなるのである[14]。アルツハイマー型認知症患者については少し事態が複雑となる[15]。アルツハイマー病に罹患した患者が、認知症が進んだ場合に肺炎にかかったとしても治療をしないでくれと命じていたが、実際に症状が進行して判断能力が奪われた状態になったときは、精神的な苦痛は何ら感じておらず楽しく生活している。このとき、家族や医療者は判断能力があった患者の過去の指示にしたがうべきか否かが問題となる。精神疾患については、例えば任意入院では本人が退院請求すれば基本的には退院させることになるが、患者自身が前もって、症状がひどいときには自分が退院請求をしたとしても退院させず医療保護入院に切り替えるよう医師と家族に指示しておく、というプリコミットメントが考えられる。代理母については、代理母が子どもを産んだ時にその子に愛情を感じてしまって引き渡しを拒否してしまうかもしれないから、前もって代理母契約で引き渡しに法的な拘束力をもたせる、という使い方が考えられる。四肢麻痺患者については、事故が原因で身体に麻痺が残ってしまった人が、死にたいと主張するが、それに対して、麻痺があっても価値ある生活は送れますよ、と他の人が説得する。しかしその患者は、そういった麻痺があっても満足してしまうそういった自分になるのがいやだ、と考え、そんな自分になってしまう前に医師による自殺幇助を希望する、ということが考えられる。

これらの事例はそれぞれ詳細な検討に値するが、本稿で指摘しておくべきは、医療の文脈でのプリコミットメントは、目覚まし時計の例とは異なり、プリコミットメントを実現させるには、多くの場合、他者に頼らざるを得ない、ということである。厳密に言えば、目覚まし時計の例も、目覚まし時計の助けを借りているわけであるから、自分自身でプリコミットメントを実現したわけではない。ではどこが目覚まし時計と医療上の問題とで違っているのか。それは、プリコミットメントの実現が、何らかの因果的なメカニズムによって達成されるのか、それとも他者の判断が入ってこざるをえないのか、という点である。[16] 他者の判断がプリコミットメントの達成に必要だということは、外部で判断をする者、例えば家族や医師がそれにあたるわけだが、その人たちによるプリコミットメントを実現させるという引き受けが必要となるということである。したがって、医療の文脈におけるプリコミットメントは、未来の自分の判断を変化させるためにプリコミットメントをするというよりも、他者による将来の自分自身の扱い方を支配したい、という意思の表れであるとも言えよう。通常のプリコミットメントは、未来の時点で過去の自分がしたプリコミットメントに直面して、自分の考えをもう一度過去の自分の考え方へと戻す、ということを目的としているが、医療の文脈でのプリコミットメントは、一般に、未来の時点で自らの力で考え直す判断能力を欠いているので、他者による将来の自分の取り扱い方を支配しようとするものなのである。[17]

前述したように、プリコミットメントは、自律基底的な自己決定を実現するための合理的な戦略として構想されているわけであるから、自律的でありたいと願う人にとって、そしてさらには、人は自律的であるべきだという倫理規範の下に動いている社会にとってプリコミットメントは非常に使える戦略でありうるわけである。以上の議論から、そもそも自己拘束の戦略であったプリコミットメントが、これを医療に関わる問題で使う場合には、他者拘束の戦略となっていると理解できるだろう。次節で検討するように、自己拘束の戦略としてのプリコミットメントにおいては、未来の自己が現在の自己に拘束されるべきなのか、という問題が生じるが、他者拘束としてのプリコミットメントでは、過去の自己によるプリコミットメントを実現するよう、未来の他者は拘束されるべきなのか、という疑問が生じる。すなわち、他者の手の動員はプリコミットメントがあるということで正当化できるのだろうかという疑問である。

四　未来の自己は過去の自己に拘束されるのか

プリコミットメントによって未来の自己は過去の自己に拘束されるべきか。ダン・ブロックは無神論者の例を挙げこれを検討している。[18]これまでの全生涯に渡って無神論者だった人が、死ぬ間際になって、司祭を呼んでくれと家族に求めた時に、その望みを周りの人は聞き入れるべきかどうか、という例である。長年に渡ってその人を知っている人からすればその願いに驚くが、その人の現在の欲求だけを考慮に入れるならば、または、全くの別人になってしまったと考えるならば、司祭を呼ぶという判断は許されそうである。これに対して、長い人生の中で今現在だけを切り取るのではなく、人生全体をロナルド・ドゥオーキンのようにインテグリティあるものとして解釈するならば、司祭を呼ばないという結論になる。[19]自己が現在と未来で変わってしまったのか、変わってないのか、仮にパーフィットが主張する人格の程度説を採ったとしても、[20]どちらの自己を優先するべきかという問題からは逃れられない。[21]

この問題に対するドゥオーキンの応答は批判的利益と経験的利益の区別論によってなされる。[22]ドゥオーキンによれば、人の善き生の追求には二つのタイプがあり、それは批判的利益の追求と経験的利益の追求である。おいしいワインを飲む、好きな音楽を聴くといった利益は経験的利益である。経験的利益は生活を価値あるものにするが、それがないからといって人生が悪くなるわけではない。これに対して批判的利益は、それを求めないことがその人の人生をより悪くするような利益を意味している。例えばドゥオーキンによれば、通常の生活では、経験的利益と批判的利益とが衝突する時には批判的利益を優先して生きているのであるが、認知症が進行してしまった時点では、経験的利益は残っているものの、批判的利益はもうそこには存在しない。だから、自分がアルツハイマー病だと分かった時点で、これまでの自分の人生を形成していた批判的利益にしたがって発病した後の人生を支配するために、アドバンス・ディレクティブを作成しようとするのである。ドゥオーキンによれば、周りの人はそれを尊重すべきであり、したがって、未来の自己は現在の自己に拘束される、ということになる。

ドゥオーキンは以上のように、アルツハイマー病に関わる問題について応答している。しかし、四肢麻痺患者や、死につつある無神論者の事例についてドゥオーキンの論法ではうまく応答できないのではないだろうか。なぜなら、四肢麻痺患者のケースは、現在の批判的利益を捨ててしまって、別の批判的利益を受け入れてしまう自分が許せないから自殺幇助を希望しているのであり、ここでは批判的利益のレベルで衝突が生じている。死につつある無神論者についても、過去の自分が持っていた批判的利益は馬鹿げたものだったと反省して、今現在は前とは異なる批判的利益を持っているのであるから、それが批判的利益だということだけではどちらの自己が優位に立つべきかを決定できない。われわれにできることは、未来の自己の批判的利益への関心から司祭を呼んでくれと言っているのか、何かの気まぐれでそう言っているのかについて、その人の意思決定過程に参加し、その人の言葉によく耳をかたむけることであろう。傾聴のすえ、それでもなお、その人の過去の自己も未来の自己もどちらも対等な批判的利益を表明しているのだと考えざるをえないならば、そのときには、プリコミットメント戦略がもくろむような過去の批判的利益に対する未来の批判的利益への優越性は、解釈者として受け入れがたい、ということになるだろう。

五　他者拘束としてのプリコミットメント

それでは、結局のところ解釈者は過去と現在の批判的利益のどちらを優先すべきだろうか。これについては、外部判断の問題を先に検討する必要がある。ここでいう外部判断の問題とは、プリコミットメントは合理的な自己拘束の戦略として構想されているが、医療の文脈では他者の判断に頼らざるを得ず、他者が過去の自己の判断に拘束されてはじめて当初の目的を達成できる、という問題である。このような問題があるために、プリコミットメントによる自律の確保は、「拡張された自律性」の原理として位置づけられているわけである。合理性という観点についていえば、他者による外部判断が必要であるということそれ自体のために、プリコミットメントが合理的戦略ではなくなるということはない。例えば、飲酒運転を防止するために、血中アルコールが〇・〇五％を越えたら車のエンジンが掛からないようにするというプリコミットメントがありうる。[23] しかし、子どもがひどい病気やけがになった時に、ちょっと飲んでいるからといってエンジンが掛からないというのでは、合理的とはいえないだろう。このようなケースでは、酒を飲む前に、しらふの友人に車のキーを渡して、いざという時にはその友人に運転すべきかどうかの判断をさせる、つまり「キーを渡すかどうか」を友人に決めさせるのである。こうしたプリコミットメントの方が、因果的メカニズムに任せるよりも、実践的には合理的だと我々は考えるだろう。問題は、患者によるプリコミットメントを実現させることが合理的か否かではなく、それを実現させる義務が他者にあるのか否か、である。他者によるプリコミットメント実現の引き受け義務は、プリコミットメント論それ自体からは出てこない。なぜなら、プリコミットメント論は、行為の合理性を分析しているのであって義務について検討しているわけではないからである。ある行為の選択肢が合理的であることは行為理由の一つではあるが、行為の決定的な理由となるとは限らない。行為理由はそれ以外にも、例えば、医療プロフェッションとしての救助義務、国家のパレンス・パトリエ権限、さらには医療経済上の考慮、これら様々な理由が行為理由として存在する。だから、解釈を任された他者が患者のアドバンス・ディレクティブにしたがうことが合理的であると判断したとしても、ただちにそのプリコミットメントにしたがってその人が行為すべきだということにはならない。行為者は様々な行為理由について比較検討する必要がある。仮にプリコミットメント（＝アドバンス・ディレクティブ）が実現されるべきだという結論に達したのならば、それはそのプリコミットメントが他の多くの行為理由に優位するという判断、すなわち、患者のプリコミットメントがその患者の自己決定権の行使であって、他の行為理由に優越する理由としての位置づけを与えられるべきである、と判断をしたということになるだろう。そのとき、プリコミットメントにしたがうという判断に達した者は、その判断に達した推論を説明する義務を負うことにはなりそうである。すなわち、解釈者は、プリコミットメントを遂行する義務を負うのではなく、遂行した場合の事後的な説明責任を負うのである。

患者が過去に何らかのプリコミットメントをしているということは、将来の他者にとって、将来の時点で生じる問題、例えば投薬すべきか否か、治療すべきか否か、という問題が生じた時に、判断の指針がすでに示されているのであるから、その指示にしたがった決定をするということが、実際の決定をした人を免責する可能性はある。とはいえ、プリコミットメントは、他者にとって少なくとも一つの行為理由としての役割はあるわけだから、この点について、次のように考える余地があるだろう。アドバンス・ディレクティブはたいていの場合、抽象的な指示が与えてあるだけで、医療上の具体的な場面に遭遇した時にその抽象的な指示を適用する際には、どうしても解釈を挟み込ませざるをえない。例えば、「いたずらな延命治療はしないで下さい」とあったとして、その意味するところを、「合理的な医学上の判断で不治と認められ」とか、「治癒現象を呈せず単に死期を延期するに過ぎない」と定義してあったとしても、それは依然として具体的な医療から見れば抽象的な指示である。このことはつまり、アドバンス・ディレクティブをした人から見れば、解釈する人に対して、「あなたは今までの私をどう見ているのか、私の人生をどう思うのか、最善に解釈して見せてくれ」と、そういった、解釈を任せた人と任された人との関係を問う、そういうクレイムをプリコミットメントによってしているのだと。これを、プリコミットメントの関係基底的理解と言ってもよいのではないか。

プリコミットメントの性格をこのように解するならば、プリコミットメントをいかなるかたちで実現すべきかについては、その実現を任された者が、任せた者の人生を最善に解釈するというドゥオーキンのインテグリティモデルが適当であるように思われてくる。過去と未来の批判的利益について、結局のところどちらの批判的利益の方がよりインテグリティに適っているかということを解釈し判断を下すのである。他者の手を未来で使用できるかどうかは、患者と解釈を任された者との関係の中で決まるのであり、ここには判断を他者に任せるという一種の「賭け」がなされているのである。[24] それでもなお、解釈者は最善の解釈だと考えた自らが判断した結論にしたがわなければならないという義務は存在しない。解釈によって得られた結論もやはり一つの行為理由でしかないからである。ここには、プリコミットメントをどのくらいの重みを持つ行為理由だと考えるべきか、という問題が残っている。全ての行為理由に優位するわけではないが、重視されるべき行為理由である、ということはもちろん十分ありうる。安楽死・尊厳死が合法だとされる要件として、患者による意思表示が必須項目とされている現状に鑑みれば、プリコミットメントを単なる一つの行為理由として位置づけるのでは重みづけが軽すぎるのではないか、と考えることもできよう。プリコミットメントが一つの行為理由として存在しているということから患者が言えることは、少なくとも私と無関係なところで人の生き方・死に方を決めるな、つまり、医療決定に何らかの形で「参加」させろ、ということであろう。

六　制度としてのプリコミットメント

プリコミットメントについては「制度」としても考えることができる。米国の「患者の自己決定権法」が目指したように、アドバンス・ディレクティブやリビングウィル作成の機会を制度的に保障するということは、その端的な例である。また、例えばMOLSTやPOLSTのように、専門家たちが前もって診療の場面で使えるように書式を用意しておくという対応も一種の制度的な保障だといえるだろう。もちろん、院内で実際にそのような書式を使うことについて手順書を作成しておくことも必要である。しかしながら、繰り返して述べているように、現実の治療ではこれらの書式での意思表明では対処しきれず、どうしても治療方針について解釈の余地が残されている。また、そもそもプリコミットメントそれ自体が、その患者の真なる選好を反映する形で作成されたものではないかもしれない。これらの問題については、インフォームドコンセントのプロセスをより十分かつ適切に行うことでいくぶんか改善されるであろうが、レベッカ・ドレッサーが主張しているように、事前の意志決定を尊重するよりもむしろ、患者のその時点での客観的な利益を保護すべきだ、という根本的な反論がありうる。すなわち、解釈者が患者のプリコミットメントについて最もその人の人生をインテグリティあるものとする解釈を発見しようとするのではなく、患者の現在の利益に焦点を合わせ、もし道理に適った人ならばどの様な治療を選択するだろうかと考える「最善の利益基準」を使うべきだというわけである。[25]しかし、最善の利益基準に基づく判断は客観性を標榜しているかもしれないが、実のところ健康な人が健康でない人について判断をすることで社会的な価値や経済的な考慮が入ってくることを避けることができないのではないか。プリコミットメントはまさに、このような外的な考慮が入ってくることを避けるための戦略、として構想された「自律」確保の戦略だったはずである。それでは、プリコミットメントの実現が他者の「解釈に開かれているインテグリティ」に基づく戦略を採用するか、それとも、最善の利益基準にしたがって患者に明らかに利益を与える治療を確保しつつ人道的ではない治療はやめさせる、そういった戦略を採用するのか、「制度」としてのプリコミットメントが採用すべきはどちらの戦略であろうか。この点、最善の利益基準には先述したような懸念が無いわけではないが、少なくとも医学で標準的だとされる治療が確実に提供されることになるのであり、その標準から逸脱した治療をする場合には、外部から客観的にその治療のおかしさを指摘することができるだろう。これに対して、インテグリティに基づく解釈には反証可能性がなく、解釈者の価値観や利害関係が無批判に密輸入されてしまう可能性があるように思われる。仮にプリコミットメントすることによって患者が将来回避しようとしていることが、苦痛を伴う侵襲的な生命維持をされるかもしれないという恐れであったり、医師があまりにも早く治療をやめてしまうのではないかという恐れであったりするのであれば、少なくともその恐れを回避するためには、プリコミットメントの実現が他者への解釈に開かれているという意味で危険なインテグリティに基づく戦略よりも、最善の利益基準の方が適しているのではないだろうか。そういうわけで、プリコミットメントによって患者が何を避けようとしているのか、という点に注目することによって、どちらの戦略を採用すべきかを判断すべきであろう。

むすびにかえて

経済学が検討を重ねているプリコミットメント論を正面から医療の場面に適用して検討する能力は私に

はないが、そこで展開されている議論を手がかりにアドバンス・ディレクティブの性質について検討してきた。アドバンス・ディレクティブは、一種の「賭け」のようなものである。だから例えば、DNARを作成する際には、DNARはそのようなものでしかない、ということを十分に説明しておくべきであろう。事前指示書はまるでそれを作成すればすべての将来の問題が解決するかのような、そういうたぐいのものではない。[26] これは患者にとってだけでなく、医療者にとっても、DNARが作成されているから、いざというときに何とかなる、ということにはならない、ということを意味する。院内の手順書・ガイドラインなどが作成され医療従事者の間で統一された対応をすべきなのはもちろんであるが、アドバンス・ディレクティブを作成する段階（通常であれば終末期）でそれが「賭け」であることを知るのでは遅すぎる。この「賭け」のレートが高いと考えるのであれば、その「賭け」の性質を事前によく知っておく必要があるだろう。

●注

（1）Robert M. Veatch, The Basics of Bioethics 2ed., Prentice Hall, 2003, p.105（品川哲彦監訳『生命倫理学の基礎』、メディカ出版、二〇〇四、一五三頁）

（2）三浦靖彦「事前指示とDNR」浅井・高橋編『シリーズ生命倫理学13 臨床倫理』（丸善、二〇一二）

（3）Henry S. Perkins, Controlling Death: The False Promise of Advance Directives, Ann Intern Med. 3 July 2007; 147 (1) : 51-57.

（4）Veatch, supra note 1.　日本語文献で「拡張された自律性」を検討するものとして、岡田篤志「レベッカ・ドレッサーのリビング・ウィル批判」『医療・生命と倫理・社会』大阪大学大学院医学系研究科医の倫理学教室、2006、62-80頁。服部俊子「アドバンス・ディレクティヴの倫理問題」『医学哲学 医学倫理』第二二号、二〇〇四、二七―三五頁。服部俊子「人格の同一性と代理意思決定」『太成学院大学紀要』13、二〇一〇、二四一―二五二頁。服部俊子「コミュニケーションプロセスとしての代理意思決定」『太成学院大学紀要』14、二〇一〇、二一五―二二六頁。

（5）プリコミットメントについては、既に憲法学者の阪口正二郎によって紹介がなされており、本稿も多くを阪口の議論に負っている。阪口正二郎『立憲主義と民主主義』（日本評論社、二〇〇一）。また、愛敬浩二「プリコミットメント論と憲法学」長谷部恭男・金泰昌編『法律から考える公共性』（東京大学出版会、二〇〇四）も参考となる。

（6）Jon Elster, Ulysses Unbound (Cambridge University Press, 2000) p.6.

（7）ホメロス（松平千秋訳）『オデュッセイア（上・下）』（岩波文庫、一九九四）

（8）例えば、憲法典はしらふのピーターであり、選挙民は酔っぱらったピーターである、と言われる。Stephen Holmes, Passions and Constraint: On the Theory of Liberal Democracy (University of Chicago Press, 1995), p. 135. 阪口、前掲書、一二四頁。

（9）阪口、前掲書、一二六－一二五頁、一六六－一九〇頁。

（10）John Robertson, Precommitment Strategies for Disposition of Frozen Embryos, 50 Emory L. J. 989, (2001). Robertson への批判として、Dan Brock, Precommitment in Bioethics: Some Theoretical Issues, 81 Tex. L. Rev. 1805 (2003)

（11）土屋清「憲法学における自己決定権論のパラダイム（一－四・完）」早稲田大学大学院法研論集、第一〇一号三五八頁以下、一〇二号三三六頁以下、一〇四号二七六頁以下、一〇五号三四六頁以下（二〇〇二－二〇〇三）

（12）「自律」という言葉は、自己解釈的な自律、つまり、時間を賭けて、自分の善の構想や人生計画を修正していくという意味も含んでいる。プリコミットメントは、こういった人生計画の修正を妨げようとする、つまり、自らを自律的に再評価することを妨げようとする戦略としても機能するので、この意味での自律とプリコミットメントとは対立すると考えることができるかもしれない。

（13）Brock, supra note 10.

（14）レベッカ・ドレッサーによれば、「プリコミットメントは、生命維持治療を将来行うかどうかという問題を解決するための戦略として最も有名」である Rebecca Dresser, Precommitment: A Misguided Strategy for Securing Death with Dignity, 81 Texas L. Rev. 1823 (2003)

（15）ロナルド・ドゥオーキンによって「マーゴの事例」として紹介された事例が有名である。Ronald Dworkin, Life、s Dominion: An Argument About Abortion, Euthanasia, and Individual Freedom (Knopf, 1993) （水谷英夫／小島妙子訳『ライフズ・ドミニオン』信山社、一九九八）

（16）Jeremy Waldron, Law and Disagreement, (Clarendon, 1999) ch.12.

（17）この特徴は、先に挙げた、四肢麻痺患者の事例にはあてはまらない。プリコミットメントを実現してしまった時点で、未来の受け入れがたい自己は存在し得なくなってしまうからである。

（18）Brock, supra note 10.

（19）小林宙「R.ドゥオーキンの『統合性に基づく自律』」同志社法学五〇巻一号（一九九八）

（20）Derek Parfit, Reasons and Persons,1984, Oxford:Clarendon Press.（森村進 訳、『理由と人格』勁草書房、一九九八）

（21）Dresser, supra note 14.

（22）Dworkin, supra note 15. また、飯田亘之「人間の尊厳とその行方」『理想』、No.668、二〇〇二、一一三－一二四頁。

（23）Waldron, supra note 16.

（24）関係性といっても、一対一の関係だけでなく、例えば、オランダやスイスのような文化的文脈では、他者が手を貸してくれる可能性が高くなるであろう。また、手を貸したことについての周り人々の賛否の反応も異なることになる。医師による介助自殺を可能にするオランダやスイスの法意識については、神馬幸一「医師による自殺幇助（医師介助自殺）」『終末期医療と医事法（医事法講座４）』（信山社、二〇一三）を参照。

（25）Dresser, supra note 14. レベッカ・ドレッサーは、判断能力はないが意識はある、または、判断能力も意識もない患者については、最善の利益基準で治療をすべきだという立場をとっている。岡田、前掲書参照。

（26）いくら啓発活動をしてもアドバンス・ディレクティブを作成する患者が増えないのは、実のところ、皆このことに気がついているのかもしれない。Kass-Bartelmes, BL, et al., Advance Care Planning: Preferences for Care at the End of Life, AHRQ, 2003.

第十四章　死者と将来世代の存在論

――剥奪説をめぐって

吉良貴之

一　はじめに

死が自分に訪れることをまったく怖れない者はおそらく、きわめて少ないだろう。多くの人々は死の床においてさえなお、一日でも永く生き続けることを望む。また、自分の死のみならず、他人の死も悪いものとして捉えられる。親しい人であればもちろんのこと、まったくの見ず知らずの他人であっても、人の死の報せには多かれ少なかれ衝撃がともなったり、後味の悪いものがあったりする。

自分の死も他人の死も、何らかの事情のない限り、通常は「悪い」ものとして捉えられる。しかし、その「悪さ」は何を理由とするものであろうか。

死は多くの場合、本人にとって大きな肉体的苦痛をともなう。だが、それだけで死が悪いということはできない。そこで悪いのは当の肉体的苦痛であって、死そのものではないからである。本人がまったく苦痛を感じない死であれば悪くないかというと、全身麻酔なり昏倒状態での死もまた害悪でありうる以上、そういうわけでもない。だとすると、死の悪さは肉体的苦痛とはまた別に、死そのものの悪さを含んでいることになる。また同様に、人の死は遺された家族や知人に悲しみや経済的損害をもたらすから悪いというのも、死の悪さの説明としては不十分である。そこで悪いのは他者に対する影響であって、死そのものではない。まったく身寄りのない人が、誰も知らないところで他への影響をもたらさずに死んだとしても、その死はなお悪いものと評価されうる。だとすると、死の悪さは他者の利害とは別のものを含んでいる。したがって、死の悪さを説明するためには、死によって／死にともなって引き起こされるさまざまな悪さとはまた別に、死そのものの悪さを考えなければならない。死によって／死にともなって引き起こされる価値を死の外在的価値とするならば、それと区別される、死の内在的価値を評価することによって初めて、死の悪さを適切に語ることができるだろう。

「まったく苦痛をともなわず、他人への影響もない」死があると仮定する。そのような死であってなお「悪い」と評価されるとすれば、それはどういった理由で、またどういった意味においてであろうか。これは哲学的には古典的かつ根源的な問題であるが、近年の英米分析形而上学の興隆にともなって、新たな哲学的道具立てと枠組みによって議論が盛んになされるようになっている。そこではたとえば、死が悪いものであるとして、誰に対し、いつの時点においてその害の性質を帰属させることができるのかといった問題が論じられている。

本稿はこの「死の害」をめぐる問題を扱うものである。さらに限定するならば、死の害の説明の有力な立場である「剥奪説」をとりあげ、その適切な時間論的説明を与えようと試みるものである。現代の英米形而上学における時間論にもさまざまなものがあるが、本稿では三次元主義／四次元主義、現在主義／永久主義の対立軸を念頭に置き、三次元主義＋現在主義の組み合わせによる説明が適切であることを示したい。「剥奪説」は死の害の説明として、その人が生きていれば得られたであろう経験の「剥奪」をあげるものであり、相応の説得力があるが、後にみるように一定の限界もある。

「死の害」をめぐる議論は分析形而上学の応用問題として昨今、さまざまに複雑な議論が展開されているが、その一部は概念の遊戯に堕し、実益のない「詰めチェス」と揶揄されることもある。その種の議論の哲学的意義を否定する必要はないが、本稿の問題関心はより実践的な面にある。それは、もはや亡くなった死者や、いまだ生まれざる将来世代など、常識的な意味では「存在しない」対象の存在論的身分を問うことである。我々は日常的に、死者や将来世代などもはや／いまだ存在しない対象について善悪やその他の価値を帰属させて語っている。また、現在に生きる我々が、死者や将来世代に対して何らかの配慮をする責任や義務を負っていると考えることもある。法的なものとしては、刑法二三〇条二項の名誉毀損罪の保護法益として「死者の残存する人格権」といったものがあげられたり、あるいは日本国憲法九七条で基本的人権が「現在及び将来の国民に対し、侵すことのできない永久の権利として信託された」ものと書かれたりしているのは代表的な例であろう。より広い道徳実践においては、世代間倫理（正義）の文脈において過去世代や将来世代への責任のあり方がさまざまに議論されている（吉良二〇〇六）。

そのとき、死者や将来世代は、常識的な意味ではもはや／いまだ存在しないにもかかわらず、法実践や道徳実践の対象あるいは主体として捉えられていることになる。そのような日常的な語り方は、存在論としていかなる説明が与えられるのか。本稿は「死の害」という個別のテーマを通じ、その問題の入り口を目指そうとするものである。

二　死は誰にとって・なぜ悪いのか

1　死が悪くない場合

死がなぜ悪いのかを問う前に、死が本当に悪いものなのかどうかも考える必要がある。もちろん、すべての死が悪いとは限らない。天寿をまっとうした大往生はむしろ「よい」死であると評価することもできるだろう。安楽死や尊厳死の場合のように、他の大きな害（ここでは苦痛）を避けるための死が「より悪くない」と評価されることもある。

そもそも人間には必ず寿命があるのだから、すべての死を悪いものとするのでは議論の軸が見えにくくなる。だから、死が悪いといえるのは、何らかの形でその死が「不自然な」ものであり、「自然な」死と対比されるときであろう。

そこで何が「自然な死」で何が「不自然な死」なのか、分けられないのではないかという問題はある。しかし、ここで両者の間に厳密な線引きを行うことは議論にとって必要ではない。一方に天寿をまっとうした「自然な死」があり、他方にたとえば暴力や自然災害によって若くして命を落とす「不自然な死」がある。我々は「死」をめぐる日常の語りにおいて、そういった両極端の死を明らかに区別している。その区別さえ認められるならば、不自然な死の害を語ることは可能である。

むろん、その不自然さの程度は現実の死においてさまざまなものになる。後に主な検討対象とする「剥奪説」の説明によるならば、本来であれば得られたはずの生から死によって剥奪された時間が長ければ長いほどにその死は「不自然」なものになるであろうし、剥奪される時間が短ければ短いほどにその死は「自然」なものとなる。そこにおいて線引きの困難さは、剥奪される時間の長さの程度問題として語ることができる。むろん、死の害は、人から生の時間を剥奪することだけにあるのではない。その点で剥奪説は一定の限界を抱えた説明であることは確かである。ある主体が死を迎え、存在しなくなるという事態は存在論的に、ただ時間的長さとの関係からだけでなくきわめて多様に語りうる。まして存在論から離れ、人間社会のなかの「死」について語るならば、錯綜する意味の網の目のなかで手がかりをつかむことさえ難しくなる。したがって、本稿が扱っている死の害は、ごく限られた、きわめてささやかなものであることをあらかじめ断っておかなければならない。

　もっとも、死にはまったく「悪い」ものなどないと主張されることもある。あらゆる死は、いかに暴力的なものであろうとも運命によるものであり、仕方ないものとして受け入れられるべきであるという、諦念に満ちた説教もある――それが生きている人間によってなされている時点でどこか欺瞞的なものがあり、その真剣さは疑わしいのだが。本稿は死がおおむね悪いものであることを人間にとって普遍的な事実として前提としているものの、そのように死の害をまったく否定する主張については、たとえば死が「仕方ない」ものであるとか、「運命」であるとかいった、なんらかの価値を帰属させうるものであることを確認しておけばよい。

　本稿では論を進めるにあたって「死の害」とその説明としての「剥奪説」を素材にするけれども、それはより直観に適合的な例としての出発点に選んだものである。そこで真に問われているのは、「害」をはじめとする価値や性質が帰属させられる、もはや／いまだ存在しない対象の存在論的なあり方である。したがって、「害」以外の価値や性質を死について帰属させる場合であっても、本稿の問題の立て方そのものに影響が出るわけではない。正負いずれの方向においても死について一切の価値を認めない立場もあるだろうが、そこにおいてなお、なんらかの性質帰属を死者について行うことさえ認められるならば本稿の議論は有効でありうる。たとえば、芥川龍之介が現在において「死んでいる」という場合、いずれかの時間的位置（そのあり方は後に検討する）における芥川龍之介に「死んでいる」という消極的性質（negative property）を帰属させて彼を語っていることになる。芥川の死そのものに何の価値を見出さないにしても、そのような記述の存在論的意味を問うことはなお可能である。そしてそれは、もはや／いまだ存在しない対象を道徳的な評価の対象にしたり、あるいは倫理的な主体として取り扱ったりする場合の意味を問う本稿の問題関心に帰着する。

2　死は誰にとって悪いのか

ここまで、死が「悪い」とか「害」であるといったことの具体的な意味はあまり明らかにされていない。死そのものが害であるとして、それは「誰」にとっての害であるのか（死の害の帰属対象）。そしてその害は「いつ」のものであるのか（死の害の帰属時点または期間）。本稿では死の害の存在論的意味を問うにあたって、その両者の問題をとくに念頭に置くこととする。それは死が「なぜ」害であるのかという問題と密接に絡みあったものとして捉えられるものである。

もっとも、死が誰にとって害であるのかというのは、いくぶん奇妙な問いに聞こえるかもしれない。死ぬのは本人である以上、その害は本人にとってのもの以外ではありえないのではないか。むろん、残された遺族の悲しみや損害を考えることはできるから、その意味では、死は本人以外の他者にとっても害でありうる。しかし、前節で確認したように、その害は死によって引き起こされた外在的な害であって独立に評価されうるものである。他者にまったく影響を与えない死もある以上、そのような害は死そのものの内在的な害とは区別される。本稿が扱う問題は、まったく何の肉体的苦痛もなく、また他者に一切の影響を与えない孤独な死が「仮に」あるとして、その死がなお、なぜ・どのような意味で悪いといえるのかをめぐるものである。かつてウラジミール・ジャンケレヴィッチが論じたような(Jankélévitch 1966)、「人称付き」の死は本稿の問題関心の外にある。ここで死の害の帰属先から、具体的な「他者」が除外される。

死の害は、死ぬ本人にとってのものである。それはおそらく最も自然な考えであるだろう。しかし、当然のことながら、死んだときにその本人はこの世には存在しない。本人にとって死は端的な「無」でしかなく、死はつねに他人のものであるというエピクロスのパラドクスは、二千年以上の時をこえてなお、死をめぐる哲学の難題であり続けている(cf. Luper 2009)。

その一方で我々は、芥川龍之介の若き自死が芥川本人にとって不幸なことであったと自然に語ることができる。しかし、もはや存在しない芥川「本人」に対し、その夭折の害が帰属させられるというのはいかなる事態だろうか。そこにおいて死をめぐる語りは、生きる人間としてはもはや存在しない芥川とはまた別に、歴史的存在としての芥川を想定していることになろう。ここでいうところの歴史的存在は、現在に生きる存在とはどのように異なっているのだろうか。また、それはいかなる期間や時点において死の害ほかの価値や性質を帰属させられるのだろうか。死の害の本人への帰属をめぐるさまざまな問いは、このようにして「時間」にかかわる存在論へと接続されていく。

3　死はなぜ悪いのか

本稿が問題にする「まったく苦痛をともなわず、他人への影響もない」「本人にとって」なぜ害であるといえるのだろうか。たとえば骨折などの怪我の場合、それによって痛みやさまざまな不便などの害を被るのは第一に本人である。それに対し、死の場合はまさに本人の不在によって、死後のさまざまな害を死後において被るとは（少なくともごく常識的な用語法によっては）考えにくくなる。ではいつの時点でその死者は害を被ることになるのかという問題が生じるが、それを考察するには、死の害の中身を詳しくみていく必要がある。

死の害の説明としてはさまざまなものがあるが、ドン・マーキスの分類によれば、①剥奪説（deprivation theory）、②欲求説（desire theory）、③途絶説（discontinuation theory）などがあげられる（Marquis 1989, p.195）。このうち剥奪説については項を改めて検討するとして、欲求説と途絶説について簡単に触れておく。

欲求説は「生き続けたい」という欲求の充足を阻むがゆえに死は害であるとするものである。デレク・パーフィットの価値論の三分類における「欲求充足説（desire satisfaction theory）」での価値は、「主観的な欲求の、客観的な充足」として特徴づけられる（cf. Parfit 1984, pp.493-502）。死の害の説明としての欲求説をそれにあてはめるならば、「生き続けたい」という欲求は生きている本人の主観的な欲求であるのに対し、その充足の失敗である死は本人から独立した、世界の客観的事態である。ここでは欲求充足（の失敗）としての価値の帰属にあたって、その充足を本人が経験するという要件が外されている。したがって、本人がもはやこの世に存在しないにもかかわらず、その死（生きたいという欲求充足の失敗）の害を本人に帰属させるにあたって使いやすい枠組みであることは確かである。むろん、これは欲求充足説の難点をそのまま引き継ぐものであり、本人が経験していないない欲求充足の失敗による害を本人に帰属させるにあたって、反直観的な帰結を招くこともある。[1] たとえば本人が知らないところでの陰口や、本人の死後になされる名誉毀損などがなお本人にとっての害であるといえるかは直観的に疑わしいし、またそういった害などの価値をめぐって一定の、ときには奇異な存在論的前提を置く必要がある――芥川龍之介への誹謗中傷の害が世界のどこかに蓄積していくといったふうな。

　死の害をめぐる欲求説に戻るならば、そもそも我々はつねに生き続けたいという欲求を有しているわけではないという問題がある。寝ているとき、昏睡状態にあるとき、極度の抑鬱状態にあるときなどに我々は必ずしもそういった欲求を持ち続けてはいないため、説得力は弱いものとされる（参考、江口二〇一〇）。確かに、事実問題として考える限りにおいては、欲求説による説明の射程は限られたものとなる。この種の批判に対応するには、いつの時点でのいかなる欲求を真正なものとみなすかについて実質的な議論を補う必要がある。生き続けたいという欲求を客観的に望ましきものとするのであれば、この欲求説は、先のパーフィットの分類における欲求充足説から、個人の現実の欲求から離れて基本善を提示する客観的リスト説に近づいていく。そういった強い――パターナリスティックな――規範的主張を取り入れれば取り入れるほどに、死の害の記述としての妥当性は弱まるか、少なくとも論争性を免れえないものとなる。

　途絶説についてはごく簡単に済ませるが、当人のそれまでの人生の継続的な営みが死によって途絶することそのものに死の害を見出すものである。有意義な活動が中途で終わることは確かに痛ましいが、その評価にあたっては当の人生のそれぞれの現実のあり方を参照せざるをえないため、死の害の一般的な説明とはなりにくい。また、十分な人生経験を積んでいなかったり、いろいろと試行錯誤している若者の死が、害として評価されにくいことも大きな問題であろう――この点はちょうど剥奪説と逆になる。

三　死の害の剥奪説

1　剥奪説の基本枠組

前節でみた欲求説と途絶説では、死の害の説明に規範的な要求が組み込まれるか、あるいは個別の人生の文脈への参照が必要になった。いずれも場合によっては一定の説得力を持ちうるけれども、そのためには実質的な議論の充填を必要とするものである。それゆえ、本稿が対象とする「まったく苦痛をともなわず、他人への影響もない」死の一般的な、そして存在論的な説明には使いにくいものである。本項で検討する「剥奪説」はそういった形而上学的説明とは独立に議論できるものではあるが、その形式性ゆえに接続しやすいものであり、近年の有力な立場となっている。

死の害の説明としての剥奪説はトマス・ネーゲルによって骨格を与えられた(Nagel 1979, chap.1)。その後、ネーゲル自身の立場も含めさまざまな違いがあるものの、「剥奪説によれば死が害であるのは、それが私たちから、もしその死が生じていなければ私たちが享受できたはずの望ましいことを剥奪するからである(鈴木二〇一一、一四頁)」といった説明がごく標準的なものであるだろう。つまり、死は本来であれば生きられたはずの人生を剥奪するがゆえに害であるとするものである。

この説は人生の実質的な事柄への言及を必要とせず、もっぱら剥奪された期間を問題にするため形式的・一般的説明になじみやすいだけでなく、後にみていくように我々の日常的な実践にも多く一致する。したがって相応の説得力のある強力な議論ではあるものの、それだけで死の害を説明することもまた困難であり、一定の限界を有する理論である。次からは、①剥奪説そのものの理論的な魅力と難点を検討したうえで、②剥奪説と適合的な時間論のあり方を考察したい。それにあたっては、鈴木（二〇一一）が①②の双方についてきわめて明晰な議論を展開しているため――そして幸いなことに筆者はその議論のほぼすべてに納得できないため――その問題設定を多く引き継ぎつつ論述を進めることとする。以下、頁数だけを示している箇所は鈴木論文を指示している。

2　剥奪される時間

剥奪説といっても一口に切れるわけではなく、さまざまな立場がある。もっとも、本稿では冒頭に述べたように、もはや／いまだ存在しない対象の存在論的地位の考察へと最終的につなげるための出発点として死の害（とくに剥奪説による説明）を位置づけている。したがって、剥奪説陣営内部のさまざまな論点を掘り下げるよりも、最小限の核を取り出すことでその理論的可能性と限界を定位し、後の考察につなげたい。

剥奪説によるならば、死が害であるのは、本来であれば得られていたはずの望ましいものを死が剥奪するからである。この「本来であれば」というのは、寿命をまっとうするような自然な死までの期間と考えるのが適切だろう。むろん、その「自然さ」は程度問題であって、自然／不自然の線引きが明確になされる必要がないのは二・二で述べたとおりである。ここで剥奪される「望ましいもの」の内実もまた現実に生きる各人によって異なるが、その論争性を避けるため、たとえばライフ・ステージごとの幸福評価と剥奪の関係といったものは考えに入れない。いわば、人生の「濃度」は一定であると仮定する。このような仮定は非現実的なものだが、たとえば社会保障政策の問題をこの文脈で論じる際には相応の実質的な議論を充填すればよい。本稿ではあくまでその最小限の基礎として、剥奪およびその価値帰属における時間の問題に焦点をあてる。

死によって剥奪される「望ましいもの」をこのように剥奪される時間とするとき――それは剥奪説の最大公約数として必ずしも不当なくくりではないと考えられる――、剥奪説によって死をめぐる我々の道徳的または法的実践をよりよく説明できる場面も多い。たとえば交通事故死にあたっての損害賠償における逸失利益算定は、大雑把にいえば、その事故がなかったならば労働できていたであろう残りの人生の期間をもとに計算される――人生の残り時間が少ない老人であれば、それだけ賠償額も少なくなる。これは死の害について剥奪説的な発想によって理解できるものの最も代表的な例であろう。もっとも、そのように人生の価値をその人が産出できる利益との関係で捉えることへの反発も根強い。「逸失利益」とは無関係に、人間の尊厳の平等を根拠として死亡損害金の定額化を主張する「西原説」が、非現実性は免れないものの一定の共感を得てきたこともまた事実であり、死の害の説明にあたって剥奪説は必ずしも十分でない面もある。

剥奪説が死亡損害金計算における「逸失利益」的な発想と親和的であることから敷衍するならば、それは人生における各時点での「望ましきもの」の集計可能性を肯定するものであるようにも思われる。それは一方で、利益衡量の結果として「望ましくないもの」のほうが今後の人生において多くなりそうに見積もられる場合、自殺の正当化といった危険な議論も呼び起こし、そもそも人類の再生産自体を否定する破壊的な結論さえも導かれかねない（cf. Benator 2008）。むろん、そういった結論の破壊性そのものによって哲学的意義が損なわれるわけではまったくないのだが、理論から著しく反直観的な帰結が導かれるのであれば、少なくとも死の害の記述的妥当性にとって余計な重荷を抱え込むことは否定できない。

また、そういった集計可能性への反発として、人生において望ましきもののなかには期間による単純な集計が困難なものも数多くあるという主張もなされうる。その具体的な中身を同定する必要はないのだが、たとえば幸福観における「生全体への満足（Whole Life Satisfaction）」説[2]や有機的全体説のように、人生の時点ごとの幸福の集計可能性を否定し、幸福を人生全体とのかかわりのなかで判断する立場からは、剥奪説による死の害の説明は、死の時点以降の剥奪の害のみを計算に入れる、悪い意味で将来志向的（prospective）すぎるものと評価されうる。

3　剥奪と人生の総体

古代のクロイソス王が死の間際にそれまでの栄華をすべてはかないものと感じたように、不幸な死は遡及的にその生全体に影響を及ぼしうる。それは本人による評価というよりも他者によってなされるものであるが、我々が他者の不幸な死を悲しむ場合、それによって剥奪された当人の人生の期間ゆえにというよりも、その最期の剥奪が人生全体に遡及することを害として捉えることも多い。とくにこれといって親しくもない人、あるいは著名人の場合、その故人の人生は全体もしくは主要な活動期間といったふうに大きな幅をもって捉えられるのが通常である（森村 二〇〇九、一方、剥奪説と人生全体の時間の関係について批判的考察を加えるものとして、吉沢 二〇〇九）。たとえば、芥川龍之介が早逝したことの害が、芥川が生きてさらに多くの作品を生み出したであろう期間において芥川本人が被っているというのはいかにも奇妙な捉え方である。芥川の早逝とそれによる剥奪の害は、芥川の未完成な（作家）人生に帰属されると捉えるのが大半ではないだろうか。

鈴木がアナロジーとして使用する骨折の害にしても、それを被るのは「骨折したときからおおよそ完治する頃まで（一六頁）」というように具体的な不便を感じる期間というよりは、骨折によって変更を余儀なくされた人生計画の期間（遡及する場合も含む）とするのが自然であるように思われる。まして、死による剥奪の害の場合、それ「を被るのは、私が死んだ後の一定期間である（同、強調原文）」というよりも、当人の生全体に帰属されるものと捉えるのが適切ではないだろうか。死の害を本人の死後に本人が被るとする主張は他にもさまざまあるが（Bradley 2009: chap.3）、骨折による剥奪の害は骨折後の一定期間において本人が存在するのとは異なる。死による剥奪の害を死後の本人に帰属させるには、名誉毀損罪で保護法益として考えられる「残存する人格」のような特殊な存在を要請するか、次節でみるように性質帰属に対象の存在は必要ないとしなければならない。しかし前者は存在論的に過剰であり、後者は存在論的に不足しているように思われる。死による剥奪の害は死後に存在するとしてもそれを生前の故人に帰属させることは十分に可能だからである。「あの人はやりたいことがまだあっただろうに、できなくなったのはかわいそうな人生であった」というように。その帰属方法については次節の時間論的枠組みにおいて改めて議論する。

四　死の害と時間論

1　議論状況

本節では、前節までに述べた、剥奪としての死の害の帰属のあり方について、その時間論的基礎を考える。現代の英米分析形而上学での時間論では大きく分けて、存在の持続にかかわる三次元主義／四次元主義の軸と、時間の実在にかかわる現在主義／永久主義の軸を中心にして、それぞれにクロスオーバーしながら精緻な議論が積み重ねられている（論争状況について参照、Sider 2001）。「死の害」をめぐる議論もまたその論争状況との関連において論じられることが多い。むろん、ある時間論的立場によって死の害が適切に説明できたとしてもそれでその立場がとくに優位になるというわけではないのだが、人々の日常的な直観を無駄なく整合的に説明できることは存在論的美点のひとつになるとはいえるだろう。また、死の害の議論にしても、その存在論的基礎を整理することによってより精緻な議論が可能になっている。

本節では紙幅の都合もあり、前節までの議論の時間論的基礎として、現在主義／永久主義の軸を考える。いずれも三次元主義によるものであり、さらに四次元主義と組み合わせる場合については別稿に譲ることとしたい。

2　三次元主義＋永久主義

まず、鈴木（二〇一一）において示された三次元主義＋永久主義の組み合わせが、死の害の剥奪説を説明する上で妥当かどうかを批判的に検討したい。

三次元主義は存在の持続にかんする立場であり、実在する存在者はある時点において「余すところなく現れる（wholly present）」。そこにおいて私は時点t1、t2、t3、……といった特定のそれぞれにおける時間性質（time property）との関係において存在する。永久主義は時間の実在にかかわる立場であり、世界の始まりから終わりまでのすべての時間が同じ存在論的身分において実在すると考える。したがって恐竜も芥川龍之介もそれぞれが生きた期間において四次元空間上に実在することが認められる。たとえば三次元主義と永久主義との組み合わせにおいて芥川は、誕生時点（一八九二年三月一日）から死の時点（一九二七年七月二四日）までの各時点について、そのすべての時点において時間性質をもった存在として実在するものとして捉えられる。

この枠組みにおいて芥川の早逝による剥奪の害はどのように位置付けられるだろうか。まず、早逝による剥奪の害が芥川の死後の、本来であれば生きていた期間の芥川に帰属するとすれば、いくぶん反直観的な主張となる。というのは、当然ながら芥川はその死後に存在しないのだが、にもかかわらず剥奪の害という性質を死後の一定期間において帰属させられるからである。しかし、芥川がたとえば現在において「有名」であるという性質をもつために、芥川が現在において存在している必要はないように（多くの人が「芥川龍之介」の名を知っていれば足りる）、性質帰属にあたって対象の存在は必要ない。したがって、死による剥奪の害を、本人が本来であれば生きていた期間において本人に帰属させることが可能であるとされる。

このような存在論には性質を帰属させるべき存在者の数が不足しているように筆者には思われる。その原因のひとつは、死の害の帰属を本来であれば本人が生きていた期間（そこにおいて本人はもはや存在しない）において行っていることにある。そのため、存在しない（＝死んだ）対象に死の害という性質を帰属させる、いくぶん奇妙な操作を行うことになる。ここでたとえば、害をかつて生きていた本人の人生に帰属させることは、そもそも永久主義を採用している以上、存在論的な無駄は生じない。我々は現時点において、かつて生きていた芥川龍之介（四次元空間上の離れた場所に「今も」実在する）に「二〇一三年において有名」などの時点付きの性質を帰属させることができる。

3　三次元主義＋現在主義

現在主義は永久主義に対立し、現在の一時点のみが実在するという立場である。したがって、実在するのは現在の存在者のみである。現在の存在者は現在において余すところなく現れ（三次元主義）、過去および将来の存在者は実在しない。現在のみがリアルに実在する時間であるというのは直観的には飲み込みやすいが、過去と将来の存在者を意味論的にいかに位置づけるかにおいて困難を抱え込む。現在主義においてて芥川龍之介は当然に実在しないが、かといって「芥川龍之介という作家がかつて存在し、旺盛な執筆活動を行った」といった過去命題の真偽が決定できないというのであれば現在主義にさしたる魅力はなくなってしまう。したがって、現在主義は現在に実在する存在者だけを手駒にしてかつて存在した／これから存在する存在者を位置付けなければならない（Keller 2004）。

死の害について、三次元主義＋現在主義の組み合わせから語る論者として、パレ・ユアグローがいる（Yourgrau 1987; 2000）。彼のとる立場はマイノング主義的現在主義と呼ばれるものであり、現在における

「実在（existence）」と指示対象としての「有（being）」を分け、実在しない過去・将来の対象についての記述を可能にするものである。つまり、過去・将来の存在者は現在に位置しないので実在しないが、現在において「有る（there is/are）」。芥川龍之介はexistenceではないがbeingであるので、有意味に語ることができる。しかし、これはいかにも奇妙な分け方であることは否めない。過去・将来の対象をbeingとしていくらでも記述できる以上、永久主義との違いはほとんど言葉の上だけになり、むしろ余計な区別のためにオッカム的原則に違背するという存在論的代償を払うことになる。のみならず記述したいものをいくらでもbeingとして措定できるために「有る」ものを無尽蔵に増やしてしまう。したがって、死者についてもこれから生まれてくる将来世代についても、記述できる範囲の「切り方」について何の指針も与えることがない。

むろん、マイノング主義的でない現在主義も他に多くあり、これだけをとって現在主義への批判とするのは必ずしもフェアでないだろう。たとえば小山（二〇〇七）が提唱する「証拠現在主義」では、現在時点において実在し、時間性質を有する「証拠」が、過去・将来にかかわる命題の真理製作者（truthmaker）たりうるとしている。そこから、過去・将来の対象は現在における証拠によって支持される限りにおいて指示することが許される。つまり、代用品的（ersatz）存在者として言語的に構成されうる。この現在主義においては、現在の証拠によって支持されない過去・将来の存在者を増やすことはできないため、前述のマイノング的現在主義のように無尽蔵な記述が可能になるわけではない。ここにおいて死における剥奪の害は、現在における証拠によって支持される限りでの過去の本人に帰属させることができる。

4　証拠隠滅はなぜ悪いのか?

現在における「証拠」が過去・将来命題の真理製作者となるというとき、具体的にいかなる証拠がそれにあたるのかという疑問は当然に出されることだろう。「かつて恐竜が存在した」という命題を真にする証拠は化石などかもしれないし、「芥川龍之介という作家がかつて存在し、旺盛な執筆活動を行った」という命題を真にする証拠は現在において残っている直筆原稿や写真などであるかもしれない。将来の命題についてそれを真にするような「証拠」というのはなかなか考えつきにくいところではあるが、たとえば「目の前にいる男性は数分以内に死ぬだろう」といった命題は、彼の破裂した心臓によって真になるのかもしれない。もっとも、これらすべて「かもしれない」と述べているように、存在論としての証拠現在主義は何が適切な「証拠」であるかについて一意の答えを出すものではない。そこでの主張はただ、現在において実在する証拠によって支持されるものについてのみ有意味に記述しうるというごく限られたものである。存在論からすぐさま何らかの「実践的」な指針が引き出せることはありえない。

そうすると存在論を語る意味がどこにあるかと問われそうだが、ここで少し脇道にそれて、「証拠隠滅」はなぜ悪いのかという問題を考えてみたい。

現在主義の基本的な世界観は、あらゆる存在が一瞬ごとに現れては消えていくものである。そこでは、なんらかの過去や将来を支持していた証拠がいつまでも残る保証はどこにもない。証拠は滅失することもある。かつて死者たちに降りかかった害の存在を支持する証拠は、やがてだんだんと失われていくことだろう。それはもしかしたらおぞましい事態かもしれないが、遠い過去の害が時間とともに薄まっていくこともまた、相応に健全な世界像であるといえるかもしれない。これまでのすべての死者に降りかかった害がどこまでも薄められ平等に遇されるよりは、直近の死者の害に向き合うことが重要であるともいえるだろう。むろん、そこにおいてなお、時を経ても忘れられてはならない死の害もあるはずである。ハンナ・アーレントがかつて「忘却の穴」と呼んだものは、死の害を示すあらゆる証拠が焼き尽くされ、そこに大量の死の害があったことを記述するいかなる手段も失われる事態である。証拠隠滅が悪であるのは、証拠が他にいまだ残っているうちにそれを減らす行為であるからにほかならない。あらゆる証拠が失われたとき、害を害として記述しうる何物も残らない。そのような事態に対抗しうるのは、証拠はいつか（ときには暴力によって）失われうる、そしてまた新しく発見されうるという基本的な世界観である。本項で示した存在論から直截にそれが引き出されうるわけではないことは強調しておかなければならないが、少なくともその基礎のひとつとなるものである。

五　まとめ：死者と将来世代

前節で示した証拠現在主義は、証拠の滅失を認めるがゆえに、死の害について、現在を起点とするグラデーションを描き出すものであるといえる。これはたとえば、一ノ瀬正樹が、

……害とは現在に限定された瞬間的な経験である、とは言い切れないのではないか。それ［害］は、現在を極大濃度点として、過去と未来に向かって、極限点から離れるに従って、徐々に濃度が薄まっていくというような、そういうグラデーションによって表彰されるべき事象なのではないか。……害、そし

て利益というのも、意図や計画そして歴史といった通時的な文脈のなかではじめて意味を獲得する、物語的な現象なのではないか。（一ノ瀬二〇一一、二一九―二二〇頁、強調原文）

と、人間の認識能力から離れた形而上学としての存在論をどこまでも排除しようとしながら述べる「害グラデーション説」といったものを、その意図に反して存在論の側から位置づけるものとなるかもしれない。

さて、「死者と将来世代の存在論」という表題をつけながら、ここまでもっぱら死者の存在論的身分についてのみ論じてきた。しかし、死者についての本稿での積極的な主張はすべていまだ生まれざる将来世代にも反転されあてはまるものである。過去の死者たちが被った害の重みが現在における証拠によって健全に位置付けられるとともに、いまだ生まれざる将来世代に対する害や利益の重みもまた、現在の証拠によって、一定の限界のもとに順位付けられるものとして描き出される。具体的に何が死者や将来世代を適切に支持しうるものであるかについてこの存在論は性急な答えを出すものではありえず、ただその証拠は現在に位置する――そしておそらく時間とともに薄まっていき、ときに発見されたりもする――ものであると述べるのみである。しかし、道徳実践の対象であり主体でもあるような死者や将来世代は、ただ現在の証拠のみによって限界づけられ、あまりにも遠いところにではなく、適切な範囲のもとに立ち上げられるものにほかならない。

●注

（1）以下の論述も含め、欲求充足についてのより詳細な批判的検討として参照、安藤（二〇〇七）、一三四―一四二頁。

（2）幸福論における「生全体への満足（Whole Life Satisfaction）説」の諸相について、とくにその時点ごとの集計可能性の検討も含め、参照、吉良（二〇一〇）。

●参考文献

安藤馨（二〇〇七）『統治と功利』勁草書房
一ノ瀬正樹（二〇一一）『死の所有』東京大学出版会
江口聡（二〇一〇）「ドン・マーキスの反妊娠中絶論とその批判」、医学哲学 医学倫理二八号
吉良貴之（二〇〇六）「世代間正義論——将来世代配慮責務の根拠と範囲」、国家学会雑誌一一九巻五－六号
吉良貴之（二〇〇九）「法時間論——法による時間的秩序、法に内在する時間構造」、『法哲学年報２００８　法と経済』
吉良貴之（二〇一〇）「私の生の全体に満足するのは誰なのか」、仲正昌樹編『近代法とその限界』御茶の水書房
小山虎（二〇〇七）「現在主義・時制・Truthmaker」、科学基礎論研究三四－二号
鈴木生郎（二〇一一）「死の害の形而上学」、科学基礎論研究三九－一号
吉沢文武（二〇〇九）「死によって誰が害を被るのか」、哲学の探求三六号
森村進（二〇〇九）「個人はいかにして存在するか」、井上達夫編『社会／公共性の哲学』岩波書店

Belshaw, C.（2009）*Annihilation*, Acumen
Benatar, D.（2008）*Better Never to Have Been: The Harm of Coming into Existence*, Oxford U. P.
Bradley, B.（2009）*Well-being & Death*, Oxford U. P.
Fischer, J. M. ed.（1996）, *The Metaphysics of Death*, Stanford U. P.
Jankélévitch, W.（1966 [2008]）, *La Mort*, Paris : Flammarion（仲澤紀雄訳『死』みすず書房、一九七七年）
Keller, S.（2004）"Presentism and Truthmaking," in D. W. Zimmerman（ed.）, *Oxford Studies in Metaphysics*, Vol. 1. Oxford U. P.
Luper, S.（2009）*The Philosophy of Death*, Cambridge U. P.
Marquis, D.（1989）"Why Abortion Is Immoral," *The Journal of Philosophy*, 86-4.
McDaniel, Raibley, Feldman & Zimmerman eds.（2006）*The Good, the Right, Life and Death*, Ashgate
Nagel, T.（1979）*Moral Questions*, Cambridge U. P.（永井均訳『コウモリであるとはどのようなことか』勁草書房、一九八九年）
Parfit, D.（1984）*Reasons and Persons*, Oxford U. P.（森村進訳『理由と人格』勁草書房、一九九八年）
Sider, T.（2001）*Four Dimensionalism*, Clarendon Press（中山康雄監訳『四次元主義の哲学』春秋社、二〇〇七年）
Yourgrau, P.（1987 [1993]）"The Dead," in Fischer ed.（1993）（村上祐子訳「死者」、現代思想二三巻四号、一九九五年）

Yougrau, P. (2000) "Can the Dead Really Be Buried ?," *Midwest Studies in Philosophy*, 24.

〔謝辞〕本稿を執筆するにあたっては、東京法哲学研究会、法理学研究会、一橋大学法学研究科法文化構造論、若手法哲学研究会などでの発表において、参加者の方々から多くの有益なコメントをいただいた。とくに詳細な意見をくださった鈴木生郎（日本学術振興会特別研究員）、吉沢文武（千葉大学大学院）の両氏には心よりの感謝を申し上げる。むろん、なお残る誤りや稚拙な点の責任はすべて筆者にある。

著者紹介

仲正昌樹（なかまさ　まさき）金沢大学法学類教授
政治思想史・法理論

山田　陽（やまだ　あきら）東京大学大学院総合文化研究科国際社会科学専攻博士課程
現代政治理論・政治哲学

長谷川みゆき（はせがわ　みゆき）千葉大学大学院人文社会科学研究科博士課程
法哲学

関　良徳（せき　よしのり）信州大学教育学部准教授
法哲学・法理論

松尾　陽（まつお　よう）近畿大学法学部専任講師
法哲学

福原明雄（ふくはら　あきお）首都大学東京大学院博士後期課程
法哲学

今村健一郎（いまむら　けんいちろう）埼玉大学教育機構准教授
哲学・倫理学

島内明文（しまのうち　あきふみ）東京大学大学院医学系研究科特任助教
倫理学

鈴木康治（すずき　こうじ）早稲田大学社会科学総合学術院助教
経済思想史

中村隆文（なかむら　たかふみ）鹿児島工業高等専門学校一般教育科准教授
英米哲学・英米倫理学

栗田佳泰（くりた　よしやす）富山大学経済学部准教授
憲法学

野崎亜紀子（のざき　あきこ）京都薬科大学薬学部准教授
法哲学

丸　祐一（まる　ゆういち）東京大学医科学研究所公共政策研究分野特任助教
法哲学・研究倫理

吉良貴之（きら　たかゆき）宇都宮共和大学シティライフ学部専任講師
法哲学

「法《ほう》」における「主体《しゅたい》」の問題《もんだい》　　叢書・アレテイア 15

2013年7月1日　第1版第1刷発行

編　者　仲　正　昌　樹
発行者　橋　本　盛　作
発行所　株式会社 御茶の水書房
〒113-0033　東京都文京区本郷 5-30-20
電話 03-5684-0751

Printed in Japan　　組版・印刷／製本　株式会社タスプ

ISBN 978-4-275-01040-7 C3010